中央厨房
数智化运营管理

唐建华 著

机械工业出版社
CHINA MACHINE PRESS

本书是融合理论知识、实践技能的综合性论著，涉及环境保护、工程技术、工程设备、工艺技术、食品卫生、现代企业数智化运营、物流配送等多学科领域。本书旨在引导读者运用先进的理念、先进的技术设计建设中央厨房，为传统食品工业化和预制菜产业提供良好的生产场所；借助现代企业管理制度，通过科学的理念、生产决策，规范中央厨房的运营管理。

　　本书既可以作为烹饪专业的同类型课程教材，也可以作为本专业高技能人才培养的工程类专业基础课的教学参考书，还可以作为中央厨房企业经营管理人员的工作参考书。

图书在版编目（CIP）数据

中央厨房数智化运营管理 / 唐建华著. — 北京：机械工业出版社，2024.5
ISBN 978-7-111-75610-1

Ⅰ. ①中⋯ Ⅱ. ①唐⋯ Ⅲ. ①数字技术 – 应用 – 饮食业 – 工业化生产 – 运营管理 – 研究 – 中国　Ⅳ. ①F719.3

中国国家版本馆CIP数据核字（2024）第076017号

机械工业出版社（北京市百万庄大街22号　邮政编码100037）
策划编辑：卢志林　范琳娜　　责任编辑：卢志林　范琳娜　王　荣
责任校对：高凯月　张昕妍　　责任印制：李　昂
北京新华印刷有限公司印刷
2024年6月第1版第1次印刷
184mm×260mm·14印张·271千字
标准书号：ISBN 978-7-111-75610-1
定价：59.80元

电话服务　　　　　　　　　　网络服务
客服电话：010-88361066　　　机　工　官　网：www.cmpbook.com
　　　　　010-88379833　　　机　工　官　博：weibo.com/cmp1952
　　　　　010-68326294　　　金　书　网：www.golden-book.com
封底无防伪标均为盗版　　　　机工教育服务网：www.cmpedu.com

序

  初读本书，惊科学引领之势，叹经济千变之态，感作者治学之风，佩师道匠心之德。思绪翻涌，感慨万千，借作序之托，谴积微之情。

  庄子说："技近乎道。"在庄子看来，"道""技"有别。从教育的角度看，"道"存于师，而"技"出乎匠。韩愈说："师者，所以传道受业解惑也""道之所存，师之所存也"。先贤认为，"师"不仅要有学术思想，还要有创造能力，这两项就是"道"的内涵，是"师"的风范。与"师"相比，"匠"的重心是"工"，是技艺。如果说"师"用创造性思维设计出了蓝图，那么，"匠"则以巧夺天工的技艺，将蓝图之"道"变成现实。

  无疑，本书是唐建华老师遍览我国餐饮发展现状、展望未来发展趋势，经过专业系统的积累、分析、研究后，画出的一张颇具创造性思维的厨房科学管理蓝图，是一部思想独到的大师之作。

  由"匠"及"师"，这是化蛹成蝶的过程；得道成师者，皆从工匠角色起步。天下各业如此，烹饪教育界亦然。从改革开放到今天，消费市场瞬息万变，中国餐饮业经历了次次震痛，从单一的传统美食生产与经营到餐饮业态持续出新，运营管理模式不断变化，这个过程对一个厨师而言，无疑是一场脱胎换骨的经历；而传统的经营管理模式逐步转向数字化、智能化餐饮经济模式，厨房的数智化运营管理已成为满足不同层次、不断变化的餐饮消费需求、稳定餐饮经济增长的重要途径。这一技术革命的大潮使一些人因无法适应而退守传统，失去活力，甚至匿踪潜形；有的人选择紧跟时代潮流，在厨房技术运营的变革中鼎新革面，完成了由"匠"及"师"的角色转换，唐建华老师就是后者。

  唐建华老师毕业于江苏商业专科学校（扬州大学旅游烹饪学院前身）烹饪专业，留校至今，一直从事烹饪技术与厨房管理方面的研究与教学工作。因其烹饪技术高超，被评为中国烹饪大师，并在国内外中餐烹饪大赛中多次过关斩将，争金夺银，可谓技惊四海，匠心独运。他一方面向学生悉心传授烹饪技艺和厨房管理知识，另一方面，匠心不泯，关注数智化运营管理手段对餐饮经济的拉动作用，积极投入数智化厨房管理技术的研发。2006—2009 年，唐建华老师长驻深圳，全程参与了国内首创、国际领先的全自动烹饪机器人的研制工作。对于数智厨房，特别是中央厨房的设计、运营与管理有了全新的科学认识，积累了深厚的厨房数智化运营理论，形成了完整的思想体系。厚积薄发，化蛹成蝶，本书的问世，就是他从"匠"修炼为"师"的正果。

因循守旧，折戟沉沙；迎风弄潮，海阔天高。技精艺细，可谓工匠；远见卓识，堪称大师！大学，乃大师云集之地，亦为大师辈出之所。匠心永驻，治学有道，这是扬州大学旅游烹饪学院对学生的期望，更是老师的人生目标，唐建华老师以此著作，诠释了扬州大学师道匠心的人文精神。愿我国有更多这样的得道之师在各自的专业领域有所建树，强我中华！

马健鹰撰于癸卯年八月初八 夜

前言

第一次工业革命诞生了现代意义的工厂,第二次工业革命,工厂进入电气化时代,今天的工厂已经被数智化甚至无人化覆盖。

随着我国老龄化社会的到来,餐饮行业作为劳动密集型产业所面临的劳动力紧缺问题日益突显,连锁餐饮企业重复建设厨房导致资金浪费等现象,已经严重制约并影响了中餐行业的发展;烹饪产品的营养健康、卫生安全俨然成为餐饮行业发展的根本保障;预制菜产业的蓬勃发展给餐饮行业的生产带来了新的生机。于是,餐饮业中央厨房应运而生。如何建中央厨房、建什么样的中央厨房、如何运作中央厨房已成为制约餐饮行业发展的重要因素,也成为满足现代化烹饪生产的基本需求和基本保障,成为国内餐饮界所面临的可持续发展的科学问题和工厂建设的系统工程问题。

中央厨房数智化运营管理涵盖了中央厨房的设计建设与数智化运营两个板块。

中央厨房设计建设是中央厨房建设的第一板块,成熟的中央厨房设计应该具有先进的设计理念、科学的平面布局、规范的管道分布、合理的工艺技术等特征。理念超前、技术先进、投资合理是建设中央厨房的先决条件,也是衡量建成后的中央厨房是否在设计理念、技术指标、经济指标等方面达到国内领先或先进水平的重要因素。

中央厨房的数智化运营是第二板块,从事运营管理需要熟悉现代企业管理制度,拥有现代企业管理理念,具备科学决策生产运营、规范监控食品卫生、合理调度物流配送及科学防范管控风险的能力,这是企业运行顺畅、实现营收的重要指标。

中央厨房数智化运营管理可以作为烹饪与营养教育专业的同类型课程教材,作为烹饪专业高技能人才培养的工程类专业基础课的教学参考书。中央厨房数智化运营管理是一门融合理论知识、实践技能的综合性课程,涉及环境保护、工程技术、工程设备、工艺技术、食品卫生、现代企业数智化运营、物流配送等多学科领域,要求未来从事中央厨房设计的人员必须能够熟练掌握这些相关学科的知识体系,才能胜任中央厨房数智化运营管理。

编者将多年对中央厨房运营管理的研究与思考心得,进行系统梳理,参照《食品科学与工程类教学质量国家标准》,结合当前中央厨房的运营管理实际,撰写了本书。

在撰写过程中,力求体现安全食品、营养食品和健康食品个性化生产的现代烹饪产品加工厂的设计理念,着力追求中央厨房节能减排、低碳环保、环境友好的设计目标,通过大数据等信息化手段探求数智化中央厨房管理模式的生产效益。

本书编写过程中,得到了扬州大学旅游烹饪学院及机械工业出版社同仁的帮助与支持,扬州大学何小龙老师协助搜集了大量资料,并完成了部分图表制作,在此一并表示感谢。

由于本书涉及众多学科,各学科知识发展迅速,同时编者的专业水平、学缘广度、知识深度,以及知识更新速度和编写时间有限,不足之处在所难免,敬请业内专家、同行读者予以批评指正,不胜感激。

编者

目 录

序
前言

绪 论 ··· 1

第一章 中央厨房概述 ··· 3

第一节 中央厨房的概念 ··· 4

第二节 中央厨房的特征 ··· 8

一、集约化 ··· 8

二、标准化 ··· 9

三、专业化 ··· 9

四、产业化 ·· 10

第三节 中央厨房的分类 ·· 11

第四节 中央厨房的功能 ·· 16

一、生产工艺的功能体现 ·· 16

二、能源设施的功能体现 ·· 17

三、管理系统的功能体现 ·· 20

第二章 中央厨房的数智化 ·· 23

第一节 数智化中央厨房的概念 ··· 24

第二节 中央厨房数智化应用 ··· 27

一、应用场景分析 ·· 27

二、数智供应链体系……28

第三节　数智化中央厨房的运营管理模式……30
　　一、中央厨房数智化运营管理……30
　　二、中央厨房数智化运营手段……31
　　三、中央厨房数智化的发展趋势及方法……31

第三章　中央厨房设计……33

第一节　中央厨房设计通论……34
　　一、中央厨房设计的意义……34
　　二、中央厨房设计的内容……35
　　三、中央厨房设计的特点……37

第二节　中央厨房的设计思路……38
　　一、中央厨房的设计依据……38
　　二、中央厨房的设计原则……39
　　三、中央厨房的设计步骤……40

第三节　中央厨房的设计内容……47
　　一、设计程序……47
　　二、可行性研究报告案例……53

第四节　中央厨房的区域设计……60
　　一、原料进货区……61
　　二、原料加工区……63
　　三、熟化区……65
　　四、米饭生产区……66
　　五、面点生产区……68
　　六、配送发货区……69
　　七、洗消区……70
　　八、卫生区……71
　　九、员工生活区、办公区、安全生产管理区、品控管理区……72
　　十、其他区域……73

第五节　中央厨房的生产与配送流程设计……75
　　一、一般生产流程设计……75
　　二、一般配送流程设计……77
　　三、菜肴生产与配送流程设计……77

四、鲜切净菜生产与配送流程设计 …………………………………… 79
　　五、主食生产与配送流程设计 ……………………………………… 80

第四章　中央厨房的运营管理 …………………………………………… 83

第一节　通　论 ………………………………………………………… 84
　　一、中央厨房的运营条件 …………………………………………… 85
　　二、中央厨房的运营管理 …………………………………………… 86

第二节　产品设计 ……………………………………………………… 87
　　一、中央厨房与产品市场孰先孰后 ………………………………… 88
　　二、产品设计优先 …………………………………………………… 89
　　三、产品的模块化设计 ……………………………………………… 90
　　四、双厨房设计 ……………………………………………………… 93
　　五、产业链建设及 OEM …………………………………………… 94

第三节　产品生产加工管理 …………………………………………… 96
　　一、人的管理 ………………………………………………………… 97
　　二、物的管理 ……………………………………………………… 100
　　三、机的管理 ……………………………………………………… 101
　　四、环境的管理 …………………………………………………… 101
　　五、法的管理 ……………………………………………………… 102

第五章　中央厨房的标准化管理 ……………………………………… 103

第一节　中央厨房标准化的概念 …………………………………… 104
　　一、中央厨房标准化的定义及作用 ……………………………… 104
　　二、中央厨房标准管理 …………………………………………… 105
　　三、中央厨房员工标准管理 ……………………………………… 106
　　四、中央厨房业务标准管理 ……………………………………… 107

第二节　中央厨房标准的制订 ……………………………………… 109
　　一、事先制订标准 ………………………………………………… 109
　　二、标准与细节 …………………………………………………… 110
　　三、标准的适度化 ………………………………………………… 112
　　四、标准的严谨化 ………………………………………………… 113
　　五、标准的目标导向 ……………………………………………… 114
　　六、标准的准确表达 ……………………………………………… 115

七、标准的合理性 ································· 116
　　八、标准的可行性 ································· 117
　　九、标准的一致性 ································· 118
　　十、标准的稳定性 ································· 119
　　"真功夫"的标准化 ······························· 120

第三节　中央厨房标准的完善 ···························· 122
　　一、中央厨房标准的高效性 ························· 122
　　二、中央厨房标准程序的精简 ······················· 123
　　三、中央厨房标准与流程 ··························· 124
　　四、中央厨房标准的前瞻性 ························· 125
　　五、中央厨房标准的调整 ··························· 127
　　六、中央厨房标准的时效性 ························· 127
　　七、中央厨房的精益生产 ··························· 128

第四节　中央厨房标准的执行 ···························· 130
　　一、中央厨房标准的落实 ··························· 131
　　二、中央厨房标准的执行力 ························· 132
　　三、中央厨房标准意识的强化 ······················· 132
　　四、中央厨房标准的公平性 ························· 133
　　五、防微杜渐 ····································· 134
　　六、权责分明 ····································· 135
　　七、严格执行 ····································· 136
　　八、注重细节 ····································· 137

第五节　中央厨房标准的内容 ···························· 138
　　一、标准菜谱 ····································· 139
　　二、生产标准 ····································· 140
　　三、中央厨房员工考核标准 ························· 143
　　四、生产主管对各个岗位的检查标准 ················· 147

第六章　中央厨房产品物流配送 ·························· 153

第一节　通　论 ······································· 154
　　一、物流配送的概念 ······························· 154
　　二、物流配送的特点 ······························· 154
　　三、物流配送的运输方式 ··························· 155

第二节　物流运输系统 ··· 156
　　一、物流运输系统的概念 ··· 156
　　二、物流运输系统的构成 ··· 156
　　三、物流运输的参与者 ·· 157
　　四、物流运输的提供者 ·· 157

第三节　物流运输方案 ··· 157
　　一、物流运输方案选择 ·· 157
　　二、运输设施选择 ··· 158
　　三、运输形式选择 ··· 158

第四节　物流配送关键控制 ·· 159
　　一、物流配送控制 ··· 160
　　二、物流配送流程 ··· 161
　　三、物流配送注意点 ··· 162

第五节　物流配送管理 ··· 163
　　一、分析定位 ·· 163
　　二、配送时间测算 ··· 164
　　三、冷链配送的基本要素 ··· 166
　　四、热链配送的基本要素 ··· 166

第六节　配送方案 ·· 167
　　一、直配方案 ·· 167
　　二、分区中转＋直配方案 ·· 167

第七章　中央厨房的卫生管理 ································· 169

第一节　人的卫生管理 ··· 170
　　一、对单位的要求 ··· 170
　　二、对人的卫生要求 ··· 171

第二节　环境的卫生管理 ··· 172
　　一、室外环境的卫生管理 ·· 172
　　二、室内环境的卫生管理 ·· 173

第三节　设备的卫生管理 ··· 174
　　一、卫生清洁 ·· 174
　　二、消毒管理 ·· 176

第四节 器具的卫生管理 ………………………………………… 177
一、用具的卫生管理 …………………………………………… 177
二、餐具的卫生管理 …………………………………………… 178

第八章 中央厨房的应用与发展 …………………………………… 181

第一节 中央厨房的应用 ………………………………………… 182
一、中央厨房的应用范围 ……………………………………… 182
二、中央厨房的管理模式 ……………………………………… 185
三、中央厨房的商业模式 ……………………………………… 187
四、中央厨房产品销售模式 …………………………………… 188

第二节 中央厨房的发展 ………………………………………… 192
一、中央厨房的发展环境 ……………………………………… 192
二、新餐饮形势下中央厨房的发展趋势 ……………………… 197
三、新技术在中央厨房运用中的发展趋势 …………………… 198
四、中央厨房公司化的运营策略 ……………………………… 199
五、传统烹饪食品工业化的路径 ……………………………… 201

第九章 中央厨房的风险管理 ……………………………………… 203

第一节 风险的概念及产生的原因 ……………………………… 204
一、风险的概念 ………………………………………………… 204
二、风险产生的原因 …………………………………………… 205

第二节 中央厨房的风险类别及等级评估 ……………………… 206
一、风险类别 …………………………………………………… 206
二、风险等级评估 ……………………………………………… 209

第三节 风险管理 ………………………………………………… 210
一、风险管理的概念 …………………………………………… 210
二、风险管理的目标 …………………………………………… 210
三、风险管理的途径 …………………………………………… 211

绪　论

食品工业在我国国民经济中占据重要地位，是我国经济的重要组成部分。餐饮业深深植入人们日常生活，人们的一日三餐有很大比例要依赖于餐饮业；迎来送往、婚丧嫁娶、生日满月、亲朋小酌，饭店都是人们的日常选择，尤其是现代人的生活水平日益提高，对美好生活的向往也更加强烈，作为人们日常生活的重要构成，家常饮食已经不能满足人们日益增长的美食需要，人们对美食的要求越来越高。

当人们的饮食不再满足于饱腹的时候，餐饮食品的外化功能就显得比较重要了，这就要求烹饪产品要不断开发新资源、建设新市场，以满足人们的生活需要，提高人们的生活质量。这个外化功能通常指食物的营养性、安全性，需要通过专门场所的加工，来提升烹饪产品的质量。同时要通过对产品的不断研发创新，使烹饪产品具有诱人的色香味形。

中央厨房的建设与应用，会带动"三农"的发展，促进餐饮市场的繁荣，推动人们饮食结构的改革。正是由于中央厨房具有这些特征，所以中央厨房的发展成为三产中的支柱产业。

在中央厨房发展进程中，工程（或称工业）设计发挥着重要作用。不管是新建一间中央厨房，还是对老厂房修建翻新，或者是对旧厂房升级改造，对技术设备的更新等，都涉及工程设计的问题。工程设计依赖于设计工作的支持，设计本身需要符合国民经济发展的需要，与当前的科技发展紧密结合，通过专业化的设计与建造，建设成符合时代发展要求的专业加工车间，生产符合人们健康饮食需求的各种烹饪工业化产品。

在建设过程中，设计要在开工前完成，一个好的设计至少应当符合这样几点：工程设计科学规范、技术指标业内领先、资金投入预算合理、环境保护符合法规。

在运营过程中，数智化管理是建成的中央厨房在运营时的核心，通过制订数智化战略，构建数智化生态体系，挖掘大数据价值，加快专业型人才培养，是数智化转型企业发展的必由之路，需要结合现代企业管理制度，优化管理模式，向管理要产品，向管理要效益。

在我国目前的新餐饮形势下，技术装备不断更新，产品需求层出不穷，产品质量不断提升，了解和掌握中央厨房数智化运营意义重大。

中央厨房的本质类同于食品工厂。就其设计而言，一般指将待建的中央厨房项目用诸如图纸、表格、文字进行说明并表达出来的过程，然后由建筑施工人员进行建设。所以说，中央厨房的设计是集经济、工程、环境、管理、技术等众多学科于一身的综合性学科，既有丰富的科学理论，又有复杂的实践操作。随着烹饪技术和生产加工的发展，烹饪的科学化、标准化、智能化进程将进一步加快，中央厨房数智化运营的内容也将被赋予更加丰富完善的内涵。

中央厨房产品具有3个特征：种类繁多复杂、产品季节性强、卫生指标要求高，这就使得中央厨房的设计与食品工厂具有相同的要求。同时要考虑到中央厨房的生产原料来自农林牧副渔多个行业，原料物性不同，产品结构有差异，因此要求中央厨房的生产线能够具有最优的配置效果，实现"一机多能、一线多用"的目标。力求以最小的投入，得到最大的产出，从而获得最佳经济效益。

中央厨房的数智化运营，是时代发展的需要。在互联网高速发展的背景下，中央厨房产业通过互联网、物联网将烹饪产品的生产过程智能化，是行业发展的必然。餐饮行业的教育需要数智化，产业发展、创新赋能需要数智化。2022年11月30日教育部颁布"教师数字素养"的相关文件，必将进一步推动餐饮行业教育的数智化发展进程。

中央厨房数智化运营管理的研究内容主要包括：中央厨房的平面设计；中央厨房的厂址选择；中央厨房的工艺设计，主要是指中央厨房的生产部门设计；中央厨房的非工艺设计；中央厨房的卫生设计；中央厨房的产品设计；中央厨房的生产设计与管理；中央厨房产品的物流配送；中央厨房的发展与运用（运营管理案例）；中央厨房的风险管控。

通过阅读本书，希望读者能够掌握中央厨房数智化运营的基本理论知识，掌握中央厨房数智化运营管理的基本方法，掌握学习、查阅资料的能力，以及使用各类标准和手册、整理数据、绘制图纸、提高运算的能力，熟练掌握企业的数智化运营管理、生产调度、生产设计与安排、产品设计与生产、产品仓储与物流配送的计算能力，掌握企业生产经营过程中的风险管控能力。由于中央厨房生产原料种类繁多，产品品质多样，在撰写时不能做到面面俱到，只能根据各个中央厨房的自身特点和产品要求进行设计，阐述其设计的基本原理和方法。

中央厨房数智化运营的转型不只是对企业内部运营和管理的改变，更应该构建一个数智化的生态系统，企业通过数智化手段与供货商、代理商、消费者及其他关系方建立联系，实现资源共享、合作共赢及全产业链共建共享。在大数据背景下，企业应注意保护个体消费者和相关用户的数据信息安全。

第一章 中央厨房概述

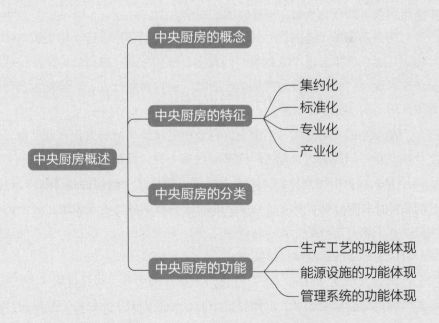

第一节　中央厨房的概念

20世纪80年代中后期，餐饮行业出现了一个广泛流传的概念，叫中心厨房。因此学界和各个行业大多认为中央厨房的概念起源于餐饮行业，这是民间的说法。中央厨房这个提法，有官方渠道报道的，大约在2011年，国务院中宣办首次提出了中央厨房的概念，这是目前发现的最早的官方关于中央厨房表述的记载。同年5月，国家食品药品监督管理局颁布了《中央厨房许可审查规范》，把餐饮行业的中央厨房项目建设规划提上了议事日程，使中央厨房建设进入了法制化轨道。

餐饮行业到底何时开始建设中央厨房，目前没有准确的资料显示。钱学森教授曾经讲过：快餐业就是烹饪业的工业化，把古老的烹饪工作用现代科学技术和经营管理技术，像工业生产那样组织起来，形成烹饪产业，这是一场划时代的革命。把传统的手工烹饪上升到技术行为的高度，这样的生产模式可以理解为人类历史上的一场革命。中央厨房带来的行业革命，主要体现在4个方面。

（1）厂房与厨房的无缝对接　传统的烹饪活动在厨房中进行，中央厨房的本质是一个厂房，这个厂房把若干个具体单一的厨房集中到一起，进行统一生产，相对于单一的厨房生产而言，它并没有与产品生产脱节，厨房需要什么，厂房就生产什么，这就实现了厂房与厨房的无缝对接。

（2）产品生产的专店专用　当前烹饪行业里的厨房产品同质化现象严重，所谓产品同质化现象指不同的餐饮企业之间的产品没有个性，原料使用、风味特色、产品呈现等大同小异，缺少个性化特征。中央厨房可以根据某个酒店的具体要求进行设计，从而使酒店的产品具有明显的个性特征。相对于现在的餐饮企业来说，当个体餐饮做强做大时，接下来可能就是走连锁化经营之路，中央厨房的出现对于企业的连锁化经营来说，可以使产品的标准化得以实现。

（3）产品设计的受众导向　烹饪行业的产品首推菜肴，菜肴是厨房的工作重点。厨房产品所面向的受众是顾客，以顾客为中心，还是以酒店为中心，是厨房产品设计的关键。通常来说，产品设计应以消费者的需求为目标，围绕目标去设计产品，才能满足市场需求。换句话说，烹饪产品要想受到顾客的喜欢，必须要满足顾客对产品的具体要求，因此酒店想要留住顾客，就得有过硬的产品，产品设计的本身必须以企业所面对的顾客为目标，这就是受众导向。

（4）餐饮发展的全餐多店　餐饮发展的核心是提高产品集中度，打造行业产业链。这里的全餐指整个行业，多店指多个店面，泛指餐饮门店。餐饮发展依托于中央厨房，使餐饮行业发展全面开花，这个理念跟时下强调的提高产品集中度、联系行业上下游、打通产业链有密切的关系。

当前社会，由于人口老龄化现象加重，人力成本逐年上升，作为企业，其经营的重要目的是获取利润。在企业生产经营活动中，除人力成本上升外，原材料成本、房屋租金、设备改造升级成本等都呈现上升趋势，在这种形势下，企业的盈利点在哪儿？行业呼唤一种集约化的生产方式。生产方式是现代企业的重要发展方向，因此中央厨房应运而生。

中央厨房作为未来餐饮行业发展的重要指向，是一个系统工程，通常指由统一采购、统一生产、统一配送和执行标准化生产制作流程的集成式厨房生产模式。优点体现在以集中采购、集约生产的方式来降低成本、提升效益。由此可见，中央厨房既是一种生产模式，也是一种经营模式，这个模式一般由硬件系统与软件系统组成，是一种运行系统。

（1）硬件系统　硬件系统指设备系统，如用于生产经营的设施设备、生产工具等，如图1-1所示。在厨房中，这些硬件不是由一个或几个单纯的设备构成的，而是由若干个生产车间、公用系统及辅助部门组成的生产系统。每个车间又由多个功能区域组成。这些功能区域是完成产品生产的核心要素。

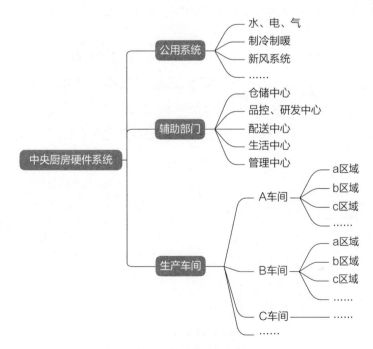

图1-1　中央厨房硬件系统

（2）软件系统　软件系统指没有固定物理形态的物象，习惯上称管理系统。一般指人、管理水平、管理思路或理念等。因为人受知识、能力、水平阅历等因素的影响，这些因素是看不见的，所以把人纳入软件系统的范畴。

最初的软件或软件系统并不是社会上各个专业或工种的专用名词，而是IT行业中专门用于电脑运行的程序，习惯上把电脑软件程序称为软件系统。随着社会的发展，软件系统逐步拓展成为每一个行业都会涉及的系统。

作为管理系统，中央厨房的软件系统有以下3个特征：

（1）无固定形态　人们掌握的知识水平、能力结构等是无形的，人的工作能力、工作水平也是无形的，所以无固定形态是中央厨房软件系统的第一个特征。

（2）渗透着大量的脑力劳动　厨房生产通过体力劳动来完成，虽然有一定数量的设备来支撑烹饪工艺，但是控制设备的是人，在这个过程中，人控制设备属于软件的范畴，所以在烹饪生产过程中，既有体力劳动，也有脑力劳动，包括逻辑思维、智能活动、技术水平等。

（3）可复制性特征　可复制性又称可复用性，也就是某种方法可以重复，如管理方法或工作方法可以被别的企业复制，重复使用。

中央厨房是一个完整的生产管理体系，它反映了企业的管理理念、产业链条、生产方法和组织功能等，是企业组织核心能力实施的保障。

从实施的过程来看，中央厨房软件系统分为3个部分，即中央厨房组织管理系统、中央厨房生产和物流系统及客户管理系统，如图1-2所示。

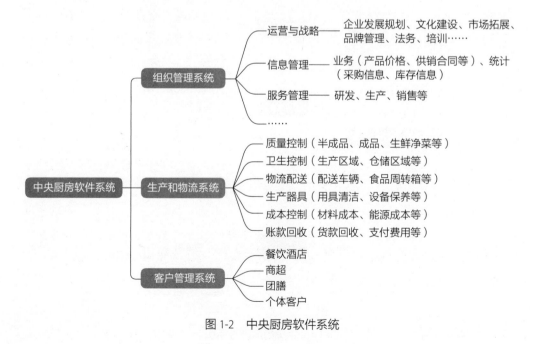

图1-2　中央厨房软件系统

一个企业发展的好坏，跟企业的管理有密切关系。

1）中央厨房组织管理系统可以简单理解为一个组织的中心，或者说是一个总部。它体现着企业的顶层设计。企业的管理水平跟顶层设计有相当密切的关系，领导其实就是管理系统的组织者或者是总部。

组织管理系统主要包括运营与战略、信息管理和服务管理。

①运营与战略。企业发展需要规划，宏观层面称战略规划，通俗讲就是企业的发展方向。在企业的发展过程中，CIS⊖策划很重要，包括理念识别和行为识别。

②信息管理。信息管理包含的内容比较广泛，从业务的角度，会涉及资料、资金、价格、合同等，主要指企业发展过程中建立的资料，如人事关系、客户档案、生产资料等，都跟生产体系密切相关。具体到企业做什么、做多少，这些信息属于资料的范畴；从资金链的角度，投入多少产出多少，流动资金及现金流等，属于资金的范畴；原材料采购价格、产品销售价格、产品销售利润率高低等，属于信息范畴；从统计的角度，涉及采购、库存、生产、配送等，跟销售体系密切相关。统计销售反映了企业经营的状态，从原料的采购量可以估算出产品的产量，产量的多少直接影响企业的利润，这个信息在顶层设计时需要掌握。

③服务管理。服务管理主要针对内部服务，指相应的主管职能部门围绕生产为一线（员工）提供的帮助。

2）中央厨房的生产和物流系统主要包括质量控制、卫生控制、成本控制、账款回收、物流配送、生产器具。

质量控制指对原材料质量、产品质量进行管控。卫生控制是对生产区域、员工及生产过程进行卫生管理。成本控制则涉及直接成本和间接成本的管理，包括采购成本、生产成本和相关费用等。账款回收是企业运营的关键，既要保证货款回收及时，又要及时支付供货商的物料费用。物流配送是指运用物流车辆和配送器具，对终端客户的订单进行配送的过程。生产器具是指对生产过程中的生产设备和工具、用具进行使用与保养。

3）客户管理系统和生产、物流密切关联。客户是企业的服务对象，企业产品要销售给客户，所以中央厨房的生产和物流配送跟客户密切相关。

从生产的角度看，产品可能是半成品、成品、单独的复合调料，这些产品的走向涉及客户性质，可能是超市、团餐、快餐、正餐等不同的经营业态。由于产品和客户之间的关系密切，所以生产、物流配送都需要有配套的基本客户信息。在生产之前要根据客户的需求信息将原料领到生产车间，生产好的产品要入仓，然后根据客户需要

⊖ CIS，Corporate Identity System，企业形象识别系统。

进行配送，这些都属于生产和物流系统与客户之间的关系。

中央厨房的硬件系统和软件系统构成了一个完整的中央厨房体系。

第二节　中央厨房的特征

中央厨房是一种由硬件系统和软件系统组成的体系，体现了集约化、标准化、专业化、产业化生产特征，采用量化生产的工业化、多元化的食品加工系统和运营模式。

一、集约化

集约化是相对于粗放型的生产方式而言的。一般的饭店和酒店，生产方式是粗放的，这种粗放指酒店厨房的生产是以数量取胜，不顾及资源浪费、环境浪费、人力浪费等因素的制约，只要获得目标的实现就算成功，如利润的获得。体现在厨房里，就是每个餐饮企业都需要建有自己的厨房，都有一套完整的生产加工和员工用工体系。相对于现代企业的生产方式，餐饮企业的厨房生产行为是粗放的。在社会发展的过程中形成的中央厨房，能体现餐饮集约化的生产特征。

相对于传统的粗放型厨房生产，集约化指低投入、高产出、高效率的生产经营方式，即用较低或较少的投入（经济、科技、人力资源等方面），获取较多的产出，并且能够形成较高的利益。

集约化生产的核心是效益。效益一般分为两个层面，社会效益和经济效益。当前很多企业都在工业化，其中绝大多数企业是围绕如何产生经济效益去开展企业经营工作的。从这个角度理解，集约化的生产模式能够有效提升企业的产出，使企业获取更高的利润。集约化生产，相对于企业尤其是现代企业来说，是比较好的选择。

通过一个案例来看集约化生产的优势：家庭厨房去菜市场买1条鲫鱼，假设鲫鱼的市场价格是10元1斤，一般家庭厨房最多买一两条，此时与鱼贩还价就比较困难；当一家餐饮企业去采购鲫鱼时，当日需要20条鲫鱼，此时还价就相对比较容易；如果是中央厨房企业采购，因为需要满足多家餐饮企业厨房使用鲫鱼的需求，所以采购量比单一餐饮企业大得多，此时根据企业事先与供货商商定的采供原则，鲫鱼就会大幅度降价，采购成本会低很多。但是对于餐饮厨房和中央厨房终端客户的产品销售来说，售价还是一样的，所以企业利润就会升高；家庭厨房需要自己去市场采购，餐饮企业和中央厨房由于采购量大，通常由供货商送货上门，节约时间成本。从上述案例可以看出，餐饮企业和中央厨房的采购节省了采购过程中的交通成本、时间成本，降低了原料的直接成本，所以集约化生产的优点就体现出来了，因此，当现代企业发展到一定程度后，一定要走集约化生产的道路。

二、标准化

标准化指生产工艺的标准化。这个标准体现在中央厨房生产的所有工艺环节中，如原料采购标准化。如前文所说的采购鲫鱼，需要根据菜肴要求，确定鲫鱼的个体重量；采购河虾，河虾的鲜活程度、大小等标准要明确；要生产炒里脊片或里脊丝，无论是片还是丝，一定要选择里脊肉，不能选择五花肉，如果做农家小炒肉，就得选择五花肉，不能选择里脊肉，这是原料选择的标准化。生产工艺的标准化，体现在原料形态、配比数量等方面，如配菜过程中，原料切割的时间，有人工与机械切割的区别，要计算好人工操作需要的时长和机器操作时长；还涉及产品的配份和包装，如菜肴的分量是以例份菜形式还是中包装形式配份，包装时用包装盒还是包装袋等都必须有明确的工艺参数；后续的配送标准化、服务标准化可能会涉及配送流程、现场服务等，都需要以工艺文件进行规范。

中央厨房的标准化特征，就是很好地用各类文件将中央厨房生产的全链条进行规范，大到环境设计、产品生产工艺、设备配置、员工生产效能设计等，小到物料摆放、工具收纳或现场管理，都通过具体的文件加以规范。

三、专业化

传统厨房里，烹饪产品的生产模式主要以手工为主。中央厨房的生产采用高科技水平、高技术含量的设施设备，设备操控人员操作机器来完成产品的工业化生产。这里也需要人工，只不过这里的人工不是简单机械地从事烹饪过程中原始方式的手工生产加工，只有少量机器无法完成的原料加工需要人工去完成，如原料的出仓申领、部分原料的清洁加工、原料的解冻处理等，而人更多的是对机器设备负责，以操控设备为主，所以人员必须具备能够熟练操作机器设备的能力，包括设备的简单维护，如设备使用后的清洁保养等。一线生产员工的主要任务不再是切割、配份、包装，而是操作设备进行生产，完成生产任务。另外，人的功能还体现在管理上，就是中央厨房的日常运营，需要有熟悉人力资源管理、生产环节的专业经理人，这些人员的存在使企业能够高效运作，不至于在运营过程中出现问题。企业的运营管理是机械设备没有办法完成的，体现的是管理的专业化。

四、产业化

产业化特征主要体现在产业链、供应链的打造上。目前各行业在生产过程中都存在一个显著现象,就是企业的分散度比较高,集中度不够。从农业生产的角度,通过我国农村的发展历程可以知道,农村的农业生产方式一直是传统的人工作业模式;十一届三中全会后,农村开始实行家庭联产承包责任制,集体经济组织负责公共设施的统一安排、使用和调度,很大程度上类似于西方国家的农场化的作业模式,其本质是将社会发展带来的科技成果运用到农业生产中。

西方国家的农业生产多是集约化的,农业生产的集中度很高。从生产资料的角度来说,它可以节约生产成本,使农业生产形成一个完整的产业链。对于烹饪生产而言,同样需要形成产业链。这个烹饪产业链包括:上游的原材料(原材料还有自己的上游,如植物性的原料通过农场主种植,动物性原料通过养殖场来养殖等,经过加工采摘、宰杀等工艺将种植、养殖的动、植物变成了动、植物性的烹饪原材料),经过采购来到了中央厨房,再经中央厨房专业化、标准化的生产加工变成了烹饪产品,然后到达全产业链的下游即产品的终端客户(或称终端消费者),从而到达餐桌。不难看出,中央厨房产品的产业链包括上游原料—中游中央厨房—下游终端客户,体现的是从田间地头到餐桌的全产业链条打造。2018年9月21日,习近平总书记在十九届中央政治局第八次集体学习时指出,要突出抓好农民合作社和家庭农场两类农业经营主体发展,赋予双层经营体制新的内涵,不断提高农业经营效率。所以从原材料种植、养殖加工到农贸市场销售,再到中央厨房生产、配送流程,最后到饭店(家庭)餐桌这一条链下来,是完整的中央厨房产业链。所以中央厨房在规划设计、工厂建设、厨房生产过程中需要考虑全产业链的打造,提高烹饪产品生产的集中度,以此提升生产效率和效益,而不再是建单一的、各自为政的单体厨房生产经营模式。这种生产经营模式在生产过程中需要打造的产业链,也是目前一些高端企业(现代企业)正在做的。

需要说明的是,中央厨房与食品工厂之间还存在着一定的关联。总体来看,两者之间有时没有明确的界限,都为集中生产、实现资源利用最大化而建设了专用生产厂房及配套设施物品等,是按照一定的流程进行食品专业化生产的专门场所。

但是仔细研究,两者之间也有着明显区别:一是产品属性存在差异。就中央厨房产品与食品工厂的产品而言,食品工厂的产品有货架期(保质期),可以进行较长时间的储存;而中央厨房产品通常不设货架期,更多体现及时生产、及时烹饪、及时销售（即产即食）的特点，这是两者之间的核心区别。二是生产工艺存在差异，食品工厂的产品需要经过包装消毒杀菌后送达仓储；中央厨房的产品一般经过包装后，直接送达终端客户，存放时间短，因此一般可以不经过消毒杀菌环节，所以食品工厂的生产线和中央厨房的生产线就有一定的差别，需要根据各自的产品工艺特点设计生产线。三是产品流向存在差异。食品工厂的产品需要通过商超等中间环节，消费者从商超等地方采购回家后，有些产品需要加热后食用，有些产品属于开袋即食的类别；中央厨房的产品则不一样，主渠道是进入酒店、饭店后厨，也可以直接进入家庭厨房，然后经过加热烹调形成菜肴到达餐桌，这也是两个业态的产品流向存在的明显区别。

虽然中央厨房与食品工厂有一定的区别，但是从厂房建设的角度来看，两者之间倒是没有差别，流程相同。

第三节 中央厨房的分类

中央厨房的类别划分一般从 3 个方面进行：经营业态、服务类型和工艺特点。

1. 经营业态

经营业态起源于日本，它泛指业务经营的形式或状态，是针对特定消费者的特定需求，按照一定的战略目标，有选择地运用商品经营结构、店铺位置、店铺规模、店铺形态、价格政策、销售方式、销售服务等经营手段，提供销售和服务的类型化服务形态。

通俗一点说，经营业态指商品是什么，准备卖给谁，用什么方式卖等具体经营形式，是一种商业模式。商业模式不是中央厨房独有的，其他行业也有。如零售业，其商业模式可能是店铺零售或无店铺零售（如传统的流动摊贩式销售），从这个角度理解，业态的类型就比较多，按经营商品的种类可以分为单一型业态和复合型业态。中央厨房的经营业态指中央厨房所面对的终端客户，即中央厨房的产品会走向哪些客体，这些客体是单一型业态还是复合型业态。一个销售终端，产品将来会走向什么业态，是由其销售形式决定的。

（1）单一型 单一型业态如各种专卖店，这些店销售的商品相对比较单一。从餐饮的角度来说，如某商业综合体里有一间自助海鲜馆，那么这种销售就是单一型业态经营模式，从消费过程来看，将其定义为单一型业态，尽管这间自助海鲜馆销售的海鲜种类很多，但是都属于自助的范畴，所以单一型业态强调的是产品的专一性。

（2）复合型　复合型业态又称多业态，如超市、便利店等，指多种类型的商品或销售形式结合在一起。多业态强调产品的多元性，如一家轻餐饮餐馆，里面的经营内容就会相对多元。多业态销售的产品内容比较丰富，如从菜肴的温度划分为凉菜、热菜，从菜肴的风味划分为川菜、粤菜、淮扬菜等，此外还会涉及菜式、酒水、饮料的划分等。在多业态类型的经营中，需要注意企业定位，按照企业定位进行产品规划。

中央厨房的业态跟餐饮业业态是一回事，中央厨房可以只加工一种类型的产品，如主营肉类原料，那么在后续的生产线设计时就应该围绕肉制品展开。中央厨房车间只生产肉丸类产品，那么在设备配置上就应该至少包括能够完成丸子制作的机械设备，如解冻装置、肉泥加工设备、丸子成型加工设备、成熟加工设备、冷却分装设备等。

当然产品的单一性还是多样性，是在建厂前或设计之初就要考虑的问题，所以一般理解中央厨房属于多业态综合性范畴，而真正意义上单一型业态的中央厨房比较少见。

2. 服务类型

从服务类型划分，主要要求在生产经营和服务过程中要服务到位，必须有企业的文化和体系，这里的文化需要围绕产品来描述。在服务过程中，也分为硬件和软件。

（1）硬件　硬件主要指设施设备的配置是否能满足产品生产的需要，如果设施设备不足，不能按时按量生产产品，就会导致产量不足，从而导致客户的服务体验感不佳；如果有足够的设施设备，产品生产效率就会很高，客户对接受的服务就会比较满意。同样，生产效率高会涉及人员的配置。设施设备配置量很充足，但是没有足够的人手去操控这些设备，如按规定每个员工可以操作2台机器，厂房生产区域有10台机器，需要5个工人操作，但是企业只配备了3个工人来操作设备，短时间可能没有问题，长时间就会导致工人超负荷运转，产生疲劳，为安全计，就需要停下4台设备，这样，产量就可能满足不了客户需求，长此以往，客户的服务体验感会急剧下降。所以说人员的配置必须要和设施设备数量相吻合，生产效率才能提高。从产品质量上来说，既有充裕的设施设备配置，又有丰裕的人员配置，再加上员工操作熟练，技术过硬，产出的产品质量就会很高。

（2）软件　服务类型的软件是什么？一是从员工的素质角度来理解。如从厨师的角度，需要有过硬的技术，有"以顾客为上帝"的服务心态，全身心地投入产品的生产加工中，这种状态下产出的产品质量一定会很好，"用心做有温度的产品"就是这个意思。二是从产品的质量意识角度来理解。员工在生产过程中，必须要围绕服务顾客的基本出发点，提供优质产品的角度去从事生产。在这种高度的责任心下，有良好的技术作为支撑，生产出来的产品质量一定是好的。三是良好的售后，烹饪产品的售后，跟其他商业类型的商品售后不太一样。如手机的售后，可能会涉及维修或更换零部件等，这里就会涉及服务质量的提升。而烹饪产品的售后则不同，如菜肴的温度不够，需要厨房的厨师或服务员帮助回温加热，顾客在餐厅吃饭过程中可能需要添加茶水，作为员工应当及时发现顾客需求等。这里的服务就不仅仅是厨师提供产品的服务，也涉及前厅服务员的服务意识和服务水平等。服务质量一旦上升了，产品质量多半会同步上升。从这个角度理解，服务业态跟我们正常的生产销售过程是密切关联的。

服务业态主要包含快餐和慢餐。

1）快餐。快餐指由餐饮企业快速生产、即刻供应、省时方便的餐食供应形式，分为堂食型和外卖型。有时也指已经烹饪好的、可随时提供给顾客的餐食。从快餐的角度，常见的形式有中式快餐、西式快餐、特色快餐等。

快餐的类型很多，从中央厨房的角度可以对快餐进一步分类。首先从工业化程度方面可分为传统快餐和现代快餐。所谓传统快餐，指在传统手工基础上加工形成的快餐；现代快餐顾名思义就是借助于现代科学技术成果（主要是现代化的生产设备）加工形成的快餐。这里所说的中央厨房的快餐是在现代工业技术条件下的一种快餐形式，也就是现代快餐。传统快餐可能会逐渐萎缩，因为生产技术落后，生产效率低下，并且由于作坊式的生产模式很难满足产品的卫生条件，所以传统的手工操作无法满足市场需求，适应市场需要，这也是传统快餐市场萎缩的主要原因。其次从风味上（也就是从菜式风味上划分）可分为中式快餐和西式快餐。常见的中式快餐有大娘水饺、真功夫、家乡鸡等；常见的西式快餐有肯德基、麦当劳等。有一种类型叫特色快餐，严格意义上来说是中式快餐的一个分类，具有强烈的个性特征和明显的风味特色，之所以将这类产品定义为特色快餐，是因为其符合对当前产品营销的理解和认知，有时候也是企业打造品牌的一个噱头。再次从品种的丰富程度上可以分为单一品种的快餐和复合品种的快餐。单一品种的快餐指针对某一类型的，常见的如黄焖鸡米饭；复合产品的快餐指提供给消费者选择的菜肴种类范围相对比较广，菜品内容多样化，如常见的 10~20 元/份的套式快餐、二荤二素或三荤三素等，自由搭配。

上述 3 种类型都属于快餐的范畴，属于在一系列工艺条件下或新的规划条件下的一种新餐饮形式。快餐更加强调生产、经营过程服务到位，强调客户的消费体验。

2）慢餐。慢餐指由餐饮企业根据顾客要求进行生产加工的食品供应形式，慢餐提倡精致的美食、精美的菜单、优美的音乐、优雅的礼仪、温馨的气氛和愉悦的会面。

卡洛·佩特里尼在《慢食运动》中提到：当我们在寻找符合这些标准的食品时，我们不再只是消费者，而已经成为生产合作者，我们共同分担生产优良食品的成本，同时也共同创造负责任的社会。

简言之，慢餐就是用餐时间长、过程仪式丰富的一种就餐形式。慢餐只是一种表达，如果进行数据查询，会发现在20世纪90年代中后期，意大利兴起了慢餐文化（国外的社会发展是快节奏的，意大利人率先打破了这种快节奏，所以习惯上理解的慢餐文化起源于意大利）。最近江苏餐饮行业协会也发布倡议书，提出慢食的概念，建议人们的生活慢下来。

从就餐时间的长短来看，就中餐而言，慢餐多指正餐。根据就餐的时间点，正餐有早餐、中餐和晚餐之别；有时根据就餐人数和经营形式，团餐也会纳入慢餐的范畴。什么是团餐？团餐指一个工厂或者一个企业相对就餐人数较多的一种集团膳食的形式。这里涉及就餐人数的问题，少则几十人，多则几百上千甚至上万人，这种就餐的形式称为团餐。最典型的如学校食堂，就属于团餐的类型。

中央厨房的建设与生产，要基于产品的受众数量，通常规模基数要求比较大。有的教材或资料认为中央厨房的服务就餐人数应大于1000人，甚至1000人以上才能建中央厨房，这种说法是不太准确的。这里需要说明一下，用一个比较多的数量去表示需要建设中央厨房是可以的，但是用一个具体的数字来衡量，即达到某一个具体数字的就餐人数量才能建设中央厨房的这种提法，值得商榷。

正餐，一般理解为由中餐和晚餐两个餐点构成、用餐者在一个正式场合下就餐的形式，实际上是以宴席为主要表达形式的一种餐饮运营方式。过去很多地区把一些重要的活动，如红白喜事、商务活动、婚丧嫁娶等，一般都放在中午。随着社会的不断发展，很多餐饮活动都由中午移到了晚上，所以晚餐也成了正餐。在这个过程当中，正餐的就餐时间实际上是非常长的，和前文所述的快餐有很大的区别。主要体现在餐饮形式和菜品设计这两个方面。

在服务业态里面，还有早餐。传统的（大、小）饭店里面所谓的早餐都比较简单，现在早餐的品种、类型非常丰富，业态也多样化。早餐属于正餐还是快餐，其实很难界定。从早餐的消费过程来看，好像既可以纳入正餐范畴，也可以列入快餐。为什么这么讲？如一位员工在食堂里吃早餐，粥加油条，这属于快餐的范畴；如果有朋友或父母从外地来，带他们到某个茶楼去吃早茶，就可能属于正餐的范畴，因为形式比较正规，类似于午餐和晚餐。早上要上班工作，就算是接待型早餐，吃早饭也有时间限制，所以早饭的正餐跟中午和晚上的正餐还是有一定差异的。一般情况下，早餐要在很短的时间内完成，但是类似于扬州的富春茶社、花园茶楼等，去这些比较著名的早餐店吃早餐，尤其是宴请的话，没有一两小时甚至两三小时结束不了，这就带来了一个新的问题，早餐时间节点的掌控。一般来说，行业里的早餐通常情况下最迟经营到十点半左右，很少有超过十一点的，这是早餐的一个特征。

3. 工艺特点

工艺特点主要指在生产和配送过程中，原材料的使用、加工和保管的过程所表现出来的一种方式。按照温度的高低，习惯上分为冷链、热链和冷热混合链。

（1）冷链　指生产、配送全程在低温下进行，从原材料的生产加工，到成品的储存，再到产品的物流配送，一直到门店的储存，整个过程全部采用冷链的形式。冷链需要带制冷功效或具有保温功效的运输车。通常情况下，这种冷链产品到达门店以后，需要重新生产加工，这个生产加工不是单纯的回温加热，有的产品涉及二次加工（门店的烹饪过程），即现场烹饪。

（2）热链　指生产过程中部分过程在低温或常温状态下进行，在物流配送过程中，采取热保温工艺，在某个较高温度条件下送达门店，直接进入到销售过程的形式。热链运输，要求车厢厢体本身具有防止散热的功能，或者车厢厢体采用车载空调系统制热，或者食品周转箱本身具有保温功能，在这个条件下对产品进行物流配送。

（3）冷热混合链　这是一个特殊的形式，指在产品加工的过程中的某个阶段处于热链状态或冷链状态，而不是在生产或运输过程中冷热同时存在，现实中生产过程或运输过程中都不可能存在冷热混合，只是到了门店以后的销售形式中存在冷热混合的形式。

在中央厨房生产和门店生产的时候，产品的工艺特点其实是有差异的。如中央厨房里面的生产过程，如果是冷链，那么整个生产工艺过程都在低温状态下操作，到了门店以后，同样要求低温储存材料或半成品；热链则不同，在中央厨房生产时，它可能在常温或低温状态下进行生产，到了门店以后在（高温）保温状态下直接销售，这是两种形态的基本差别。

需要说明的是，工艺特点里有冷链、热链、冷热混合链3种形式，从生产工艺角度来划分3种形式是客观存在的，但如果从配送的物流方案设计来讲，可能就不一定是这种分类形式了，就是冷链、热链和常温3种。从工艺特点上来分析，工艺特点本质上反映的是产品的属性,从这个角度看,冷链主要指向中央厨房的半成品,需要速冻或冷冻,到达终端客户那里进行储存,需要二次加工。热链一般指成品,就是通常所说的菜肴,而这些菜肴是直接进入销售环节、提供给终端客户食用的。常温指生产和运输过程在常温状态下,如春秋季当天使用的蔬菜等植物性原料,在常温的状态下进行生产加工、物流配送;到达门店后进行二次加工。

第四节　中央厨房的功能

功能从概念上来理解指事物或方法所发挥的作用或效能。如人有脑和手,手有手的功能,脑有脑的功能;人的脑分左脑和右脑,它们各自的功能是不一样的。对于中央厨房来说,也有不一样的功能需求。中央厨房的功能,具有二重性。何为二重性?从客观角度来说它具有物质性,物质性指中央厨房通过生产工艺过程的实施来生产加工产品,这个产品是具体的物质;从主观角度来说,它具有精神性,是通常所说的精神层面,如对生产过程的管理,由于人脑的参与就产生了不同的结果,即管理水平高低,或者能力高下,这是一种客观存在,属于精神层面。这个二重性,体现在中央厨房的功能中,主要有以下3个方面。

一、生产工艺的功能体现

生产工艺主要涉及原材料的采购、储存、加工、计量、包装、检验、配送与销售,这个过程实际上是根据生产流水线的流程进行设计的。

(1)采购　采购的依据是客户需求,即客户订单。根据客户的订单信息,生成原料、物品的采购数量,采购的过程强调采购时效,可以存放的原料、物品可以大宗提前采购,不耐储存的原料应根据生产需求量实施计划采购。

(2)储存　餐饮企业不分大小,都会有仓库,仓库里存放采购回来的原料、物品。有的物品买回来之后会立即交付使用,而有些物品买回来以后会在仓库中中转一下。从管理角度来说,所有买回来的原料、物品,在到达以后需要经过仓库(记账)以后再领出来,就是有一个入库记账再出库的过程。

(3)加工　原料进入仓储环节以后才能进入生产加工流程,在生产车间里进行生产加工。加工的环节包括原料的初加工、切割加工、调味加工、成熟加工等具体环节,每个环节都需要按照加工要求进行。

（4）计量　针对加工环节的工艺需要，中央厨房的生产加工需要体现标准化，就是需要一个称量的过程，标准化过程就是计量过程，如生产鱼香肉丝，用多少肉丝、多少配料、多少调味料、包装大小等，都需要称量，因此除了称量所需的设备，还需要有一个相对独立的空间。

（5）包装　将经过计量的产品根据客户要求进行分装，有些产品经过成熟加工后，还需要立即冷却，方便后续分装，常见的冷却方式有风冷、水冷、冰冷和真空冷却4种形式。因为包装前可能涉及冷却，因此需要有冷却包装场所，这个场所是中央厨房的重要区域，对卫生、温度要求非常高。

（6）检验　包装完成后，产品需要进行抽检，这是对产品品质进行检验的环节，其中产品要留样，供检验部门检测产品是否合格。产品检验合格，符合中央厨房产品质量的安全标准，方可进入到仓储环节。

（7）配送与销售　配送时应注意配送产品数量、品种的准确性和配送的时效性。配送到各个门店之后，由门店负责销售，有些产品直接销售，有些产品需要二次烹饪。这里可能有一些门店由中央厨房协助管理，产品由中央厨房协助销售，这时就需要为终端客户提供现场销售服务（属于中央厨房的服务增值项目）。

二、能源设施的功能体现

能源设施，既包含厂房，又包括生产设备和其他公用基础设施等。

（1）厂房及配套设施　中央厨房需要有厂房，厂房的规模根据产能要求设计，如厂房里面要有生产区、仓储区（含冷库）、生活区、办公区等，这些区域设计是根据产品的生产要素来决定的。从生产的角度来理解，厂房里涉及很多加工设备，加工设备根据生产线来设计；生产区域要有温度调控装置，包括冷库、空调、新风系统等。冷库也是一种仓库形式，常温仓库储存米面油等，而冷库针对成品或半成品而设，需要快速冷冻和较长时间保存时需要设置冷库；在中央厨房中生产加工产品，需要相对恒定的温度，需要通过空调系统实现；为了厂房内部的空气交换，安装新风系统对生产环境有很大的支撑保障作用。有的简易中央厨房，在门窗上设置了透气式的窗条，目的是让生产区域通风，虽然这种换风形式不像新风系统效果那么好，但是也能够实现换风的基本需求，它的存在是一种客观需要，因为如果在熟化区内打开排油烟系统的时候，没有换风系统的室内就会形成负压，给生产区间的门窗开启造成不便。

（2）上下水系统　上下水指给水和排水。给水是通过公用供水系统，把水接进生产区域。排水不是简单地将生产废水直接排向城市管网的下水道里，有些生产环节的用水可以直接排入城市管网的下水道，如初加工过程中原料解冻、植物性原料的清洗等；但有些生产环节产生的废水不适合直接排进城市下水道，如菜肴生产加工车间里的成熟过程，会产生油污废水，这时排水系统就需要有油水分离的功能，中央厨房设计与建设必须要考虑这一点。

（3）供电系统　供电系统对企业来讲，是非常重要的生产要素，电力供应的结果会直接影响生产效率。如电力的负荷大小能否满足设备的生产需要，简单来讲就是电容量是否有冗余。如在中央厨房的某间厂房里，需要的总电容量是1万千瓦，那么所有的设备、照明加起来后的功率只能在90%左右，必须要有预留空间，因为设备同时启动时，其瞬时电压非常大，必须有足够预留空间，才能保障设备的正常启动与运行。另外企业发展对电力也要求必须有预留的发展空间，如果在设计供电系统的时候，不把电容量做适当预留，一旦临时添加设备，就可能面临电容量不够的问题。所以说电容量必须要充分满足整个厂房的生产和发展需要。供电系统主要分为两种，一种是照明系统，220伏的电源；一种是大功率设备，380伏的电源，属于三相电。还有一些大功率设备需要单独的线路，如空调、排油烟机、烤箱、消毒柜等，这些设备往往会同时工作，此时电负荷就会比较大，所以单独设线可以提高使用的安全系数，这是所有的供电系统在设计的时候需要注意的。

（4）热力系统　燃气（输气）系统或供暖系统，属于生产加热和供暖范畴，在生产过程中能够提供热能。热力系统需要根据中央厨房所在的地区不同进行设计，如在南方建设中央厨房，可能对热力系统的要求相对较低，而北方中央厨房在设计建设时，热力系统的存在就不仅是加热，还涉及供暖问题。一部分加工设备会涉及燃气，中央厨房主要是中餐产品的生产加工，从生产工艺来说，应尽可能避免使用明火烹饪方式，目前燃气系统在中央厨房里已逐渐淡出，更多的是通过电能作为加热能源进行生产，烹饪锅具的加热也多借助于热蒸汽或电加热。

（5）防火系统　防火系统是设计规划的重点，在设计时要充分考虑防火要求，企业的生产安全责任重大。如一般的场所或实验室里，都配备灭火器，灭火器只是防火系统里面最简单的一种形式。对于厂房设计而言，还需要消防水带、防火门、防火墙等，一旦出现火情，消防水带、防火门等起到消除火患的作用。在中央厨房生产管理过程中，需要把防火系统管理作为生产管理的中心内容，只有在安全生产的前提下，企业才有可能向客户提供高品质的产品。

（6）监控系统　监控系统有两个主要功能：一是生产加工的过程监控，进行生产加工的员工，尤其在工作时间比较长的状态下，人的思想和精神会出现松懈，可能会存在安全隐患，所以过程监控系统会适时发现问题，及时解决安全隐患；二是厂房的安全监控，如通常所说的防火防盗的监控，对于中央厨房来讲，虽防盗功能不是特别明显，但还是要有这些设备。

（7）菜肴加工设备　菜肴加工设备一般指菜肴的预加工设备，如原材料清洗加工设备、原材料分解加工设备等，都属于加工过程使用的设备，这些加工设备主要用于清洗加工、解冻加工方面。如蔬菜清洗机、土豆去皮机、锯骨机、切丝机、肉片机、绞肉机、肉丸机、滚揉机等，这些都属于菜肴的加工设备范畴。

（8）主食加工设备　主食加工设备严格意义上不属于中央厨房的产品生产设备范畴。主食加工设备包括米面点心的加工设备，如包子机、饺子机、面条机等，还有比如粥、豆浆生产线，习惯上也纳入主食加工设备的范畴。所以主食加工设备不仅仅指米饭类的加工，也包括了面食加工设备。米饭加工设备最常见的如蒸箱（蒸饭车），日本、韩国有一种煮饭设备，使用明火作用于锅体，批量生产米饭时，履带运转，锅具跟着转动，旋转1圈（有一定长度距离）后米饭就成熟了。这个米饭加工设备比蒸箱效果要好很多。

（9）菜肴成熟设备　菜肴成熟设备实际上指菜肴的加热成熟设备，菜肴成熟设备主要指炉灶，中央厨房的炉灶不是单纯指一个炉灶，而是包含了传统炉灶在内的灶具、夹层蒸汽锅或万能蒸烤箱等，都属于成熟设备，其关键在于选用什么样的能源和什么样的介质。所谓能源是电和气，可选用燃气或电、蒸汽作为热源；介质指加热过程中的主要导热体，包括水、油和蒸汽。这些能源与介质不同，决定了灶具的形式，设置灶具形态，主要根据产品工艺来确定。

（10）制冷设备　菜肴成熟后，有的产品需要进行速冷，速冷指快速冷却，这个场所称为预冷间。预冷间的核心就是冷却要迅速，如风冷、冰箱冷冻、速冻等。专门的速冻冷柜可以在半个小时之内冷却到-40℃左右。

（11）计量包装设备　计量包装设备实际上就是产品分装包装。产品冷却后，需要分装和包装，产品分装包装是以1个菜肴为单位，1个菜肴有不同的定量，如5千克1份，还是10千克1份或是0.5千克1份，有一个定量标准，按照产品定量标准进行称量，需要有台秤、电子秤等设备；称量完成后装入包装袋或包装盒，封口还需要封口机等设备。

（12）配送设备　配送设备指物流的车辆，以及配备的产品周转箱等设施设备，有时候还需要小型的叉车、拖车，这些属于配送设备。当供应量大的时候，推车、叉车就很有必要。

（13）洗消残渣处理设备　洗消残渣处理设备实际上就是清洁设备，洗消残渣的处理设备，在食品工厂里比较常见，在烹饪行业不是很普遍，但是从中央厨房设计的角度，必须要考虑这类设备，以满足中央厨房高品质的要求。

（14）理化检验设备　理化检验设备属于品控设施设备，主要用于产品的品质检验，常见的是基础的理化实验的仪器或设备。

三、管理系统的功能体现

1. 管理系统的组成

管理系统主要包括采购管理、仓储管理、生产管理、产品管理、配送管理、质量管理、成本管理、设备管理、能源管理、信息管理、安全管理、卫生管理等。

（1）采购管理　采购需要计划性，就是根据客户的订单需求，将客户需求转换成产品生产所需要的原材料。这里涉及原材料的出料率（或称净料率）问题，在采购前需要根据原料的出料率计算毛料用量，通常需要一个懂烹饪专业知识的人担任此项工作，以便控制原料数量。

（2）仓储管理　仓储管理是原料采购完成后，需要进入仓库的管理过程。原料入库有验收环节，既有数量的验收，又有品种与品质的验收，验收也需要懂烹饪生产的人，能够对所购原料进行品质鉴定；还要具备基础的管理知识，如某天进了一批货，但库房里还有剩余，从仓库管理角度，应先把剩货发出去，这是物品管理中先进先出的原则。

（3）生产管理　主要是生产加工信息：一是客户管理信息，在信息管理中要防止客户的信息流失，一旦信息流失，就有可能丢失客户。潜在的含义也可以说一旦丢失了客户信息，客户有可能被别的企业拉走，客观上对自己的所在企业形成了资源竞争；二是生产信息管理，需要根据各个客户的订单数量安排生产，包括对人、物、设备等的管理。

（4）产品管理　产品管理和生产管理过程是联系在一起的，严格意义上先有生产，后有产品。生产过程的管理，是通过人控制机器设备，或者安排员工通过加工流程来得到相应的产品。这个产品对于中央厨房来讲，更多是启动设备做具体的机械活动，不需要做开发性的工作，就产品生产而言，中央厨房的产品生产，只是机械地重复劳动，无论是人工操作还是机械加工，都是通过人或设备的机械重复形成产品，具有高度的稳定性。

（5）配送管理　配送管理的工作需要懂得物流知识的人承担，需要会调度，涉

1辆车能放多少货、可以配送几个地址、路线安排和行程控制等，是整个管理体系中非常重要的内容。

（6）质量管理　质量管理有两层含义：一是生产过程中的产品质量控制；二是配送过程完成后产品到达终端客户或门店的质量管理。需要根据产品特性选择合适的储存方式，确保产品在销售前满足新鲜度的要求。

（7）成本管理　怎么样才能获取合理的利润呢？通过成本管理可有效提升企业的经济效益。合理的成本管理，可以降低成本，提高利润。

（8）设备管理　设备管理指设备的使用、保养与维护。一般来讲，大型的设备，尤其是贵重的设备都需要专人管理、专人使用、专人保养。一般1个人盯着1台机器，进行专门管理。对于常见的普通设备，可以1个人管好几台，定期维护保养。设备管理还包括洗消残渣设备管理，主要指对清洁设备与清洁工具的常规管理，即对这些设备与工具的日常维护与保养。

（9）能源管理　能源管理的主要内容是着力于降低能源的消耗，如热力、燃气、电力等，从生产的角度，开源节流，是能源管理的重要内容。

（10）信息管理　指对终端客户及订单进行数字化管理，通过客户信息和订单信息来组织中央厨房生产。

（11）安全管理　安全管理主要是生产过程的安全管理，包括人员、物品、产品、运输过程的管理等。产品的品质安全大部分建立在卫生管理的基础上。

（12）卫生管理　卫生管理是中央厨房产品加工过程中非常重要的环节，包括原料加工过程的卫生、人员卫生、设施设备卫生和环境卫生等，通过对生产过程的卫生管理，确保中央厨房产品符合饮食安全需求。

2. 管理系统的功能分类

按照经营活动的重要程度，可以将中央厨房管理系统的功能分为两个方面。

（1）主要功能　中央厨房的主要功能也就是中央厨房的基本功能，中央厨房的产品必须是优质产品，那么怎样才能生产出优质产品呢？需要反向前推，产品生产的所有过程或管理过程，都需要达到较高的水平，在全程高水平的生产或管理中生产出来的产品品质才有保障，提供的服务才是高水平的。

（2）次要功能　次要功能又称辅助功能，这里所说的辅助功能，指产品本身以外的内容，包括中央厨房为客户提供的各种服务、终端销售等。如有些企业，在购买中央厨房产品的时候，除了购买菜肴本身，同时还会购买中央厨房的配套服务，配套服务属于中央厨房产品的衍生品。如某企业购买中央厨房的热链产品，中央厨房需要提供配送，这个配送有可能是中央厨房自己的物流，也有可能是外包的；中央厨房把热链产品配送给目标客户后，可能会为客户提供现场销售，帮助企业把菜肴卖给顾客，这是终端销售。所以中央厨房的物流既可以属于主要功能，也可以纳入辅助功能范畴。作为购买中央厨房服务的企业来说，可以要求中央厨房进行配送，也可以自己取货，毕竟所有的费用会全部纳入销售成本或售价中。因此中央厨房的功能越全，相对获得客户青睐的可能性就越大，目标市场的占有率会越高，市场份额也会越大。

第二章
中央厨房的数智化

- 中央厨房的数智化
  - 数智化中央厨房的概念
  - 中央厨房数智化应用
    - 应用场景分析
    - 数智供应链体系
  - 数智化中央厨房的运营管理模式
    - 中央厨房数智化运营管理
    - 中央厨房数智化运营手段
    - 中央厨房数智化的发展趋势及方法

第一节　数智化中央厨房的概念

数智化指将数据和信息与智能技术相结合，通过数据分析和智能算法的应用来驱动业务决策和创新。它涵盖了数据收集、储存、处理、分析和可视化等各个环节，以帮助企业更好地利用数据资源，并从中获取商业价值。数智化几乎可以应用于所有行业，通过将大量的数据进行收集和整合，采用数据分析和人工智能等技术，可以从数据中发现潜在的模式、趋势和关联性，以支持业务决策和优化业务流程。

数智化是一个持续发展的领域，将数据和智能技术结合起来，可以为企业创造更大的价值，并推动业务的创新和发展。

中央厨房数智化，指利用数字技术和智能手段对传统中央厨房进行升级和优化的现代餐饮生产模式。中央厨房的主要功能是加工、生产、配送餐饮企业的菜品，以满足各终端门店或终端客户的需求。

数智化是未来社会发展的趋势，所以中央厨房数智化也势在必行。中央厨房建设之所以要数智化，是因为数智化中央厨房的优势特征很明显。

（1）生产过程自动化　中央厨房的产品生产一般都采用先进的自动化设备和技术。自动加工设备如蔬菜清洗机、自动去皮机、切丁机、锯骨机等；还有智能烹饪机器人，如自动炒菜机、自动煮卤锅、自动炊饭机等；以及自动化包装设备等。这些高科技的设备投入中央厨房的生产过程中，可以极大地提高生产效率，降低人力成本。

（2）经营管理数字化　中央厨房产业链的上下游通过当前的物联网、大数据、云计算等技术对中央厨房的材料采购、生产加工、成品储存、物流配送、卫生清洁等环节进行实时监控和数据分析，提高管理效率。

（3）品质控制精准化　利用传感器、摄像头等现代化科学技术手段和仪器设备对中央厨房加工的食材、半成品、成品进行实时监测，确保食品安全和质量。

（4）产品配送高效化　通过物流管理软件和实时跟踪系统，根据客户订单要求，组织生产与调度，实现中央厨房产品的精准高效配送，降低物流损耗，提高配送效率。

（5）产品风味个性化　中央厨房生产研发部门，可以根据客户对产品风味需求进行个性化的产品定制，以满足不同类型的客户对产品的个性化需求。中央厨房实现菜品的个性化定制，可以提高顾客满意度。

（6）节能环保科学化　中央厨房从选址、设计规划到厂房建设或改造装修，从生产工艺设计到生产环节实施，从仓储到配送，都要根据现代企业建设要求进行科学安排，选用节能设备和环保材料，降低能耗，减少对中央厨房周边环境的影响。

中央厨房数智化建设过程中，也会存在一些问题。一是建设初期和后期实验维护的投资成本偏高，数智化中央厨房需要购买先进的自动化设备和技术，初期投资和维护成本相对较高。对于资金流不足的企业，建设数智化中央厨房可以实施分步走的战略，分批完成数智化设备的投入；同时数智化设备的应用可能还会带来一定程度的安全隐患，如手上有水未擦干去操作电器或电器老化等原因，可能会引起电气火灾，违规使用电气设备可能会导致机械性伤害等，所以企业需要加强对设备的维护和安全管理。二是数智化技术迭代更新速度快，随着我国科技的迅猛发展，数智化设备的更新换代速度正逐渐加快，企业运行中需要不断补充投入资金，对设施设备进行迭代升级，适应发展。三是技术依赖程度比较高，数智化中央厨房对数智化技术的要求比较高，依赖程度也相应增加，生产过程中一旦出现技术故障或系统瘫痪，可能会影响整个生产过程，所以保障系统稳定运行，维护系统就很重要。四是员工培训需要增强设备操作技能，增加了培训成本，数智化中央厨房需要员工具备熟练的设备操控的能力，企业需要投入人财物等资源对员工进行培训。

虽然中央厨房数智化建设会存在一定的问题，但在中央厨房企业竞争日益激烈的背景下，采用数智化技术提高生产效率、保障食品安全、降低运营成本和提高顾客满意度是未来中央厨房企业发展的趋势。因此，中央厨房企业应当根据企业自身的实际情况和需求，合理规划和投资数智化中央厨房。

由于数智化中央厨房在全球范围内逐渐受到关注，一些餐饮企业已经开始采用这种模式并取得了成功。目前食品工厂实现数智化运营管理成功的案例很多，但由于中央厨房起步晚，很多生产管理经验和工艺设计都是从食品工厂获得的，严格意义上中央厨房数智化成功的实例都或多或少地跟食品工厂成功范例有较大的雷同。如成都某大型中央厨房企业，是一家为酒店、食堂等多个团餐企业提供产品的中央厨房企业，为各类机构提供餐饮服务，采用数智化中央厨房，利用先进的自动化设备和物联网技术，实现了生产过程的自动化和智能化，利用数智化管理的模式通过大数据分析优化菜单、库存管理和物流配送，提高效率，降低成本，成为中央厨房经营的成功案例。

某餐饮供应公司，为餐厅、酒店、医院等提供食材和餐饮解决方案。建设数智化中央厨房,通过自动化设备、物联网技术和大数据分析,实现了生产过程的智能化和高效化。此外,利用数据分析优化物流和库存管理,降低了成本,提高了客户满意度。

某家以生产粽子闻名的餐饮企业同样采用了数智化的中央厨房,实现了粽子产品生产过程的智能化和高效化,还利用数据分析优化菜单、库存管理和物流配送,提高效率,降低成本。

案例表明,数智化中央厨房在提高生产效率、保证食品安全、降低成本和提高顾客满意度方面具有显著优势。然而,企业在建设数智化中央厨房时,也需要充分考虑投资成本、技术更新速度、技术依赖、员工技能要求等方面的挑战。

中央厨房数智化是未来中央厨房发展的趋势,在实施数智化时,需要考虑以下几个方面:一是目标要明确,在实施数智化之前,企业需要明确中央厨房的数智化目标,如提高生产效率、降低成本、保证食品安全、保障配送时效等。二是预算要准确,中央厨房企业需要评估实施数智化所需的投资预算,包括购买设备、技术迭代、员工培训、维护保养等方面的费用。三是技术选型与工艺匹配,中央厨房企业需要根据自身的需求和预算,选择适合企业产品生产工艺需求的自动化设备和技术,如自动清洗机、自动去皮机、智能烹饪机器人、物联网技术等。四是基础设施要完善,企业需要确保中央厨房具备实施数智化所需的基础设施,如电力供应有保障、高速网络铺设到位等。五是员工培训,企业为了顺利使用智能设备进行管理和生产,需要为员工提供必要的技能培训,使员工掌握数智化设备的操作和维护技能,以确保数智化中央厨房的顺利实施运行。六是数据安全与隐私保护,企业需要关注数智化过程中可能产生的数据安全问题,采取相应的技术手段和管理措施,确保客户的数据信息安全,保护客户的隐私,谨防客户信息泄露。

此外,还要选择合作伙伴,合作伙伴需具有数智化方面的经验,能够帮助企业共同推进中央厨房的数智化迭代升级;如果在实施中央厨房数智化过程中,受经费的限制,可以考虑分步投入,逐步推进项目实施,先选择部分关键环节进行试点,等条件成熟后再逐步推广到整个中央厨房。在数智化中央厨房建设进程中,要依据国家法律法规政策,规范经营;同时要定期评估数智化中央厨房的运行效果,对数智化运营和管理体系进行持续优化,根据企业的实际需求,进行优化与调整,以实现中央厨房生产经营的最佳效果。

通过考虑上述因素,中央厨房企业可以更好地实施数智化运营和管理,从而提高企业生产效率、保证食品安全、降低成本和保障供应。

第二节　中央厨房数智化应用

一、应用场景分析

中央厨房数智化指将数据和智能技术应用于中央厨房生产加工的各个环节，以提升运营效率、改善用户体验和优化业务决策。常见的中央厨房数智化应用场景主要有以下几种类型。

（1）数据收集和分析　中央厨房营销系统可以通过 POS 系统、会员管理系统、在线订单系统等收集大量数据，包括订单数据、销售数据、客户偏好、菜品评价等。通过数据分析工具和技术，可以从中发现销售趋势、高销售时段、畅销菜品等，并根据这些数据做出相应的产品调整和决策。

（2）预测和需求管理　利用数据分析和机器学习算法，中央厨房企业可以计算或预测销售需求，准确控制库存和采购，避免食材浪费和过期。同时，预测需求还可以帮助库房进行仓储管理，优化采购安排和提前预约采购。

（3）个性化推荐和营销　通过数据分析和智能算法，中央厨房可以根据客户的产品订购信息、消费历史和偏好，提供个性化的推荐菜品、优惠券和活动信息，提高客户满意度和忠诚度。

（4）智能生产管理　中央厨房的生产车间可以利用传感器和物联网技术，实现车间设备的智能监控和管理，提高生产效率和食品安全。如数智化中央厨房的制熟车间，配有智能烹饪设备，可以根据订单需求自动进入产品生产制作环节，提高产品生产速度。

（5）客户关系管理　利用 CRM[①]，跟踪、管理和分析客户数据，实现客户信息的积累和个性化营销。通过更好地了解客户需求和行为，中央厨房企业可以提供更精准的产品和服务，提升客户满意度。

（6）客户反馈和评论分析　中央厨房的数智化系统可以与终端客户的数智化系统关联起来，这样中央厨房可通过终端客户端，在社交媒体、评论平台等渠道收集用户的反馈和评论，并利用自然语言处理和情感分析等技术进行文本挖掘，了解客户的满意度和需求，及时调整终端客户的产品需求，帮助终端客户改进服务。

通过这些数智化场景的应用，中央厨房企业可以实现运营成本的降低、效率的提

[①] CRM，Customer Relationship Management，客户关系管理。

升和用户体验的改善。当然，数智化也需要中央厨房企业具备良好的数据管理和分析能力，并培养相关技术人才。

二、数智供应链体系

中央厨房的建立一般以规模效应为前提，当餐饮企业连锁门店达到一定数量时，可以建设中央厨房。在建设中央厨房时，要将中央厨房数智化纳入设计体系，中央厨房的供应链建设相当重要。所以中央厨房数智化建设首先应当考虑中央厨房的上游，即供应链体系。

1. 供应链体系的建立

当终端门店达到一定数量甚至更大规模时，可以考虑对供应商进行优化。优化后的供应商应当是可控的，如同一种食品原料、同一种包装材料至少应当确保可以从多个供应商那里获得，如果同一种原料甚至不同的原料过分依赖同一个供应商，理论上会增加采购成本。

遴选供应商时，要充分考虑供应商的背景。如果供应商的议价能力强，关系网庞大，这个供应链可能不是健全的供应链，运作时可能会出现很多意想不到的问题。根据中央厨房终端客户对产品的需求不同，供应商的开发也有不同方式。如一些终端客户会有一些调味品和汤料依赖中央厨房帮助生产，在这种情况下，中央厨房的调料供应商也需要来源多样化。

如果中央厨房的所有原材料都是从供应商那里获得，那么在中央厨房建设阶段就应该加强供应链体系建立，除了上游以外，还要着手建立下游配送，使所有终端门店的产品都能从中央厨房经物流配送到各终端门店，所以说供应链体系建设是中央厨房建设中很重要的一环。

2. 库存管理体系的建立

对于严格意义上的中央厨房而言，库存管理体系只是一个过渡性的暂存管理系统。中央厨房营销部门应该有一套订单管理系统，便于企业相关各方掌握订单情况，如总经理需要通过订单数量情况掌握企业的运营情况；生产部门经理需要通过订单数量组织有效生产；配送中心经理需要通过订单信息掌握配送需求，确保订单完成后的物流配送及时高效。

如果终端门店所有产品都通过中央厨房生产和配送，中央厨房就必须增加库存管理的功能。在终端门店数量较少的阶段，订单可以直接给到生产部，委托生产部门的负责人直接安排生产和调度配送；一旦中央厨房门店达到一定数量后，就要引入库存管理体系，此时安全库存的设置应高于所有门店的库存需求。需要注意的是，有时为了满足安全库存需要，可能会导致库存过剩。所以安全库存管理有时需要依赖于现场经验。

在外部环境变化不大的情况下，中央厨房产量是相对固定的，但是遇到节假日时，可以对原材料进行提前准备，防止节假日期间因人流量的增加，导致客户订单数量上升，充足的货源足以应对可能增加的订单数量。如国庆节、劳动节、春节等传统节假日期间，各终端门店都有可能临时调整订单数量。

另外，可以通过库存管理功能，对终端门店的产品需求进行相关数据的对比分析；在不同季节，中央厨房应判断是否有必要增加与季节性菜单品种供终端门店选择，如果终端门店选择了，并且产品品种变化幅度还比较大，那么就需要调整原料的安全库存，减少原产品品种的原料库存。通过库存管理体系的建立，可以进一步完善中央厨房的供应链体系，打造出最佳的中央厨房企业。

3. 物流配送体系的建立

中央厨房建设路径一般是先有市场，然后再建设中央厨房。当市场调研的终端门店数量大于一定规模时，一般会以中央厨房兼配送中心的形式构建物流配送体系。

中央厨房作为终端门店的产品供应商，物流配送的主要目的是使门店员工在烹饪过程中能够更加省时高效，并将有限的人力和时间集中在门店服务上，各门店原有分散的烹饪环节通过中央厨房进行整合，采用规模经济的运营模式，以高效率创造更多利润。另外中央厨房生产的菜品质量有保障，产品也更加稳定、标准、规范。

这个阶段，中央厨房应构建好产品物流配送体系，提高产品配送的时效，保障产品品质，所以应重视终端门店的配送物流体系建立。在构建物流配送体系时，要充分考虑位于市中心的终端门店，这些门店处于交通繁忙地段，甚至可能会分时段交通管制，所以中央厨房的配送应当尽量在营业前送达当天所需的所有产品。

餐饮业利用供应链创造利润的最佳途径是建设中央厨房，中央厨房统一生产、统一分配所有产品的物流和配送，从而简化门店的订货和配送。理想的情况是1辆配送车可以覆盖多家门店，尤其是同一区域所有的门店，这也是建设中央厨房和物流中心的最小规模；如果门店数量持续增加，1辆配送车不足以完成配送任务，那么配送车辆也应该相应增加。

中央厨房的配置（人员与设备）与门店扩张（终端客户数量）密不可分。如果在不同地区采取增加门店策略，供应链的成本无疑会大幅上升。所以为了最大限度地提高中央厨房和物流中心的运作效率，最重要的是加快同一地区的门店拓展速度。

第三节　数智化中央厨房的运营管理模式

数智化中央厨房的运营管理可以帮助中央厨房企业增强竞争力，提高生产效率，增加企业利润，同时为终端客户提供更好的产品服务。数智化转型过程中，要注意加强信息安全和数据隐私保护，合理运用现代科技手段，将其与人工服务相结合，创造更好的中央厨房数智化管理体系。

一、中央厨房数智化运营管理

中央厨房的数智化运营管理指将现代科技的大数据、物联网、云计算等和数字化工具应用于企业运营中，以提高效率、降低成本、增强企业竞争力和创造更好的客户体验。中央厨房企业实现数智化运营管理的关键，主要表现在以下7个方面。

（1）利用大数据驱动企业决策　通过数据分析工具和业务智能系统，收集、整理和分析中央厨房内部和外部的相关数据。经过深入了解与分析数据，可以制订更加符合企业发展的战略决策和业务规划，提升中央厨房的经营绩效。

（2）使用自动化生产流程　引入现代自动化智能技术，优化和改良重复性的业务流程和日常工作。如利用自动化办公设备进行财务管理，利用人力资源管理软件进行人力资源的有效管理，利用采购软件进行采购系统升级；可以在厨房引入智能设备，如中央厨房管理系统和自动烹饪设备等，可以大大提高工作效率，减少人工操作引起的失误，同时有效降低成本。

（3）中央厨房供应链的协同管理　利用供应链软件和管理软件平台，实现中央厨房上下游供应链各环节之间的信息共享和协同管理，通过信息的实时流通和跟踪，提高供应链的透明度，减少库存积压和优化产品交付时间。

（4）客户信息管理　利用CRM，分析、管理和跟踪客户数据，实现客户情报信息的积累和产品的个性化定制。中央厨房企业可以通过更好地了解客户需求和行为，为客户提供更精准的产品和服务，提升客户满意度。

（5）远程协作和沟通　中央厨房的产品营销是多客户多终端体系，利用远程协作工具和团队沟通平台，实现不同地域和不同部门之间的协作与沟通，提高工作效率，降低沟通成本，并能够促进团队合作和信息共享。

（6）营销与推广　通过使用数字营销工具和线上推广渠道，如社交媒体、搜索引擎、点评网站营销等，扩大中央厨房企业的品牌知名度，打造企业美誉度，积极推进线上和线下口碑管理，回应客户反馈和评论，提升品牌形象，通过线上营销手段进行品牌的渠道推广，吸引更多的潜在终端客户，实现销售机会和销售收入的增加。

（7）加强安全与风险管理　加强网络和数据安全，确保企业的经营和客户信息不外流。加强风险管理，建立应急响应机制，防范潜在的网络攻击、数据泄露和其他威胁。

二、中央厨房数智化运营手段

中央厨房的数智化运营管理指将科技和数字化工具应用于中央厨房的各项业务中，以提高效率、降低成本、提升服务质量。中央厨房数智化运营管理的手段包括以下4个方面。

（1）建立固定客户群　利用公司自组的营销团队和人脉资源，推销中央厨房产品，推销过程中可以适当让利给客户，建立线上预订系统和外卖平台，使客户可以方便地预订下单和付款。也可以通过与第三方平台合作，扩大客户的覆盖范围，提高产品的订单量。

（2）数据管理和分析　使用餐饮管理软件来收集和分析数据，包括销售数据、客户反馈、库存管理等。通过深入了解数据，可以制订更有效的营销策略，优化菜单和库存管理。

（3）会员和营销管理　建立会员管理系统，跟踪客户订单范围和常订品种，提供个性化推荐和优惠活动，提升客户忠诚度。通过数字营销手段如电话、邮件、短信等方式，与客户保持联系。

（4）整合管理系统　将各个环节的管理系统整合起来，包括订单管理、采购管理、库存管理、人员管理、生产管理、配送管理等，确保信息的实时同步和准确性。这样可以减少重复操作和错误，并提高运营效率。

三、中央厨房数智化的发展趋势及方法

（1）1个软件管理所有环节　应用相应的软件系统，联网后即可完成不同项目的管理，包括采购供应商管理、原料库存管理、订单生产管理、产品暂存管理，以及物流配送管理等环节，使企业管理更加高效。

（2）权限管理完善，运营方式灵活　营销部门统一接收订单，汇总后下发生产任务，生产车间根据订单内容和数量，进行物料领用和产品的加工生产；生产过程可以随时查看设备运营情况，生产数量、产品库存等可以线上查看。

（3）线上和线下结合，帮助企业增长流量　门店是中央厨房产品使用的最大场景，场景不同，对产品的要求也不同，中央厨房可以通过线上和线下的形式，扩大品

牌营销效果。企业营销方式可以通过订单小程序码、公众号、二维码、终端门店码等，在店内增加曝光，小程序下单方便用户线上下单的同时，也节省中央厨房的人力成本；公众号触达和运营品牌忠实客户；通过终端门店的运营，中央厨房品牌可与客户建立情感连接，营造下单氛围，更容易促进转化。

总之，中央厨房实行数智化运营管理，是未来中央厨房企业管理的有效手段，是企业拓展品牌、扩大知名度的有力措施。通过数智化的运营管理，可以促进企业效益的提升，优化客户的消费体验，让客户在享受消费的同时，实现企业的利润最大化。

第三章
中央厨房设计

- 中央厨房设计
  - 中央厨房设计通论
    - 中央厨房设计的意义
    - 中央厨房设计的内容
    - 中央厨房设计的特点
  - 中央厨房的设计思路
    - 中央厨房的设计依据
    - 中央厨房的设计原则
    - 中央厨房的设计步骤
  - 中央厨房的设计内容
    - 设计程序
    - 可行性研究报告案例
  - 中央厨房的区域设计
    - 原料进货区
    - 原料加工区
    - 熟化区
    - 米饭生产区
    - 面点生产区
    - 配送发货区
    - 洗消区
    - 卫生区
    - 员工生活区、办公区、安全生产管理区、品控管理区
    - 其他区域
  - 中央厨房的生产与配送流程设计
    - 一般生产流程设计
    - 一般配送流程设计
    - 菜肴生产与配送流程设计
    - 鲜切净菜生产与配送流程设计
    - 主食生产与配送流程设计

第一节　中央厨房设计通论

一、中央厨房设计的意义

中央厨房设计指以烹饪产品生产加工为目的,运用现代科学技术与传统手工相结合的工艺手段,通过对生产厂房的设计与规划,形成专业配套的图纸,并按照国家规定的相关基本建设程序,有计划、分步骤地根据图纸进行生产场所的建设,最终将技术转化为生产力的学问。

随着社会发展,预制菜行业的市场需求越来越大。中央厨房同时可以作为预制菜产品的生产场所,其规划、设计有着重要作用。

中央厨房是烹饪产品、预制菜生产的重要场所,其规划的合理性、建设的时效性、流程的规范性、安全的可控性等都是烹饪和预制菜产品生产的条件保障,同时也是中央厨房产品卫生、安全、质量的物质保证。

中央厨房的设计过程,无论是新建,还是改造扩建,都是社会发展到一定阶段产生的新事物,需要结合当时社会发展所形成的新工艺、新方法、新材料甚至新设备进行研究规划与设计,使建成的中央厨房既具有时代性特征,又具有实用性特点,同时还应当具有适度的前瞻性设计。

中央厨房的设计需要体现产品优先的理念,其生产工艺的先进性、生产结构的合理性直接关系到中央厨房的生命周期,与中央厨房未来的经济效益和社会效益成正相关关系。

中央厨房的设计需要根据餐饮行业、预制菜行业的产品生产特点,结合食品工业的行业特征,体现我国当前餐饮行业、预制菜行业发展的整体水平。因此中央厨房的设计与建设水平、烹饪行业的科学技术发展水平、新型设备和新型工艺水平在中央厨房的运用、当前食品工业的科研成果转化为中央厨房产品生产等,都需要通过中央厨房的设计来支撑和实现。

中央厨房的规划建设生产,是社会经济发展到一定程度以后的必然之路,能够反映一个国家和社会的经济发展和科学技术水平。中央厨房的设计规划应当体现生产流程的合理性,就是要结合中央厨房的产品设计去研究规划产品生产的流水线,以提高生产效率、保障产品质量为前提。

随着社会经济的蓬勃发展，人们的生活质量稳步提升，对饮食活动多样化、营养化的需求越来越高。但是饮食活动的安全性日益严峻，因此对中央厨房设计规划的要求也水涨船高。

中央厨房设计是一个系统性工程，既有传统餐饮行业的生产特点，也包含现代食品行业的部分特征，中央厨房的产品涉及烹饪产品的各个方面。因此中央厨房的设计需要符合社会经济发展的需要，符合当前科学技术发展的趋势。中央厨房的设计是否合理，是否可以高效优质地为客户提供良好的产品服务，保障终端客户个体的营养健康和食品安全，是中央厨房设计建设中的重点问题。

技术创新是烹饪行业发展的立足点，无论是产品生产类的技术性行为，还是产品生产的设备创新，一直都是中央厨房发展的基础，技术创新的重要性处于中央厨房发展的首要位置。

中央厨房起步晚，在中央厨房设计与规划理念方面，人们的思维尚未达到一定的高度，很多时候还只是将中央厨房定位为一个集中的生产场所。所以在新的发展思维模式下，中央厨房设计时要综合考虑资源利用、智能控制、效能转化、工程优化、能源清洁及技术指标等问题，尤其是生产环节的节能减排等环保问题。将绿色环保的理念融入中央厨房的规划设计，有助于引入绿色食品的加工生产技术，集成低碳制造技术，促进中央厨房整个产业的技术提升，推动行业生产技术进步，实现中央厨房产品生产方式向绿色食品转变和烹饪、预制菜行业的可持续发展。

当前社会已经进入数字经济时代，中央厨房的未来发展也会逐步从传统的规模化手工制造、低机械化程度向大数据背景下的现代工业体系迈进，强化当前的智能互联制造、重塑生产过程、开发合成食品，使中央厨房产品实现新型化、智能化的生产加工，为客户提供个性化的数智化产品服务。

资料显示 2021 年我国预制菜行业规模为 3459 亿元，同比增长 19.8%，预计到 2026 年，我国预制菜市场规模或将超过 1 万亿元。这么庞大的市场，预示着中央厨房的建设必将进入高速建设与发展期。通过大量资金注入，形成一批具有竞争力的区域性或国际性品牌，全面推动和提升我国中央厨房预制菜行业从单纯注重数量增长、效益第一的思维向培育新品、提质增效转变。通过全面提升中央厨房的产品制造装备和生产能力，提升生产设备供给的自给率，提高设备生产的自动化程度，实现中央厨房和预制菜行业的产业升级，实现规划和建设绿色、高科技中央厨房产业集群，对赋予人们追求和创造美好生活有着重要意义。

二、中央厨房设计的内容

中央厨房是烹饪产品和预制菜的生产场所，烹饪产品的生产和消费具有及时性特点，要使烹饪产品的生产过程安全快捷，离不开中央厨房的科学规划与设计。

中央厨房的科学设计应围绕国家相关法律法规，对标国际国内的相关行业标准，结合中央厨房的产品特点展开。中央厨房是生产烹饪产品的场所，但是从本质上说，与食品工厂的设计规划异曲同工，中央厨房的产品与食品工厂的产品具有各自特征，中央厨房可以为连锁企业提供产品，但是严格意义上的中央厨房产品必须具有菜肴或点心的特点，与纯粹意义上的食品、预制菜不是同一个概念。所以参照食品工厂的生产建设，借鉴食品科学领域的先进理念对中央厨房的建设规划能够起到重要的指导作用。

中央厨房的规划与建设，宏观上涉及经济、科学技术等诸多领域，设计者（团队）需要具有数学计算、图纸绘制、文字表达等专业理论知识和设计能力，洞晓烹饪产品加工与食品安全的专业知识，了解工业设计的规范与标准，掌握相关法律条文，具备较强的专业创新能力，才能胜任中央厨房的设计工作。

中央厨房的设计一般包括投资建议、厂区选址、图纸绘制、厂房建设、工艺设计、效益分析等内容。作为"进口"食品制造场所，在中央厨房设计时，必须将食品卫生与安全作为重要内容，兼顾环境保护的可持续性发展，通过专业化、模块化设计，紧扣烹饪产品的生产主题，各专业紧密配合，相互合作，一起完成中央厨房的设计与建设任务。

中央厨房设计之初，需要对投资行为进行考察与论证，确定项目投资的可行性；厂址选择需要根据地方政府的要求，结合拟建厂区的资源条件、周边环境、交通条件等因素；图纸是中央厨房厂区的总体布局和内部结构平面图，标注厂区建筑内容、规划好厂区内部的建筑组群、交通设施、管网线路、厂区绿化等；厂房建设根据图纸进行建筑物群组的施工建设，将图纸变为实物；工艺设计是中央厨房设计的重点内容，是设计主体，就是按照中央厨房产品的工艺流程设计生产线，工艺设计的科学性和合理性能够决定中央厨房产品的生产效率，控制产品生产效能，提升产品质量；效益分析的核心是对经营利润的分析，对投资的回收周期、投资回报率进行经济学层面的计算与分析，规避运营中的风险，选择最佳的产品方案和经营手段，实现投资的最优回报。

需要重视的是，在中央厨房设计中，食品卫生与安全是重点。民以食为天，食以安为先。在当前社会，人们对食品安全的要求越来越高，意识也越来越强，国家层面也对食品安全越来越重视，食品安全已经上升到国家战略层面。为防止食物在生产、加工、销售过程中出现或存在污染现象，保证食物卫生安全，在中央厨房设计时应当提高厂房内生产设施的卫生等级和卫生要求，将食品卫生、食品安全融入生产销售的全过程，建立起符合中国特色的食品安全、卫生设计理念与规范，从有利于食品生产的卫生与安全管理的角度出发，降低食品生产过程中产品质量安全卫生控制成本，从而保障产品质量。食品卫生控制主要是为了保障食品生产过程中各环节，如食材采摘、运输、生产加工、食品贮藏与销售等节点，采用有效的管控措施，使食品始终处于良好的可溯源的状态下，保证食品有益于人们身体健康。在车间设计时，要科学运用 GMP[①]、HACCP[②] 等标准，严格执行国家食品安全法、企业食品生产许可、食品生产许可审查等法规制度，制订企业生产规范，确保企业的食品生产安全可控。

三、中央厨房设计的特点

中央厨房的设计应围绕中央厨房产品进行，中央厨房的产品具有显著的餐饮行业特征，只有在充分了解产品的生产流程和生产特点的基础上，才能设计出符合产品生产要求的中央厨房。

中央厨房产品的生产特点包括 3 个方面：一是生产加工过程的卫生性要求高；二是中央厨房的产品范围广；三是产品生产属于劳动密集型。

围绕这些产品特点，在进行中央厨房设计时，应体现以下 4 个层面。

（1）先进性　传统餐饮后厨的卫生条件简陋、设施设备落后，在设计与建设中央厨房时，应将当前的先进设备、良好规范的卫生设施、先进的生产管理理念体现出来。中央厨房设计先进与否，要结合当时的社会经济条件、国家有关法律法规，尤其是环保和可持续发展理念。

（2）综合性　中央厨房设计是一个系统性工程，一方面要体现社会经济、文化、工程、技术等诸多学科要素，需要设计者具有广博而丰富的专业理论，扎实而熟练的专业技能，统筹兼顾各个学科，连接多学科知识，充分运用大数据时代背景理论，按照现代中央厨房的理念进行设计优化，确保中央厨房系统能形成集内部生产功能顺畅、外部建筑景观美丽为一体的现代化生产厂房。

（3）专一性　中央厨房的产品范围比较广，每一个区域的生产线具有专一性特征，如某一类食材、食材加工的形态、菜肴的生产方法等，都需要一个相对固定的生产线，得到的产品可能不同，但是同一类技法形成的菜肴可以采用同一条生产线。食材的物性不同，则需要运用不同的生产线，实现菜肴的生产与制作。当然，中央厨房的产品设计需要根据企业的经营特点、面向的消费者客群、餐饮市场的需求等因素综合考虑和选择产品的生产工艺流程和技术路线。

（4）卫生性　饮食的安全性是当前社会稳定的基石，食品生产必须严格执行国家食品安全法。食品的卫生是中央厨房规划设计、生产管理的重点内容，一方面要有符

---

① GMP，Good Manufacturing Practices，良好操作规范。
② HACCP，Hazard Analysis Critical Control Point，危害分析与关键控制点。

合卫生生产条件的厂房设施，另一方面需要有熟练掌握卫生要求的一线员工，还要有约束员工行为的规章制度，来实现产品生产的卫生性、安全性。这里的卫生性不仅是食品加工过程中的卫生，还包括设施设备的卫生管理、环境保护设施设备的设置等，通过合理的卫生设施设计，保障员工具有良好的卫生工作条件，从降低员工的劳动强度出发，加强过程卫生与安全管控，使生产过程无污染、生产环境有保障、卫生管理出效益。

第二节　中央厨房的设计思路

什么是设计？什么是思路？所谓设计指按照任务的目的和要求预先制订工作方案和工作计划，这个过程称之为设计；思路是人们思考某一问题时思维活动的路线或轨迹，也就是通常所说的思考问题的条理脉络。将这两个概念结合起来解释，设计思路就是在解决问题之前的每一个步骤，简单说，就是怎么想到去利用这种方式解决问题的。中央厨房的设计思路，就是围绕中央厨房的生产要求，思考以生产流程为主线的一切活动的全过程，包括设计内容、设计范围及设计完成度。按照餐饮行业生产流程和设计习惯，中央厨房的设计主要从设计依据、设计原则和设计步骤来完成。

一、中央厨房的设计依据

中央厨房的设计依据如图 3-1 所示。

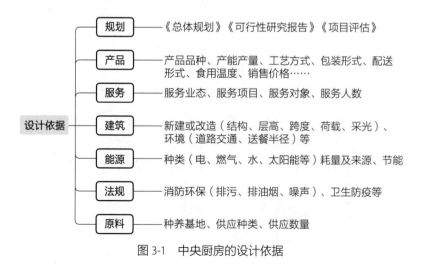

图 3-1　中央厨房的设计依据

做任何一项开发设计，都需要一个依据，这里的依据指中央厨房建设的必要性，就是为什么要建造中央厨房？前文从企业化的角度来分析，建造中央厨房，一是统一经营的需要，从采购、生产、仓储、配送等各个环节来实现低投入、高产出；二是统一加工的需要，通过集中化的生产便于提高生产效率；三是企业降低成本、提高利润的需要，通过中央厨房的集中化生产可以保证餐饮的品质稳定，保证低成本、高产出，所以说中央厨房的建设在企业发展过程中是势在必行的。如果从国家发展的宏观角度来看，中央厨房的建设上接"三农"、下接市场和百姓餐桌，"三农"指中央厨房的上游连接着农业、农村、农民；下游连接着市场和百姓的餐桌，所以中央厨房建造的核心在于它在社会产业链中占据的特殊位置。中央厨房的建设能够促进农产品加工的增值，使农民增收，也可以通过中央厨房的建设，使消费者的消费升级从而使中央厨房成为稳增长、惠民生的重要举措。2017年中央一号文件《中共中央国务院关于深入推进农业供给侧结构性改革加快培育农业农村发展新动能的若干意见》指出，大力推广"生产基地+中央厨房+餐饮门店"和"生产基地+加工企业商超销售"等产销模式。文件中提出了两种产销模式，两种模式的中间环节都是加工型环节，加工型环节在整个产业链建设过程中，地位非常重要，这个加工过程其实就是中央厨房要完成的事情，中央厨房建设是社会发展过程中的一个必要阶段，也是社会分工过程中必然要经历的一个过程，中央厨房建设是破解农产品滞销难卖、促进农民增收的一个重要措施，也可以说中央厨房是将一产、二产、三产3个产业融合在一起的一个载体。2023年中央一号文件提出"培育发展预制菜产业"，本质就是利用中央厨房的生产特征来扩大预制菜市场和供应，帮助农村农作物实现就地转化，形成工业化产品，增加农民收入，增加政府税收。这是从国家的宏观角度上来分析建设中央厨房的一个依据。从微观角度上来说，中央厨房的建设主要是以规划、产品、服务、建筑、能源、法规、原料这几个方面作为建设依据。2024年3月21日，市场监管总局等六部门联合发布《关于加强预制菜食品安全监管 促进产业高质量发展的通知》，首次明确预制菜定义和范围，强化预制菜食品安全监管，明确了推动预制菜食品安全标准和质量标准体系建设的方向。

二、中央厨房的设计原则

设计原则总结一下就是四个字：功能匹配。所谓功能匹配指建设中央厨房的规模、规格要与设计的产品对路，配置厂房的面积、功能和设施设备与产品生产相适应，这就是功能匹配。功能匹配就是满足基本要求，预留发展空间。那么基本要求是什么？就是要有合适的设施设备，要有合理的区域划分与科学的生产布局。这是在中央厨房设计中要考虑的设计原则，不能一味地追求为了发展预留空间，大到企业暂时不能承担它的经费投入，或者说为了节约投资成本而用非常小的厂房面积去完成一个庞大的企业产能，这都是不匹配的。设计时要考虑预留合理的发展空间，也要满足当前的生产需要，所以在设计过程中，需要考虑功能需求，以及生产需求如何匹配。

三、中央厨房的设计步骤

一般在工程建设过程中主要从3个阶段来描述设计步骤。第一个阶段是项目评估期，这个阶段是中央厨房尚未正式投产建设之前要做的工作，这项工作的核心在于需要定义项目能否投资，所以本阶段要形成项目建议书。第二个阶段是项目建设期，项目建设在项目评估通过审批后，进入下一个环节——建设阶段，本阶段主要围绕建设计划进行各项工程建设，如对厂房的建设、对生产区域的功能需求划分等，这是在工艺设计书里要求体现的内容。第三个阶段是项目运营期，也就是中央厨房生产运营阶段，这个阶段主要是对生产、仓储、配送过程进行管理。

1. 项目评估期

在中央厨房设计过程中，每一个阶段都要进行充分考虑，在项目评估期首先了解项目设计书的主要内容。这部分内容比较多，主要包括建设目的是什么？需要解决什么样的问题？核心要义在于什么？中央厨房在前期要考虑有没有必要投资？要如何投资？结果有两种：一种是可以投资，就进入后续的各种具体工作；另一种是不可以投资，那么就没有必要进入下一个环节。我们只讨论前一种情况。

在项目设计书里面，要制订一个策略，通过市场调研，做可行性分析，中央厨房建设的背景和依据，要与当前国家大的形势政策相结合。建设中央厨房的目的要围绕社会学功能和经济学意义，围绕社会大背景展开，如中央厨房建设后能够带动"三农"的发展，就是社会意义。在项目设计书中，关于项目建议的内容需要把这个大背景融合进去，让投资人看到计划书就有投资的意愿，形成一种非投资不可的心态，这样的设计书就是成功的设计书，在项目建议里面要突出这样的信息，要提出投资的必要性和经济意义。

中央厨房建成后，连接了整个社会产业链，上有"三农"，下有市场。从经济学角度来说，中央厨房的建设，应该能够获得可观的经济效益，当完成背景需求调研后，需要对产品做市场预测。如围绕扬州餐饮市场做中央厨房的产品市场调研包括：以扬州目前市面上餐饮的经济状况，扬州的餐饮店需要什么样的产品，或者说扬州的市民需要什么样的产品来满足各自味蕾对菜肴的风味需求？中央厨房建成以后能够提供什么样的产品？产品的需求量有多大？完成预测，才能够形成作为项目建议书的支撑依据。也就是说，中央厨房要有广阔的市场需要才能够建设，如果市场上不需要中央厨房，那么就不太符合企业的投资需要，至少暂时不具备投资的必要性。

完成产品的需求预测后，要围绕产品设计中央厨房的定位和规模。产品定位指卖什么？每天生产多少？这样的预测实际上与中央厨房的规模相匹配。在调研过程中，先要完成生产大纲的研究，然后对生产流程、未来中央厨房的生产工艺、技术设备进行调研，需要什么样的技术条件来支撑中央厨房的生产。这些环节完成以后，需要得出一个明确的结论。

从项目计划书的内容来看，中央厨房是否需要建设，最后需要请专家对方案进行论证，需要注意，项目计划书写得再好，方案必须是切实可行的，尤其是规模的预测必须要准确。从企业发展来说，中央厨房建设会涉及投资的额度，投资额度的大小会影响企业未来的发展，如果一次性的投入过多，企业不堪重负，再加上资金回流不符合预期，有可能会导致企业衰败；如果一次性的投入规模相对比较小，不足以满足市场需求，可能会导致产能的严重不足，会制约企业的发展。这是一把双刃剑，在建与不建之间，需要在企业计划书撰写时有一个准确的预判。

2. 项目建设期

项目建设期不是中央厨房设计步骤的重点，完成项目建议后，在项目建设过程中，从中央厨房的使用角度来说，只需要知道中央厨房建设应注意什么，如建设准备、设备采购、人员招聘等。作为投资方，不需要在图纸、工程方面投入很多精力，只需要在正式开工建设前，确认图纸，因为图纸涉及整个厂房的规划、布局，包括厂房内部的功能区分割，都需要通过图纸来规范，所以在建设阶段所有工作都是围绕图纸展开的。在建设过程中，投资方只需要对工程质量、建设工期进行跟进即可。关于人员招聘问题，因为未来的中央厨房生产是通过工人操作机器或部分人工操作来实现产品的生产加工，虽然在生产加工过程中，工人主要是操作机器，但仍然会有部分工作需要人工去完成，所以人员招聘与培训是中央厨房项目建设期不可或缺的内容，因此人员的招聘培训在项目计划书里面要有涉及。

3. 项目运营期

项目运营期指厂房建成交付以后，企业对工厂实施生产监管、销售服务的过程。厂房交付以后即进入中央厨房的试运营阶段，此时客户订单接收、原料采购加工、仓储配送整个的生产活动过程都属于运营管理范畴，项目运营是一个整体性的系统工程，涉及的内容非常广泛，将在后续的运营管理板块进行描述。

在中央厨房设计过程中需形成各类文本资料，进行工艺和非工艺设计，具体内容如下：

1. 项目计划书

项目建议书完成以后，涉及两个内容，一个是项目计划书，一个是需要撰写可行性报告。项目计划书撰写的时候需要写明通过市场调研,项目是可行的,中央厨房可以建设。在建设的时候,大概需要多大的规模,需要多少投资。

当项目计划书完成以后,需要对项目进行论证。项目论证,要外聘行业专家对中央厨房项目进行技术方面的指导与评估。通过专家对市场的了解和对未来发展可能的趋势预测,对中央厨房项目是否可以立项,给出专业意见。专家意见,是中央厨房项目能否立项的一个核心内容,因为专家预测是投资人未来投资决策的一个重要依据,任何一个项目是否能够立项,不是取决于这个计划书写得好不好,而是取决于专家意见,专家对市场的把握比一般人更加宏观、更加准确,所以项目计划书是投资决策人重点参考的内容。

关于调研结论,调研组可能也有自己的想法,但是在项目立项过程中,项目的可行性报告是必须要有的。项目报告的可行性,可以通过例证来加深理解。例如,新生进校以后,每人手中都会发一个人才培养方案,这个培养方案确定了学生在校期间需要修满多少学分,其中包括必修课程多少学分,设置哪些课程;选修课程多少学分,设置哪些课程,这些课程分别安排在哪一个学期学习,都规定得比较详细。这个人才培养方案就相当于中央厨房设计最初的可行性报告,相当于项目建议书,这个培养方案能不能通过审核,需要邀请专家进行论证。

2. 可行性报告

可行性报告有几个特点,最核心的是科学性和超前性。所谓科学性指可行性报告必须要科学,要科学地规划项目,科学地设计项目,科学地论证项目,必须要针对市场把脉,确实可以建造才通过。超前性就是超前预判,超前预判指在当前情况下可能不太适合建造中央厨房,但是随着社会发展,在未来的一两年或三五年之内,中央厨房可能成为一个趋势,过几年将普及化,那么现在这个时候的讨论就会涉及超前性,这个超前性要发挥专家的作用。对于可行性报告需要解决的问题,如报告在进行立项的时候,跟国家的法律法规是否相吻合?项目是否可以获得相关职能部门的批准?中央厨房的厂房周围,对环境是否有影响?从政府层面上来说,对食品类加工场所周边环境的要求比较高,所以环境资料也显得很重要。因为中央厨房建设会涉及生产过程中的油烟及厨余垃圾的产生,这些油烟的产生量多少,对于周边环境的影响到底有多大,是不是符合环保部门的要求,这些数据要放在环境资料里,附在可行性报告里面。这些数据资料的获取,部分是通过计算获得,如产品品类、产能产量与设备台套数的功率之间,能够换算出一个相对比较准确的油烟产生量的数据,同样厨余垃圾也可通过产能产量和原料的净料率计算出来,然后相关部门到中央厨房预设地址进行实地考察,获得第一手证明资料,提交相关职能部门审批,最终获得立项同意书。

所以可行性报告是一个非常重要的中央厨房规划建设依据,不管是从立项论证的角度，还是从未来建设实施的角度，这个可行性报告都非常重要。

3. 计划任务书

在做项目计划书的时候，就是要告诉投资人，中央厨房厂房建成以后，盈利的相关指数要求。企业在发展过程中，要把社会效益放在第一位，但经济效益也很重要，所以中央厨房的建设过程要有一个明确的资金链。在计划任务书中还要明确中央厨房的建设周期、生产运营过程中的资金投入情况、营收情况等中长期发展规划，可以具体到每一个阶段完成什么样的生产或销售指标，实现或达到什么样的社会效益和经济效益。

4. 工艺设计

工艺设计是中央厨房的总体规划，是以已确定的产品方案及产量为依据进行的项目设计，主要包括产品方案、产量设计、产品的生产工艺流程、物料计算、设备选型、配套设备的数量、人员配置计算、能耗的负荷计算等。

前文提到的项目计划书、可行性报告、项目评估书等必须有，这些资料规范了中央厨房设计的规模和空间。

实际上，工艺设计是围绕项目计划中的产品方案进行的，所以要收集文本资料。文本资料包括两个方面：一是建筑工艺，包括准备建设的厂房结构图纸和改造厂房的进度图纸，收集结构图纸或进度图纸的目的是为后期进行厂房建筑或改造提供范本。无论是建筑方案还是改造方案，图纸都非常重要，是建筑或改造很重要的依据；二是生产工艺，主要指产品生产的文本资料和产品的组合方案，也就是在工艺设计过程中，企业生产什么样的产品，怎么去组合产品。有了这些资料后，才可以进行生产设计，生产设计有几个要点：一是生产区域的卫生规范性；二是功能区的布局合理性；三是产品品类的适应性，这是需要考量的3个方面。

（1）产品方案　产品的设计方案主要围绕产品的数量、品种、产量和生产班次等要素进行。产品可能是单一产品，也可能是组合产品，所以在进行工艺设计的时候，要确定生产与销售方案，无论是单一产品，还是组合产品都有可能会涉及多个单一产品或多个单一品种的组合。那么在进行生产设计的时候，既可以提供一个统一的组合方案，也可以为客户量身定做。所以产品方案的设计是未来中央厨房生产设计的前提。

（2）产量设计　产量设计涉及班次的安排。如某个企业实行三班制，这种排班形式每8小时1个班次，1天排3个班，这样的单位一般生产量比较大，或者处于重要节假日的前期，产品的市场需求量在短时间内增加，也有两班制、单班制的排班方式。无论是什么类型的班次，都需要根据企业实际情况进行安排。不同班次的设计主要根据产量、产能来计划，一般来说，正常的生产加工过程，尤其是在中央厨房建设初期，可以使用单班制，即每天1个白班。一般排班时无须刻意考虑，有一种情况比较特殊，就是逢年过节，尤其是传统的春节，春节之前各单位要发放大量的福利，这个时候产量、产能会有大幅度的提升，可能需要排多个班次。随着中央厨房的规模不断扩大，社会对中央厨房认知度的不断提升，产能、产量可能会有相应的上升。

（3）产品的生产工艺流程　生产工艺流程就是员工进入中央厨房以后工作的基本步骤，规定了员工在生产区域的做事程序，即先做什么后做什么，就如学生进入实验室以后，需要做一道菜肴，先做什么后做什么都要进行合理化的安排。生产过程从中央厨房生产的角度来理解，就是流水线生产，所以设计必须要合理。

从流水线生产的角度来说，产品的配置既可以是固定的，也可以是随机组合的。如果是单一产品生产，那可以一人多岗，但是岗位步骤必须是从第一步开始，到最后一步，这叫合理性。随着中央厨房生产规模的不断扩大和生产工艺流程的不断规范，就需要专人专岗。

（4）物料计算　一般来说物料需求是根据产量进行计算的，如1天要生产多少产品，或者1个月或1年生产多少产品，需要有总的计划。如以1周为1个生产周期，这个生产周期，需要采购多少物料；生产某一道产品，需要多少材料，这是食材的测算。中央厨房生产的产品所涉及的材料，不仅仅是菜肴的材料，还包括包装材料。

还有工具，包括工具和器具，如称量工具，产品生产好后需要分装，分装过程中需要各类称量工具和辅助用具，分装好以后就形成了半成品。所以实际上物料的范围比较广，主要包括3个方面：食材、包装材料、工具器具。

（5）设备选型　设备的选型与配套，主要根据生产过程进行匹配。如生产青椒里脊丝，中央厨房不能用人工的方式，会降低生产效率，可以采用切丝机来加工；生产糖醋排骨类菜肴，可以用锯骨机等设备。

（6）配套设备的数量　设备的数量需要根据产能、产量来核算。中央厨房的设备主要包括3大类：一是生产设备，就是用于菜品生产加工过程的；二是仓储设备，如冷冻、冷藏冰箱等；三是运输设备，是为了将中央厨房的产品配送给客户或门店，所需要的专业运输车辆。无论是生产设备、仓储设备还是运输设备，都要根据中央厨房的产能、产量来计算。

（7）人员配置计算　人员配置依然围绕产能、产量进行。在人员配置过程中，应根据工作岗位来设计人员数量，不同的岗位需要有不同的人员。有的岗位是普通工人，有的岗位需要技术程度稍微高一点的专业人员。如原材料的清洗加工、产品分装类的岗位，普通工作人员就可以；生产过程中，有一些材料加工是机器不能完成的，需要借助人工来完成，这时就需要一些技术，虽然不一定是专业厨师，但是要经过简单的专业培训，能够把原材料按照规范要求加工出来。人员配置还包括卫生清洁人员、品质监控人员、采购人员、财务人员、管理人员等。中央厨房是个系统工程，所以人员配置不仅仅是一线生产人员的配置，还包括管理人员的配置。人员配置要尽可能定岗定位，对于整个生产效率和生产成本的控制，会比较合理。

（8）能耗的负荷计算　在设计过程中能耗的负荷计算，包括设备的型号、规格和设备的数量。最重要的是要了解设备的功率和数量，把所有设备的功率加起来，就是生产区域设备的能耗负荷。这个能耗负荷在设计过程中要预留足够的空间。有一种极端情况，如果生产车间里的电器设备同时启动，瞬时功率非常大，远远超出正常累加起来的固定值，但是在常规使用过程中功率是一定的，所以容量必须要大于设备功率的总量，否则在同时启动时有可能出现短路的现象，导致跳闸。所以在能耗负荷计算的时候，一定要将所有的设备累计汇总以后再适当增加，确保使用安全。

5. 非工艺设计

非工艺设计跟生产技术设计没有关联，主要是生产设施设备和生产区域的设计。这些功能划分要围绕产品生产展开，即中央厨房生产什么样的产品，就需要设计什么样的区域配置。产品生产的过程中，区域配置要求是不一样的。总体来说有几个基本区域：一是存放不同类型原材料的仓储区，如植物性原料暂存区、冻品类动物性原料的存放区、干货调味品存放区、低值易耗品存放区，以及新鲜水产原料的暂存区等；二是原料进入生产区后具体的区域，包括用于菜肴生产的原料分拣加工、解冻加工、清洗加工、分割加工、成熟加工、预冷加工、分装加工等区域；三是成品的仓储区域，不同的企业在中央厨房设计的时候，既可以把这几个功能区域放在一起，也可以分开。

在设计成熟区的设备摆放位置时，按照燃烧的能源作为划分依据，包括以电能为主的电器设备、以燃气为主的设备、蒸汽设备（可以是电能加热，也可以是燃气加热），还会涉及成熟设备的导热介质可能不同，有的设备是水导热的，有的设备是油导热和气导热的，这个功能也要适当做区分，所以说功能区域的设计要根据产品的具体情况，保证这个区域设计符合生产需求。

功能区对建筑也有特定的要求，这些要求体现在很多方面。如厂房，厂房的形状可能是各种类型，有的是新建，有的是旧房改造，无论是哪一种，厂房总体有一个基本要求，就是厂房的高度，即通常所讲的层高，一般来说，厂房高度不能低于4.5米，经过装修后，原则上顶棚到地面的高度建议不能低于3米。如果厂房中间有立柱，若是非承重立柱建议拆除，若不能拆除，立柱之间的距离，建议至少应大于6米，也就是厂房的空间跨度至少要在6米左右。在这样的空间里摆放设备、生产流转，才会比较方便，这是对厂房的要求。还有对出入门的要求，无论是平开门或移门，都要求门的宽度和高度要适中，涉及设备的进出问题。当然，在没安装门之前，可以先将大型设备搬进来，然后再安装门。生产车间对光线也有一定的要求，厂房要求有良好的采光，采光形式可以是墙面开窗，也可以是顶部开窗，分别叫侧窗或天窗，是厂房常见的两种采光方式，在不影响厂房结构的情况下，应尽可能使采光面积大一点。

功能区设计时也要考虑辅助部门。这里的辅助部门指除直接的生产部门以外的其他所有辅助性部门，如管理部门、财务部门、采购部门（有些单位的采购部门是设在财务部下面的子单位，有的是独立的单位，跟财务平行）。此外还有产品的品控部门、研发部门、配送部门、清洁部门等。

所有部门加起来之后，就形成了中央厨房的基本部门或区域配置。有些企业还会配备如安保部门、工程部门（维修部门）等，如果企业条件许可，这些部门都可以设置，尤其是大型的中央厨房企业，用以维护企业的日常安全、设备的维修等。

功能区域的公用系统设计。这些公用系统包含市政管网、水网、电网等。实际上在公用系统设计的过程中，也需要进行平面图纸设计。电器线路的设计要在平面图纸上表现出来，这也属于非工艺设计的内容之一。

综上所述，非工艺设计的内容主要是工艺流程设计，主要从生产车间设计、公用系统设计、辅助部门设计、厂区平面设计这几个方面展开。设计既要符合总体规划要求，也要符合生产工艺要求。

生产区和生活区需要分开，厂房要保持良好的采光通风条件。生产区域最好要远离公共交通道路，生产车间必须符合食品生产加工的卫生要求。周边的环境要符合厂房建设和生产工艺的需求。进行厂房设计的时候，要严格遵守规范，如果不遵守规范，最后这个厂房就有可能拿不到审查合格证，这个合格证指由消防部门发放的消防许可证。

这里还有一个建筑学术语需要了解一下，就是风玫瑰图，分为风向玫瑰图、风速玫瑰图两个类型。通常情况下，在设计厂房的时候，都会采用风向玫瑰图的类型。中央厨房在生产时，会产生油烟、异味等，会随着风向漂移，向四周扩散，尤其会影响风口下方的位置。所以根据风玫瑰图的要求，厂房应该建在城市居民住宅的下风口，不能建在上风口。若建在上风口，会导致最后审查不通过。

正式设计阶段主要从3个层面进行：一是方案的确定；二是初步设计及报批；三是出施工图纸。当前期做了大量的调研工作以后，这个设计方案应当尽早确定，完成项目计划书，通过立项。在设计前，要把厂址先选好，车间大概有多大的规模，大概需要什么样的外部环境，这些确认好，就进入方案设计环节。方案设计时，围绕总平面图，对方案图纸进行说明，再根据方案说明对方案设计做出投资预算。这些工作全部完成后，把方案报给投资公司（主管部门）或投资人进行审批，审批通过就开始做设计施工图。

施工图非常重要，它是中央厨房厂房建设或生产的作业指导书。图纸出来之后一定要经过多次审核，解决问题，完善不足。

中央厨房设计的过程是不存在建设与施工问题的。因为建筑与施工都是由第三方组建的专业施工团队，只要把审核通过的施工图纸给厂房建设方，建设方就会根据图纸要求进行厂房的建设与装修施工。

第三节　中央厨房的设计内容

中央厨房设计的基本内容，实质是以固定资产形式存在的建筑物、生产设备等，通常指以资金为条件，结合设计、建筑、安装等一系列工作后，完成可供产品生产的场所，需要符合生产的基本需求。

一、设计程序

设计程序一般指项目建设到投产的整个过程所遵循的基本流程。中央厨房的设计流程复杂，内容众多，涉及多个部门，因此有计划、按步骤按照流程有序进行，是完成中央厨房基本建设的重要前提。

设计的基本程序大致可分为计划决策阶段、勘察设计阶段、组织施工阶段、验收投产等多个不同阶段，每个阶段又包含诸多细节和环节，因此有必要将这些环节和细节按照必要的流程有规律地联系起来，按照规律性要求进行。

结合食品工厂建设流程，架构中央厨房的设计步骤。大致可分为：编制项目规划书—撰写可行性研究报告—编制计划任务书—图纸设计—建设准备与组织实施—生产设备投入与安装—验收试生产—运营管理。其中编制项目规划书和撰写可行性研究报告是中央厨房设计的主要内容。

1. 编制项目规划书

项目规划书又称项目计划书或立项报告，是项目投资人或投资主体根据市场发展需要、生产力布局、产业结构调整等因素，结合国内外市场、所在地内外部条件信息，提出的中央厨房建设的建议性文本方案，对拟建中央厨房项目提出建设的思路和总体性框架。

项目规划书是中央厨房设计的第一项工作，项目规划书主要在总体上论述项目设立的必要性和可行性，将项目是否具有投资价值变为合理化的项目投资建议，为投资人或投资主体提供决策建议。

项目规划书的内容不宜太多，篇幅不宜太长，在行文上也没有很高的要求或规范的格式，但编写规划书的人员应当既熟悉烹饪工艺专业知识，又具备烹饪工艺外的知识。

中央厨房项目规划书应当包括拟建项目概况，如项目名称、建设单位、项目性质、建设地点、建设内容及规模、投资规模等。具体来说，包括项目投资人情况（如投资人姓名或投资主体单位名称、生产经营概况、法定代表人、主管单位等相关信息）；项目投资的必要性和可行性；项目投产后的市场前景预测；产品设计方案和建设规模；工艺设计环节（如技术方案、工艺路线、生产方法、主要设备等）；供应链构建和能源供应情况；建厂条件和厂址初选；生产组织和生产规模；投资估算和市场预测，预期效益测算，根据上述情况得出投资与否的结论和建议。

编制项目规划书时，由于项目投资涉及投资人的身份主体，所以项目规划书应当由投资人（个人）或投资法人（单位）提出，委托专业的第三方进行编制，编制的依据是中央厨房拟投资区域的产业政策、投资环境和市场需求。项目规划书编制完成后，还需要附一份可行性研究报告。项目规划书的审批流程取决于投资方，投资方是个体的，则由投资人本人决策是否投资；若投资方是国有资本，则由国有资本的主管单位审批；若投资方是集体资本（含多个个人投资人合股），则视情况由集体单位的管理团队进行审批或合股投资人召开股东大会进行投资表决。

2. 撰写可行性研究报告

可行性研究指在确定投资中央厨房项目前，对拟建中央厨房的相关设计、未来效益等进行综合研判，重点论证项目投资的必要性、经济效益的合理性和社会效益的预期性、工艺技术的先进性、市场需求的适应性及建设条件的可行性，目的是为投资方提供决策依据。

（1）可行性研究报告的基本格式　根据现行的工业项目投资的可行性调研报告的基本范式，对于可行性研究报告的撰写主要从以下4个方面入手。

1）国民（区域）经济和社会发展规划。发展规划是一个国家（区域）国民经济活动的整体部署和安排，体现的是国家（区域）经济的整体发展思路，具有宏观指导性。中央厨房项目的投资决策应该在这样一个大环境下统筹考虑，在国家（区域）经济发展的引导下，客观准确地评价中央厨房投入与产出的社会价值。

2）市场供需关系状况及发展趋势。市场反应的是商品供需关系的总和。中央厨房投资的可行性研究应基于拟投资所在地的行业特征，从市场的供需结构入手，分析消费者群体的消费能力和对中央厨房产品的依赖程度，预测项目建成后的市场份额。对市场发展的预测，应该基于目前经济发展的状况，随着中央厨房产业结构的形成，如何有效占有市场应在可行性研究中得到答案。

3）具备可靠的资源条件。在中央厨房的可行性研究中，厂址选择、周边环境、交通便利性是必不可少的，自然条件、地理环境、气象资料、经济发展等需要作为基础资料，为项目设计和技术评价提供支撑，对上述各要素进行科学客观分析。

4）相关工程技术条件。相关工程技术条件指工程技术方面的各类标准和规范，按照相关标准、规范进行可行性研究，可以有效保障拟投资项目的合理性、工程技术上的先进性和生产工艺上的科学性。所以相关的技术标准、规范是项目可行性研究的重要依据。

（2）可行性研究的作用　可行性研究主要是为投资方提供决策依据，从而提高项目投资的决策水平。可行性研究的作用主要包括4个方面。

1）可行性研究是项目投资决策的核心依据。可行性研究是对项目建设投资的目的、建设规模与周期、建设地点与环境、产品方案与生产工艺、生产供应链与物流配送、市场前景和经济效益等重大问题进行深入研究，可行性研究结果具有唯一性，即需提供明确的投资结论：建与不建。

2）可行性研究是项目投资单位与政府主管部门洽谈的依据。项目投资需要土地资源，办理批建手续等都需要有合理的可行性研究作为前提。政府主管部门在项目投资环境方面需要为企业提供什么样的便利条件，可行性研究是审批的依据。

3）可行性研究是项目建设和实施的依据。通过可行性研究，对拟建中央厨房的厂址选择、城建配套、建设规模、厂房布局、产品方案（技术路线）、设备选型、机构设置，以及人员配置等提供比较详细的计划，供投资人决策时进行论证。可行性研究报告一旦获得批准，后期的建设和实施需以可行性研究报告为蓝本。

4）可行性研究是环保部门审批项目的依据。在中央厨房项目投资撰写可行性研究报告时，需要对项目建设与投产对环境造成的影响进行评估，俗称环评报告。环评报告是环保部门审查可行性方案的重点文件，项目需要将厂区防污、治污设施与项目主体工程进行同步设计、同步施工、同时投用，所以可行性研究报告为环保部门的审批提供依据。

此外，可行性研究还涉及投融资问题，项目建设招投标问题，都需要在可行性研究报告中体现出相应的内容，为投融资决策、招投标提供基本依据。

（3）可行性研究的基本流程　可行性研究的基本流程分为4步：即筹划准备阶段、资料搜集阶段、分析论证阶段和报告起草阶段。

1）筹划准备阶段。主要指在项目投资人拟对项目进行投资时，即项目规划书获得通过后，由项目投资人组织或委托专业团队进行的准备工作。常见的形式主要有两种：一是组织内部团队，邀请部分专业人士分阶段介入；二是委托专业公司，由专业公司聘请专业团队进行设计。两种类型的选用，取决于投资人的资本角色，无论哪种形式，都需要有精通餐饮市场发展与营销的专业人士，通过精准的市场预测为可行性研究报告的撰写提供思路。

2）资料搜集阶段。主要任务是根据筹划准备阶段确定的研究和取材方向，为项目建设搜集各类可能涉及的资料文件。资料搜集是可行性研究的基础性工作，需要参与人员熟悉中央厨房建设的相关法律法规、文件政策，也需要了解或掌握拟建地区的社会经济、历史文化、民风民俗、自然资源和市场情况等。资料搜集需保证客观，力求资料翔实，准确无误。

3）分析论证阶段。主要任务则是对搜集的各类资料进行分类梳理，将不同的资料提供给不同的组别进行有效研判，从而完成分析研究。分析论证的主要内容既包括分析计算、方案研究、资金预算、经济效益、社会效益等，也包括建成后的中央厨房的产品选择与定位、生产组织与管控、营运的计划与实施、市场的渗透与占有等。通过对上述各方面进行系统分析，科学研究，拟定一套或几套可供选择的方案，挑选出一套最佳方案，依据最佳方案进行可行性研究报告的撰写。

4）报告起草阶段。指在前面经过广泛研讨的最佳方案的基础上，进行文字编辑，形成文本方案。报告起草需要按分析论证阶段的讨论内容，明确形成结论性意见，报告的文本需要按照结论性意见，将论证阶段的讨论充分表达出来，以供投资决策人进行决策。

（4）中央厨房可行性研究分析　　中央厨房可行性研究分析是项目的起点，任何项目都必须进行可行性研究分析。中央厨房的项目可行性研究涉及项目建设的方方面面，内容丰富，工作繁杂。总结起来，主要从财务、技术、组织管理、市场营销、社会与生态影响、经济6个方面进行分析研究。

1）财务分析从投资人的角度出发，进行项目的投资与盈利分析。投资人有没有足够的资金保证项目实施，保证后续经营活动的正常运转，以及项目能给投资人带来多少利益回报等都是财务分析的内容。若项目不能给投资人带来切实的经济利益，那么项目是不可行的。

财务分析的具体内容包括：

①投资额度估算。分析项目建设所需资金额度、年度资金计划、资金的主要用途等。

②资金筹措方式。根据投资额度，分析投融资方式和获得资金的可能性；如果是银行贷款，应进一步分析贷款种类、额度、优惠条件、使用周期及偿还能力等。

③投资利润回报。分析中央厨房项目在建设期和生产期的收入与支出情况、盈利能力及项目的经济风险评估等，盈利能力一般以行业的标准收益率判断。财务分析时应考虑国家政策对项目投资的双向影响。

2）技术分析是中央厨房设计的起点，要根据项目目标，对项目的规模、地点、时间节点、技术、资源等做出计划。

中央厨房项目在技术可行性研究过程中还应当考虑下列问题：

①项目的规模大小。主要是分析最经济、最合理的中央厨房的规模，如工厂占地面积多少、生产区域布局大小等。

②项目所在地的资源条件。主要分析项目所在地（区域）的自然资源条件（包括地形地貌、植被土壤、农业生产现状、矿产资源等）、水源情况（包括降雨、地下水、自来水、市政等），以及劳动力状况。

③能源和交通情况。主要分析能源、交通运输、通信等条件及与项目的关系。

④技术保障及方案。主要分析工艺技术来源、先进性与可靠性、技术开发能力及保障；全面分析加工工艺、生产设备、交通运输、节能节水、环境保护各方面的技术方案及可行性。

在进行中央厨房项目分析时，要注意4个方面：一是目标明确，技术可行性分析应紧扣项目目标展开；二是兼顾技术，项目采用的关键技术不仅应具有先进性，而且要求技术具备可靠性；三是多方案比较，技术分析需要有多套方案，将不同的可供选择的方案进行对比分析，确定最佳方案；四是相关技术的可行性，除完成项目本身生产技术分析外，还要分析其他关联技术是否可行，如与经营相关的储存、运输、加工、销售等技术问题。

3）组织与管理分析。一个中央厨房项目需要有独立的组织管理机构，合理的组织管理机构能直接影响项目成败。因此在可行性研究中，组织管理分析也是项目可行性研究的重要内容。

首先，分析组织管理机构设置是否合理。中央厨房项目的组织管理机构应与项目所在地区的社会文化格局、现有行政职能部门、餐饮行业现状、劳动力组织形式等多种因素构成呼应关系，确保组织管理机构组织健全、结构合理、工作高效，有利于调动各方面参与项目的积极性，保障项目顺利实施。研究内容包括内部机构设置的数量及内设机构对项目发生异动的应变能力，管理、监督和保障人员的资质分析与研判，内训设施的设置是否合理、信息交流与反馈渠道是否通畅、与技术单位的协作关系是否牢固等。

其次，评价项目组织管理机构的环境适应性。一个项目能否成功实施，既有组织内部的能力制约，也有外部的环境影响。项目外部环境及运行机制，是项目组织管理分析的重要内容，因此必须分析项目机构与有关机构组织的关系是否融洽，存在何种联系，能否合作共事，有无利益冲突及如何应对冲突。

再次，分析机构设置是否有利于项目的管理。为保证项目各方的利益，应分析组织机构中各方面责、权、利的划分是否明确合理，契约关系是否落实，是否有利于提高项目的管理水平。

其他方面。目前有关农业产业化发展的项目，尤其是预制菜赛道的出现，中央厨房项目在组织管理分析中还要注意分析参加项目的农民的文化程度、管理者的管理艺术与管理水平，分析相应的鼓励政策、农民培训、农技推广的计划。

4）市场营销的可行性分析。主要从项目上游供应链建设和下游产品销售渠道两方面开展分析，分析考察商品的流通领域是否畅通，是否可以保证项目顺利进行。

项目供应链建设应能保证生产材料质优量足，以合理的价格和方式获得供应，这就需要分析项目的供应渠道和供应能力，是否可以保证项目所需，是否需要开辟新的供应渠道；现金流流通情况和取得物资的支付手段、支付能力及解决方法，能否符合项目在质量、数量、价格、供货时间等方面的要求，如何保证项目有效执行；物资采购的具体安排及方式，公开的招投标方案是否落实；项目建成投产后原材料供应情况。

分析项目的产品能否及时、足量，在有利的价格条件下实现销售。重点分析以下问题：在有利的价格条件下，市场对项目产品的有效需求量及同类产品的竞争状况；项目产品的销售市场在哪里，市场吸收能力，市场占有率及前景，全部项目产品进入市场是否引起价格的变化，产品在新价格体系下的盈利能力；项目产品在数量规格、花色品种、产品质量等方面是否符合市场需求；项目产品的贮藏、保鲜和加工问题是否得到合理解决，是否需要增加其他加工项目；是否符合政府对产品销售（特别是名优特产）在价格、信贷、税收、补贴等方面的优惠政策。

5）项目对社会与生态影响分析。

①项目建成是否有利于提高居民收入。中央厨房一端联系农业生产，一端联系消费领域，是农业产业链中的关键环节。当前我国大力倡导农业走产业化发展道路，希望通过加工业的发展带动农业发展，实现农民增收。因此分析中央厨房项目对农业的带动作用是研究项目社会影响的重要内容。

②项目是否能有效地创造就业机会。中央厨房目前仍属于劳动密集型行业，在我国劳动力紧缺、就业岗位减少的社会背景下，中央厨房项目可对社会起到极大的稳定作用。项目方案在考虑技术进步、提高劳动生产率的同时，还应因地制宜，尽量考虑提供更多的劳动岗位，为创造就业机会做出贡献。

③项目是否有利于提高人们生活水平。从食品营养、安全与卫生方面，能否为社会提供优质产品；从生活方便性方面，产品能否减轻家庭劳动负担，是否满足旅游、野外、军需等要求；项目建设是否有利于改善当地文化设施、保健事业、交通运输及通信网络条件。

④项目能否改善生态环境，实现经济可持续发展。中央厨房项目对生态环境的影响有两方面：一方面，规模项目的实施，可能会减少手工作坊式生产对环境的污染，以及无组织、不规范的农业生产方式对生态的破坏；另一方面，中央厨房项目形成的"三废"可能污染环境，破坏生态平衡。要客观地、充分地分析项目对生态环境的影响。

6）经济分析是从国民经济的宏观立场出发，对项目进行的分析。投资者着重考虑项目对自身的财务回报，但对于决策部门而言，更要考虑项目能否对整个国民经济的发展做出贡献，并且它的贡献能否与其耗用的资源相称。经济分析应包括以下内容：

①分析项目对国民财富的增加起到的作用。如中央厨房项目给国家（区域）增加了多少优质农产品及加工品，对行业产值及国民总收入的贡献。

②分析说明国家（区域）有限资源是否通过该项目得到了最有效的利用。对于国家（区域）而言，土地资源、水资源、技术资源、资金资源都是紧缺的稀少资源，在资源利用的多种选择中，是否审批一个项目，要看该项目是否能最有效地利用有限资源，来促进国民经济发展。

财务分析与经济分析二者互相联系，互为补充，缺一不可。财务分析从投资者角度考虑问题，经济分析从国民经济整体角度考虑，由于考察项目的角度不同，这两种分析具有重要区别，评定经济指标上鉴定成本和效益的标准不同，采用的价格也不同。

项目可行性研究分析，是项目准备阶段的核心内容。6个方面的分析，各自形成相应结果。市场营销分析获得项目投资有无必要性的结果，并形成产品方案；技术分析获得项目投资有无可能性的结果，并形成技术方案；组织管理分析着眼于中央厨房建成投产后所采用的管理模式，如自建自营、联建联营等；财务和经济分析在产品方案和技术方案的基础上完成预算分析，获得投资有无经济合理性的结果；社会与生态影响分析在项目对社会和环境的效益方面做出进一步说明。可行性研究人员在以上详细综合分析之后，做出项目投资是否可行的结论，撰写可行性研究报告。

二、可行性研究报告案例

报告的格式要求。可行性研究报告的格式应符合规范要求，对篇幅、内容、项目均有一定的要求。可行性研究报告应具备反映客观实际的、完备可靠的技术分析、经济分析及综合论证等相关资料，报告内容全面，结构合理，结论科学，符合逻辑。可行性研究报告是项目投资决策的依据，所以材料充足、数据充分、分析透彻、论证严谨的报告才符合要求。

可行性研究报告应具有真实性和科学性，报告的编写应遵循实事求是的原则，在调查研究的基础上，通过不同的方案比较，按实际情况进行论证和评价，形成最终结论。

可行性研究报告应文字通顺，表意准确，简洁明了。

可行性研究报告的责任主体需明确。责任主体通常包括总负责人、经济和技术板块负责人，责任人对报告的质量负责。

可行性研究报告的内容一般包括4部分：封面、目录、正文、附件（图、表）。

封面内容包括项目名称、项目单位及负责人、项目性质、可行性研究承担单位及负责人、负责人职务职称、项目建议书批准单位及批准文号、编制时间等。

封面参考格式如图3-2所示。

目录通常应列出章、节两级目录，倘若报告规模较大，两级目录不够表达内容，可以列至三级目录，以方便查找相关内容。

（XX省、市、县）XX中央厨房建设项目

可行性研究报告

项目名称：

项目单位名称：

项目负责人姓名：_____

职务职称：_____

项目性质：__（新建、改建、扩建、迁建）__

可行性研究承担单位（公章）_____（附资质证明）

可行性研究总负责人：_____

职务职称：_____

经济负责人：_____

职务职称：_____

技术负责人：_____

职务职称：_____

项目建议书批准单位：_____

项目建议书批准文号：_____

编制时间：　　　　　　　　　　　　年　月　日

图 3-2　中央厨房建设项目可行性研究报告封面参考格式

可行性研究报告的正文至少应包括以下 4 个方面的内容：项目概述、主要建设条件、研究结论、问题和建议。

1．项目概述

（1）简介　提供关于项目的基本信息，包括项目名称、项目单位、项目性质、建设地点、建设规模、建设期限、建设内容、法人代表、投资规模及资金来源、资金筹措计划、主要技术经济指标、项目辐射范围及带动能力等。

（2）建设单位基本情况

1）经营范围。产品研发、生产（取得环评手续后方可从事研发生产经营活动）、销售；餐饮企业管理、餐饮服务；果蔬种植及销售、水产养殖及销售、禽类养殖及销售、畜类养殖及销售；销售冷冻食品、方便食品、农副产品、预包装食品、散装食品、日用品；仓储服务（不含危险品）；货物或技术进出口（国家禁止或涉及行政审批的货物或技术进出口除外）；普通货运、道路货运代理；供应链管理；清洁服务；市场营销策划；国内贸易代理；电子商务；人力资源服务（不含劳务派遣）。项目经相关部门批准后方可开展经营活动。

2）建设规模。项目规划总面积约 x 米^2，厂房、办公楼及附属设施采用自建方式实现。

3）经营状况。在建。

4）项目投资及来源。自有资金。

（3）可行性研究报告研究工作依据、范围及编制单位

1）研究工作依据。

①《中华人民共和国土地管理法》。

②《中华人民共和国城乡规划法》。

③国务院办公厅关于加强和改进城乡规划工作的通知〔国办发（2000）25号〕。

④城市用地分类与规划建设用地标准（GB 50137—2011）。

⑤《建设项目经济评价方法与参数》（第三版）。

⑥《投资项目可行性研究指南》。

⑦《××市国民经济和社会发展第十四个五年规划》。

⑧《××区（县）国民经济和社会发展第十四个五年规划》。

⑨《企业投资项目备案表》（备案证号：××××××××）。

⑩《（招拍挂）规划条件通知书》（××自然资源和规划局＋时间）。

⑪《建设用地规划许可证》（地字第×××××号）。

⑫《建设工程规划许可证》（建字第×××××号）。

⑬《××市某广场项目岩土工程勘察报告》（××单位＋时间）。

⑭《××水务局关于某广场（非生产性工业用房及配套设施）项目水土保持方案的批复》（水务审批号）。

⑮《城镇污水排入排水管网许可证》（××水务局＋时间）。

⑯《国网××供电公司供电方案答复单》（编号：G××××××××）。

⑰《关于××区某村某组项目开发申请的回复》（××公安局交通管理局＋日期）。

⑱《关于组建某智慧厨房科技有限公司项目政务服务工作组的建议方案征求意见函》（××市某经济技术开发区管委会＋时间）。

⑲《××市某区人民政府分管领导牵头重点工作（项目）推进情况表》区政府副区长×××（截止时间）。

⑳××市某智慧厨房科技有限责任公司提供的有关资料。

2）研究工作范围。根据国家发展和改革委员会发布的《轻工业建设项目可行性研究报告编制内容深度规定》（QBJS 5—2005）的内容要求和《轻工业工程设计概算编制办法》（QBJS 10—2005）规定的内容和有关调研资料，结合周围环境的实际情况，对生产规模及条件、产品方案、原材料和能源供应、工程技术方案、环境保护、产品销售、投资估算、资金筹措和经济效益等进行全面分析论证，从而提出技术先进、经济合理、切实可行的设计方案，以满足评估、论证、审批的要求，为建设项目的投资及设计提供依据。

3）编制单位。

①单位名称。

②工程设计资格证书。

③工程咨询资格证书。

（4）研究工作概述

1）研究工作概况。根据《建设项目经济评价方法与参数》（第三版）、《轻工业建设项目可行性研究报告编制内容深度规定》（QBJS 5—2005）的内容和有关调研资料，结合某智慧厨房科技有限责任公司的发展规划，为建设项目投资和开展初步设计提供依据。

2）项目主要建设条件。

①拟建地点。某智慧厨房科技有限责任公司现有厂内。

②建设规模。项目建成后，年产蔬菜类包装净菜 x 万吨、肉类包装净菜 x 万吨、水产类包装净菜 x 万吨，方便菜 x 万盒，盒饭 x 万盒，酱卤制品 x 吨，豆制品 x 吨，豆浆 x 吨，豆芽 x 吨，鲜面类食品 x 吨，烘焙类食品 x 吨，年总产值 x 亿元。

2. 主要建设条件

（1）市场条件　本项目将整合净菜生产加工、团餐生产配送、餐饮大数据分析、食品安全溯源等餐饮行业上下游资源，形成智慧美食产业集群。数智化中央厨房的终端智慧厨房是城市白领的"云餐厅"，老百姓的"云菜场"，不论是包子、豆浆，还是生鲜净菜，都可以实现在线下单。中央厨房的运作模式，不仅为企业带来更高效的团餐制作和配送，同时还给消费者带来更新鲜的定制美食，提升一日三餐的标准化水平。为了让食品安全有保障，中央厨房还将实现供应、制作和配送全流程监控，并可以通过互联网"实时直播"，真正实现全程追溯。

目前我国中央厨房已经普及到大部分连锁餐饮业，随着中央厨房数量的增加，国内中央厨房行业市场规模也处于增长态势。

（2）资源条件　某智慧厨房科技有限责任公司位于风景秀丽的城市边缘，公司环境优美，地理位置优越，项目规划总装修面积约 x 米^2。

该公司与某市周边等地的原辅材料和燃料核心供应商建立了良好的长期合作关系，从而保证了原辅材料和燃料供应充足便利，各种资源可满足建设和营运的需要。

（3）技术条件　中央厨房采用国内先进设备，采用自动化流水作业线，建设自动化、集约化、智能化、标准化、信息化的生产线，建立产品信息溯源系统、能源控制系统，实现产品质量在线实时监控反馈，工艺技术先进可靠。

承建方某工业工程有限公司拥有大批各类专业的技术人员，有丰富的食品工厂设计经验，可为中央厨房项目的顺利完成提供强有力的技术支持和优质服务。

（4）资金条件　本项目总投资筹措情况：建设投资自有资金 x 万元，不足部分申请银行借款，流动资金全部借款。

项目生产期前3年注册资金到账注入，生产期第1年 x 万元，第2年 x 万元，第3年 x 万元，用于流动资金滚动还借款。

（5）环境条件　厂址位于某市智慧厨房科技有限责任公司现有厂区内，厂址交通四通八达，方便快捷。周边水、电、排污配套设施齐全，无污染源。

项目生产的废水在厂区污水处理站处理，达标后排放，对附近水质基本无影响。项目生产产生的油烟等均经过处理达标后排放，对周围大气环境基本无影响。项目产生的固废垃圾分类处理，部分有利用价值的下脚料可回收作为食品辅料，废菜等粉碎经生化处理后制作成饲料出售。建设项目对噪声相对较大的设备做好必要的隔声、消音措施，对周围的声环境不会产生较大的影响。

3. 研究结论

（1）推荐方案主要内容大致如下

1）市场预测。中央厨房是未来餐饮业的发展趋势，在餐饮业的普及率将进一步提高，同时团膳中央厨房行业也将呈现快速发展势头。目前我国中央厨房已经普及到大部分连锁餐饮业，随着中央厨房数量的增加，国内中央厨房行业市场规模也处于不断增长态势。据中国产业研究院《2022—2027年中央厨房行业市场深度分析及发展规划咨询综合研究报告》显示：预计未来几年整个中央厨房市场规模仍将处于增长态势，到2025年，整个行业市场规模将达到189.4亿元，2026年，中央厨房行业市场规模将达到269亿元。

本项目整合各股东方的资源，根据市场分析，本项目建成后的目标客户有集团资源（市机关单位等），以及电商产业园、农贸市场等。

2）产品方案与建设规模。

产品方案及建设规模见表3-1。

表3-1 产品方案及建设规模

序号	品名	单位	年产量
1	包装净菜（蔬菜类）	吨	40000
2	包装净菜（肉类）	吨	15000
3	包装净菜（水产类）	吨	1500
4	方便菜	盒	30000
5	盒饭	盒	30000
6	……	……	……

3）厂址选择。厂址位于公司现有厂区内，厂址周边交通四通八达，方便快捷。周边水、电、排污配套设施齐全，无污染源。

4）技术方案。中央厨房设备和豆制品加工设备均采用国内先进设备，采用自动化流水作业线，建设自动化、集约化、智能化、信息化的生产线，建立产品信息溯源系统、能源控制系统，实现产品质量在线实时监控反馈，工艺技术先进可靠。

5）主要原材料及动力供应。

①蔬菜、肉类、大米、黄豆等原材料由市场采购或由某商超直供。

②包装材料：由附近定点厂家供应。

③水、电、天然气消耗：由当地区域管网供给。

主要原材料及动力耗量估计（综合）见表3-2。

表3-2 主要原材料及动力耗量估计（综合）表

序号	名称	单位	全年耗量	备注
1	蔬菜	吨	50000	
2	肉类	吨	20000	

(续)

序号	名称	单位	全年耗量	备注
3	水产	吨	1800	
4	大米	吨	200	
5	黄豆	吨	4000	
6	……	……	……	

6）节能、节水；消防；劳动安全与卫生。

①节能、节水。项目生产过程主要能源消耗为水、电、气，设计时从工程方案和设备选型等多方面注意节约能源，采取行之有效的节水、节电、降低能耗措施，如制冷机组热能回收系统、雨水收集循环利用系统等，以降低综合能耗指标。

②消防。本工程结合全厂建筑物按照不同的生产类别划分不同的分区，使建筑单体之间的距离、消防通道满足防火规范要求；根据《建筑设计防火规范》（GB 50016—2014）《建筑灭火器配置设计规范》（GB 50140—2005）配置消火栓和手提式、推车式建筑灭火器。设计防火分区、走火通道（发生火灾时的紧急逃生通道）、消防疏散楼梯、消防疏散出口、安全疏散出口标志、事故照明灯布置等满足规范要求。

③劳动安全与卫生。设计中按国家有关部门的规范、规定设置安全卫生设施，如建筑物防雷、用电部门的各种电器保护、人身安全的防护措施、人员卫生设施等。

7）环境影响与综合利用评价。本项目生产过程产生的污水经污水处理站处理达标后排放；生产过程产生的固体垃圾进行分类存放，菜、肉类垃圾粉碎后送至垃圾处理房，经生物发酵处理成饲料后出售；豆制品加工磨豆、分离采用日本进口技术和设备，产生的豆渣含水率低，可回收作为食品辅料添加、制作烘焙食品，如豆渣饼干等，因此豆渣可全部回收利用，零排放；对个别噪声大于 75 分贝的设备，设计上采用消音隔音和集中放置等措施，使其符合国家标准的规定。

8）项目投入总资金及资金筹措。本项目总投资估算 x 万元，其中建设投资 x_1 万元，流动资金 x_2 万元。本项目资金筹措：

①建设投资 x_1 万元，其中：

a. 项目自有资金 a 万元（含支付建设期借款利息）。

b. 项目申请银行借款 b 万元，借款年利率按 5% 计。

②流动资金 x_2 万元，流动资金全部借款，借款年利率按 5.22% 计。

主要技术经济指标见表 3-3。

表 3-3　主要技术经济指标表

序号	指标名称	单位	指标数量	备注
1	生产规模			
1.1	厨房产品	吨/年	10000	
……	……	……	……	……
2	产品方案			
2.1	包装净菜（蔬菜）	吨/年	40000	达产年
2.2	包装净菜（肉类）	吨/年	15000	达产年
2.3	包装净菜（水产类）	吨/年	1500	达产年
……	……	……	……	……

（2）结论

1）本项目生产规模、产品方案、工艺技术、设备选型、环保消防等方案比较合理；原材料供应、产品销售、厂址建设条件等项目建设条件基本满足，符合技术先进、经济合理、切实可行的建设原则。

2）本项目经济效益较好，投入的资金逐步回收，能达到预期的规模效益。项目的建设符合国家（区域）的产业政策，产品市场广阔，能够为促进社会经济发展做出一定的贡献。因此，不论从国家（区域）宏观经济效益和社会效益，以及地方税收，还是企业的微观经济效益来看，本项目都具有一定的意义。

3）本项目符合国家（区域）政策、相关法律法规和相关行业政策的要求。从项目的实施条件、资金落实及经济效益等方面分析核算，项目的经济效益和社会效益良好。因此，项目的建设是可行的。

4．问题和建议

1）市场情况瞬息万变，目标市场存在较大的发展空间和潜力，同时市场竞争也非常激烈，工程进度要求设计、施工、安装需相互密切配合，力争保质、按时完成。

2）项目实施过程加强现场管理和协调，项目实施过程不能影响正常生产，以免造成供货不足，影响市场占有率。

第四节　中央厨房的区域设计

中央厨房的区域，包括从原料采购开始，到原料加工、主食加工、烹饪成熟、预冷分装，到配送发货环节，在终端客户端可能还涉及餐具回收，所以要在生产区域加上一些器具清洗消毒场所，即洗消区。此外，还要配置一些辅助区域，如员工生活区、安全生产管理区、品控管理区、办公区等，如图3-3所示。

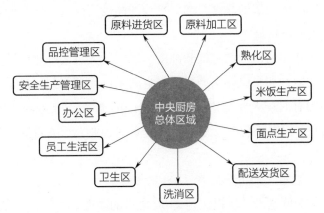

图3-3　中央厨房区域设计图

前文提过的卫生指标、质量管理体系，包括GMP、HACCP，此外，还有SSOP[①]、ISO 22000等，在区域设计的时候，也要把这些卫生指标融入区域设计中，因为整个生产区域的流程设计或卫生设计，一定要符合食品加工的卫生标准，否则，当企业进入运营阶段时，可能无法申领营业执照，因此从设计角度，必须考虑卫生因素。

一、原料进货区

原料进货区的流程设计如图3-4所示。

原料从采购到生产区域有一个基本流程。原料从供货商处进入中央厨房生产区域前，首先要进入仓储区。从生产流程上来说，原料采购回来后，也是先进入进货区域进行验收，验收时要求采购员、仓管员、生产主管或财务人员参与，对原料进行质量、数量评价。数量评价主要是仓管员负责把关，原材料的品质鉴定则由生产主管负责评价。原料从卸料平台到达原料进口，进入保管室，经过第一道门验收，然后进入到缓冲区，缓冲区主要是原料等候验收的场所，属于暂存区，原料经过短暂停留后，再进入第二道门，把它们分门别类地放到各个库房里，最后再从各个库房领到生产区域。

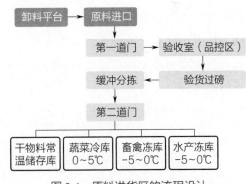

图3-4　原料进货区的流程设计

[①] SSOP，Sanitation Standard Operation Procedure，卫生标准操作程序。

从原料进货区来看，应注意几个问题，主要是对厂房建筑的一些要求，如整个生产区域的厂房高度，包括原料进货区的高度。原料到达厂区后，跟厂房对接的位置就是卸货平台，车辆车厢底部的高度与卸货平台的高度要一致，便于原料直接从车厢里用拖车将货物拖到仓储区域。

原料进口处要考虑通行门的宽度和高度。原料或人进入仓储区域，都要经过这道门，要考虑门的宽度，如果说在生产区域，空间条件受到限制，最窄单人通道不得低于800毫米。因为有时候人要交错通行，所以门的宽度原则上应大于1200毫米，这样既方便行人通行，又具有应急疏散的功能。有的企业人行通道的门和室内通道宽度达到1500毫米以上。

门的高度，一般定义最低高度在2100毫米左右，因为门的功能用于行人，正常高度一般在1500~1800毫米，所以达到2100毫米的高度，便于人货通行。

作为原料进口的门，则不能按照人行通道来设计，应增大宽度和高度，原料进出门的宽度要大于1200毫米，过窄可能会影响装卸原材料的小货车或拖车的进出，理想宽度应大于1800毫米，原料从车上卸下来用手推车推进去，门的宽度越宽越方便通行，因为不仅车子本身有宽度，还要考虑堆放货物后超出来的宽度。至于门的高度则在2100~2400毫米，因为货物通道会涉及大型设备，如冰箱或某一类加热设备，无论冰箱还是加热设备，都有一定的高度和宽度，所以门的高度和宽度最好高一点、宽一点。

原料进货区的门和平台的要求明确后，原料就进入验货区。验货区里有原料的临时存放场所、有原料的称量过磅场所，这些场所既可以放在一起，也可以做简单分隔。从中央厨房工业化生产的角度看，如果有足够的空间，建议将验货区进行功能分隔。分隔时要注意按照验收货物的流程进行，先是验收质量，然后是称重。这里有缓冲分拣区域，在仓库里的原料需要做类别的区分，有植物性原料，有动物性原料，有新鲜原料，有冰鲜原料，根据不同的生产要求，发往不同的生产区间。如面粉就要送往面点生产车间，大米则发往米饭或粥生产车间，植物性原料就要到植物性原料加工车间，这个缓冲分拣区域主要功能是原料进来后的中转。

缓冲分拣区域还有一个功能，就是在原料尚未进入生产区前，部分原料有短暂的储存需求，这个缓冲区就是为了节省仓储空间，使仓储更加科学合理，需要分门别类地把原料按照常规的保存要求，需冷冻的冷冻，需冷藏的冷藏。需暂存于缓冲区的，主要是植物性的根茎类原料，临时置放于货架上，这就是设置缓冲分拣区的目的。

第二道门是对原料进行分流，分流的最终结果是原料按照不同的属性进入不同的储存库，干料到常温储存库，蔬菜进入低温冷藏库，冰鲜水产和其他动物性原料进入冻库，水产类原料和禽畜类原料虽然都是动物性原料，但是储存时是分开的。需要注意的是，第二道门是没有大型货车通行的，最多就是一个手推车。原料通过第二道门进入仓储一般用手推车来完成，或者从仓库里用手推车把原料送入生产区间。所以第二道门的宽度和高度，只需要考虑手推车的宽度和高度。无论是仓储区域还是运输区域，都会涉及区间对光线的要求，即采光问题。对于原料储存除了足够的空间外，还要保证仓储空间有较好的采光条件，并且最好是自然采光，这就涉及楼层的高度和楼层的间距。厂区的厂房如果只有一栋楼，采光问题好解决，因为厂房周边没有其他建筑物遮挡，自然光可以满足采光要求，通过设置窗户的形式进行采光，窗户有两种形式：一是天窗，在厂房的房顶上开设窗户；二是侧窗，在墙壁上开窗户。比较常见的是侧窗，侧窗要注意窗台的高度，一般情况下，窗户窗台的高度建议不低于1200毫米。从采光的角度或视线观察的角度来说，1200毫米是最佳高度，对采光与观物都比较有利。至于窗户的大小，可以根据建筑物高度确定，因为窗户大小与厂房之间会涉及美观的问题。

二、原料加工区

原料加工区的流程设计如图 3-5 所示。

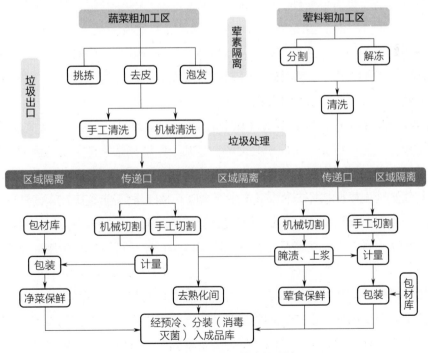

图 3-5 原料加工区的流程设计

原料加工区是生产加工的核心区域。习惯上分为几个板块，从图 3-5 可以看到，有荤料粗加工区（动物性原料）和蔬菜粗加工区（植物性原料）两个区域。两个区域分开加工是由原料的属性决定的，原料属性不同，生产工艺要求也不同，所以需要两条流水线分别加工。

在蔬菜粗加工区，主要的工艺包括挑拣、去皮、泡发，完成这些工艺环节后，进入清洗阶段，清洗的方法主要包括手工清洗和机械清洗两大类；挑拣是把一些不能食用的杂物部分去掉；泡发针对干货原料，需要有一个吸水回软的过程。

荤料粗加工区，对于动物性原料来说，主要是两个环节：一是分割加工；二是解冻加工。解冻后动物性原料也要进入分割加工环节。经过分割加工后，原料进入清洗环节，中央厨房的动物性原料目前比较多见的是手工清洗，机械清洗相对来说不是很多，也有用超声波等方法进行清洗的，但尚未普及。

动、植物性原料属性不同，所以这个区域的管理，就要进行简单的分隔，两个区间的隔离既可以物理隔离，也可以用安全带隔离。所谓的安全带隔离，就是把不同的功能区域用各色警戒线在地面做好分隔标志；物理隔离就是完全用墙壁分隔，玻璃墙、砖墙都行，形成两个不同的区域。其实隔离的方法有很多种，就看设计的需要，只要符合功能需求就可以。

这个区域有垃圾需要处理，在粗加工过程中会产生厨余垃圾。传统的厨余垃圾处理方法都是比较单一的，就是将所有的垃圾直接扔到垃圾桶里，最后统一清理出去。按照当前社会倡导的垃圾分类来处理，厨余垃圾有干的和湿的、有毒的和无毒的，需要加以区分。尤其是工厂工业化生产垃圾的分类与处理，更应该规范。中央厨房生产必须按照垃圾分类的标准来处理餐厨垃圾。

原料完成粗加工后，进入清洗区域。清洗区和粗加工区、精加工区应加以区分，清洗区是粗加工区和精加工区的中间地带。这几个区域都是非常重要的区域，经过粗加工、清洗后的原料才能来到精加工区，之后是精加工范畴，如刀工处理、腌拌处理等。精加工区域要严格控制人员进出，粗加工区的人员不能直接进入清洗区或精加工区域，虽然这两个区域从切配的角度说是相通的，但是，如果在员工人数充裕的情况下，不主张人员交叉，也就是说粗加工结束以后，原料可以通过专用通道进入下一个环节，但是下一环节配备的人员是专人清洗、专人切配，与粗加工区域的人员不同。如果人员配置不足的话，为节约人力资源成本，尤其是工厂经营初期也可一人多岗，但是随着市场拓展和生产管理的规范，要逐步实现专人专岗，因为不同岗位的卫生等级要求不一样。粗加工区域的卫生等级是最低的，这里的加工环境只要进行简单处理，人员更换工服即可。而清洗区的员工卫生要求，既可以和粗加工区员工的卫生要求相同，也可以高于粗加工区域。到了切配区域，卫生要求更高，切配区的员工必须经过严格消毒后经过专用通道方可进入。所以物料传递主要通过传递口，用推车传递，切配区的员工再把原料取走。因为卫生等级不同，所以传递口不能有人员交叉。切配区域主要完成切配工作，切配有两种形式：一种是机械切割；一种是手工切割。手工切割需要工作台、刀具、器具和比较宽阔的场所；机械切割涉及切割机械的摆放空间，切割机械摆放在地面还是台面上，是要设计的，切割机械一般都用电，所以是靠墙放置还是在车间中间位置摆放，是要考虑的，因为涉及电线的走线问题。

经过切配以后的动、植物性原料，它们有不同的熟化加工要求。进入熟化加工时要注意，动、植物性原料的加工路径不一样，植物性原料经过配置直接进入熟化车间；对动物性原料而言，可能直接进入熟化车间，也可能要经过腌渍、上浆等工艺环节，然后进行计量包装或进入熟化车间。所以中央厨房的产品生产要根据工艺流程去设计每一个工艺环节，这个工艺环节不能错，流程要顺畅，不能颠来倒去，应符合生产加工的基本要求。

熟化完成后，要进入成品库，主要考虑路径问题。中央厨房的区域设计要注意，一是隔离带的设置要明显，二是生产流程要顺畅，三是物料传递口的高度要适中。其中对于不同区域之间过渡的设置一般都用门，这个门比较特殊，称为双截门。

如门高2100毫米，根据生产需要设置成上下两截不同的高度，下面一截跟一般窗台高度相同，一般高1200毫米，剩余的是上面一截门的高度，这个双截门的功能是物料传递口。通常原料清洗好之后通过这个传递口进行传递，当高度达到1200毫米时，小推车再加上摆放的货物，高度基本够了，万一有较高的食品周转箱，这个高度不够时，把上面一截门打开即可。

在加工区域因为涉及原料初加工、熟化加工，所以这里的排水很重要，物料清洗、解冻过程中，还容易造成地面积水，要求地面排水必须顺畅。大多数原料清洗，尤其是蔬菜加工，清洗块茎类、根茎类植物时，水池、地面、配套周转箱和清洗设备上会有很多泥沙残留，要冲洗地面台面，下水必须顺畅，防止地面积水。原料传递口通常是关闭的，因为传递口同时也是两个区域的隔离带，两个区域的卫生指标不一样，所以传递口的门不宜经常敞开。整个加工区域内侧墙面也要注意整洁。原料加工区的传递口设置、地面积水、排水等要求，是生产区域的特殊设计，需重点关注。所有原材料经过加工成为成品，进入成品库，成品库也是加工区里的一个小区域，在这里进行菜肴的预冷分装，这里的卫生等级要求要比前面各个阶段都要严格，从熟化区进入预冷分装区域，一般要经过二次更衣。

三、熟化区

熟化区要设置调味品制作场所，中央厨房的产品不单是菜肴的成品，还包括生鲜净菜和半成品，生鲜净菜和半成品，是由终端客户自行烹饪，所以在熟化区配置调料就很重要，设立单独的调料配置区域，作为中央厨房生产区域里的核心单元，要有单独的密闭场所。熟化区的流程设计如图3-6所示。

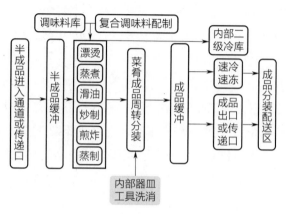

图3-6　熟化区的流程设计

熟化区的主要功能是菜肴的加热成熟，经过加工切配的原料和半成品进入熟化区，有漂烫、蒸煮、炒制、煎炸等不同类型的成熟技法使菜肴成熟或半熟。漂烫是食品科学的专业术语，就是焯水，主要以水作为导热介质，蒸煮也是水导热；滑油、炒制、煎炸等，主要是油导热；蒸制导热介质是水蒸气。在熟化区，根据导热介质的不同，布置熟化区的设备，设备布置要注意方便使用，同一类导热介质的设备放在相近位置，设备与设备之间要留有足够空间，以便设备发生故障时，有一定的维修空间，方便操作。水导热设备摆放在一起，有利于排放产生的污水；油导热的设备靠近摆放，有利于油烟的集中排放，水导热和油导热设备不宜混放一起，这是不科学的。设备之间空间的大小，取决于熟化区的空间大小，如果空间狭窄，只能放一排设备，从设备导热的角度，可以放在一条线上；如果空间较大，则要根据设备的宽度、高度去设计摆放位置和预留空间，这是由设备大小、厂房空间所决定的。不管设备如何摆放，油烟排放和污水排放是熟化区卫生条件要注意的要素，整个熟化区卫生要求很高，卫生等级要求为最高级别，卫生级别主要指车间的空气净化标准，中央厨房产品的车间空气洁净度等级达到十万级就已经是很高的指标了。同时对于熟化区面积也有规定，至少达到整个厂房区域的40%，净菜加工区域至少达到厂房区域的10%。熟化区的器具清洗和消毒过程非常重要，必须经过洗消后才能进入仓库进行短时间储存。

四、米饭生产区

米饭生产区在中央厨房的设计中，通常是一个重要的生产区域，一般来说是不可缺少的，只有一种情况例外，就是中央厨房生产的产品是定向的、单向的，而且对于终端客户来说，它没有类似盒饭这样的销售形式，这样的中央厨房可能不需要配置米饭生产场所。除此以外的大多数情况，中央厨房都需要配置一个米饭生产区，米饭生产区的流程设计如图3-7所示。

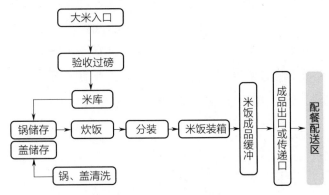

图3-7 米饭生产区的流程设计

米饭生产的基本流程是比较简单的，从米饭生产的过程来看，通常有如下几种模式。

（1）人工操作模式 大家见得比较多的，应该就是传统厨房里的蒸饭车，用一个托盘，大米经过淘洗以后放在托盘里，根据蒸饭人员的经验去投放水，很少有所谓的比例，所以有时候米饭会硬一点，有时候会软一点。

（2）生产线蒸饭 这种生产线有进口的，也有国产的。进口设备的米饭生产线与国产设备的米饭生产线主要差别在于价格和实际成饭的效果，基本功能是相同的。

米饭生产线对于蒸饭而言，只要按照事先调制好的配比，将大米装进米仓，点击设备开始制饭，最后米饭出炉进行耙松。整个流程是不需要人工参与的，自动化程度相当高，设备自动称量大米，投放到洗米池里，然后自动搅拌，包括基本淘洗的工艺参数，如大米的称量、水的配比、每次淘洗时间、淘洗几次、每次淘洗搅拌时间、浸泡时间等，这些工艺参数都是在电脑程序里设置好的，工人只要按下启动按钮，就可以按照指令，开始一步步往前走，直到最后大米煮成米饭，从出口出来后耙松。

（3）电饭煲煲饭 不同于家用电饭煲煮饭，这种形式也是流水线式的，与生产线蒸饭使用托盘作为盛器不同的是，电饭煲煲饭是用电饭煲的内胆作为大米放置的场所。韩国三星集团的爱宝健公司在苏州有一个厂区，其食堂生产米饭的模式就是用电饭煲内胆，用燃气进行明火加热，整个炊饭程序由电脑控制，如火力大小、加热时间长短、大米与水的比例等，都是智能化控制。与生产线蒸饭方式不同的是，电饭煲煲饭是明火加热，而生产线蒸饭是用电进行加热的。

有没有第四种米饭生产形式？一般来说，中央厨房里很少有第四种形式，但是一些小餐馆后厨经常出现，用一两个大的电饭煲煲饭。从中央厨房生产设计的角度，一般不主张使用这种电饭煲。

其实生产线生产米饭的过程非常简单，从大米入口验收过磅后进入米库，然后淘洗浸泡，再到锅里炊饭、分装，全程自动化控制。需要注意的是，首先，米饭生产线是一种设备，它会涉及用电、蒸汽、燃气和上下水，在使用米饭生产线时要综合考虑这些因素；其次，按照中央厨房产品的生产要求，凡是冷链运输的，成品一般都要经过预冷后分装，但是米饭多数时候是走热链配送的，所以米饭可以不经过预冷，直接进入分装环节处理，然后送达终端客户处直接销售。

五、面点生产区

面点生产区的流程设计如图 3-8 所示。

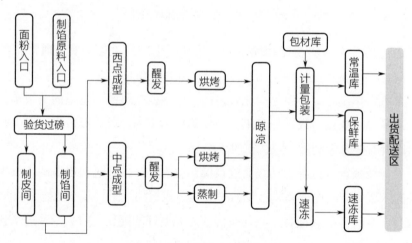

图 3-8　面点生产区的流程设计

有的中央厨房专门生产菜肴，有的中央厨房是综合性的，既有菜肴生产也有点心和主食生产，有时候还有食品工厂的功能。如江苏某食品加工厂，本质就是中央厨房，它除了生产常见的菜肴，以供应本集团旗下的十几家门店外，还生产很多面点制品，主要是扬州早点，如扬州人喜欢吃的包饺烧卖等。大家在商超、高铁站见到的快餐品牌"冶春"早点，也是中央厨房的产品，门店仅做二次烹饪。所以中央厨房的面点生产区设计具有选择性。

面点生产区和米饭生产区的设计差不多，不同的是点心涉及中西式点心。在生产流程方面，西点流程参照中点的工艺进行成型成熟。中点和西点有相同的地方，如工艺流程都不多，都涉及面团的调制与成型。对中点来说，面团调制有发酵、蒸煮成熟工艺环节，这些工艺环节与西点存在一定差异；西点的烘烤成熟技法，在中点中也有体现。从成熟技法的比例上来说，中点以蒸制的面食为主，经过生产之后，晾凉，进入包装速冻，需要注意，速冻环节非常重要，绝大多数面食制品都需要速冻，因为相对来说，菜品都是定量生产，虽会有盈余，但不会太多，除非是走商超路线的，这样走向的产品生产量会多一点，而真正走向终端客户的产品都是当天生产，当天配送，所以储存量相对较少甚至没有多余的，这也是中央厨房产品与食品工厂产品的根本性区别。而对于面点制品来讲，货架周期要比菜肴略微长一点，而且需求量也会大一些。如包子，一个人一顿可能吃两三个，那么相对来说，包子生产的量可能比较大，就有速冻保存的需求，所以在库房设计时，要有常温库、保鲜库、速冻库，产品经过包装以后进入库房，再进行配送。

六、配送发货区

配送发货区是连接中央厨房与终端客户的通道，通过配送发货区将产品送往客户那里，完成产品的销售。配送发货区的流程设计如图3-9所示。

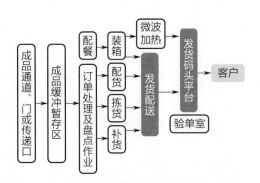

图3-9 配送发货区的流程设计

从图上可以看出，这个区域有很多通道，每个通道都是一个传递口，或称出货口。有成品的缓冲区、暂存区，有配餐、装箱区，有订单处理和配货区、补货区及发货码头等。图中有微波加热区，装箱再微波加热是用于直接销售的菜肴，从中央厨房配送出去，到终端客户直接销售给顾客的一种模式。如食堂外包给中央厨房经营，对中央厨房来讲，就要把菜品、米饭配置好，当中央厨房产品送到企业（门店）后，直接进行售卖，不需要经过二次烹饪，为防止菜肴温度不够，要有微波或其他加热方式，供菜肴加热回温，选择微波主要是简单方便。在发货区域里，要注意发货码头和车辆的衔接，与进货区域的卸货码头一样，装货码头的平台需要和车辆车厢的箱底在同一个平面上。还有一种情况，不是发货码头与车辆车厢对接，而是用窗口出货，这种窗口出货的形式，一般出货量比较小。这里还涉及配货的通道，就是在成品库存区里要设置人行或车行通道，便于货物存放与提取。通道要注意宽度和高度，尤其是大批量配送，过道要宽一些，因为不同的库区之间，可能有运输的车辆通行，而不是单纯用手推车，因为库房的空间比较大，走一趟可能会浪费较长时间，所以库房里会有小型机动叉车作为配货车辆，而机动车辆有一定的规格，所以通道必须宽一点、高一点，才能够实现机动车在库房里的自由行走。

通道的宽度和高度设置，有个量化标准，按照常规设计，一般情况下，如果是手推车，通道的宽度为1800~2100毫米或1800~2400毫米，高度为2100~2400毫米，这样的宽度和高度，小型的配送车辆可以在里面自由行走；对于机动车来说，通道的宽度应不低于3600毫米，高度在3600~4200毫米。

七、洗消区

洗消区的流程设计如图3-10所示。

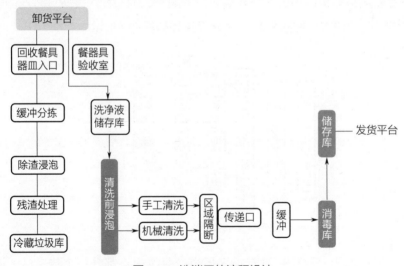

图3-10　洗消区的流程设计

洗消区主要针对回收餐具的清洗。餐具的洗消区跟原料进货区一样，需要有卸货平台。中央厨房产品送达终端客户以后，有一部分餐具需跟车回来，这些带回来的餐具送到清洗区域前，需要卸下来，所以需要卸货平台。卸货平台就是回收餐具和器皿的入口，然后缓冲分拣，把不同的餐具分开，有的人工清洗，有的机械清洗，餐具经过区分后，进入除渣浸泡环节，餐具和用具表面会有一定的附着物，尤其是餐具，会残留饭菜残渣，需要清掉残渣后进入浸泡环节。残渣要有专门流向，通常是进入冷藏垃圾库。为什么餐厨垃圾要进入冷藏垃圾库呢？一般认为，高温季节常温堆放的餐厨垃圾会发酵，产生异味，故冷藏垃圾库的设置就是确保餐厨垃圾在低温状态下暂存，不至于出现异味、变质的现象。厨余垃圾暂存后，餐具就进入清洗过程，清洗主要有两种方式：手工清洗和机械清洗。从效率上说，倡导机械清洗，从成本投入来看，清洗设备是一次性投入，效率很高，另外机械清洗更符合中央厨房的生产工艺流程的设计。若有些器具或餐具，不太适合用机械清洗，那么必须人工清洗，企业应该适当配备一些员工。经过清洗之后，餐具、用具来到洁净区，在这里进行分装、消毒，然后进入餐具储存库，再进入下一个使用循环期。

从餐具清洗的流程来看，要建立一个缓冲区域，这个区域的卫生等级比较高，缓冲区与洗消区要有隔断，因为两个区域的卫生等级不一样，消毒区必须是高卫生等级的区域。

八、卫生区

卫生区严格意义上不是一个具体的区域，泛指员工进入生产区进行更衣、消毒的场所，所以有两层含义：一是员工进入生产区域之前的一个区域；一个是生产区域。这些区域的进出，有严格的规范要求。卫生区的流程设计如图 3-11 所示。

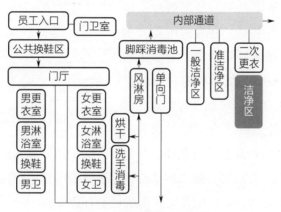

图 3-11 卫生区的流程设计

员工从入口进来，经过门卫室，门卫室主要是对人员进出进行监控，如员工进来后，没有按规定流程操作，这时门卫就会提醒员工，告知规范流程。换鞋后进入门厅，男、女员工分别进入男、女更衣室，更换工作服后到洗手消毒环节，然后经过风淋房、脚踩消毒池，进入各自生产区域。

经过脚踩消毒池以后，进入生产区的内部通道，一旦进入内部通道，就不可以走回头路，因为内部通道是单向通道，只能一直向前走入不同的工作区间。各个工作区间的卫生等级要求不同，如粗加工间，进行动物性原料的解冻、洗涤，植物性原料的清洗、摘切等环节，因为这里加工的原料一般比较脏，所以这个区间的卫生等级相对较低,称为一般洁净区;分割、精加工区域属于准洁净区,准洁净区包括切配间和熟化间;熟化后产品会进入预冷、分装区,此时人员进入需要二次更衣,二次更衣后进入的预冷、分装区域称为洁净区,这个区域的功能主要是产品的预冷与分装,空气洁净度等级要求非常高,按照食品工厂的洁净区要求达到十万级。在这两个区域里面,一般准洁净区的卫生指标可以稍低,洁净区的卫生指标要求非常高,尤其是进入洁净区域,要经过二次更衣后,才能进去操作。通常情况下,在洁净区域操作的员工可以反向去准洁净区和一般洁净区,但是一般洁净区和准洁净区不可以直接进入洁净区,需二次更衣后才能进去。最后来到出口,从单向门出口出来后再回到入口处换回自己的衣服,这是两条路径,行走路线是不一样的。

九、员工生活区、办公区、安全生产管理区、品控管理区

最后是员工生活区、办公区、安全生产管理区、品控管理区的设计,各个区域分别设置了一些特有的功能。

1. 员工生活区

员工生活区包括休息室、员工餐厅、洗衣室、文体场所、卫生室、公共厕所等,如图 3-12 所示。这个区域主要围绕企业职工的生活进行设计,是一个辅助并相对独立的区域,多数食品工厂的生活区域都没有涉及文体场所,中央厨房设计加入这个场所,因为员

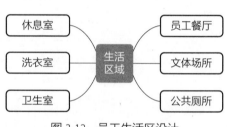

图 3-12 员工生活区设计

工的心情能够直接影响产品的质量把控。要想员工对工作充满热情,需要提供文体场所,下班后看看电视、打打球,可以调节心情。虽然看电视、听音乐等可能不是现在员工生活必需的,但作为企业,配置文体场所还是有必要的。

2. 办公区

办公区是企业管理部门集中办公场所,如部门办公室(总经理室、副总经理室、行政人员办公室、人事部、工程部)、财务办公室、项目会议室、项目洽谈室、来宾接待室、信息保管室等,如图 3-13 所示。

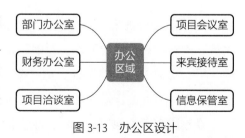

图 3-13 办公区设计

3. 安全生产管理区

安全生产管理区负责整个生活区、办公区、生产区的安全,厂区安全都归这里管理。企业的安全生产是考核企业非常重要的指标,安全生产管理区设有调度办公室、

视频监控室等，作为企业安全管理的基本配置，调度办公室的功能很简单，就是生产调度，安排生产计划。视频监控室是对整个厂区的监控，既包括对厂区外部的监控，也包括对企业内部办公场所、生产场所的监控。安全生产管理区的配置还包括安全生产部、电力配电房、工程维修部等，如图3-14所示。维修室归口工程维修部，厂区内的设备或器具损坏维修，维修系统发送给工程维修部，由维修部完成维修工作。

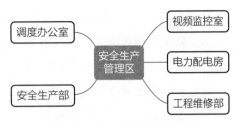

图3-14 安全生产管理区设计

4. 品控管理区

品控管理区的核心功能是对产品进行研发和品质控制，主要设品质控制室、产品化验室、营养设计室、产品研发室等，如图3-15所示。品质控制在企业生产过程中很重要，因为最终产品能不能顺利通过质量检测，送到客户手中，就要通过这个部门来发挥作用。研发室是品控管理区下设的一个部门，是必不可少的一个部门，研发室的存在可以使中央厨房产品不断出新，所以研发室在中央厨房发展中扮演很重要的角色，企业有没有创新动力，主要看研发室。

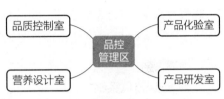

图3-15 品控管理区设计

十、其他区域

相对于生产区域来讲，还有一些区域既非重点部门，也不是核心区域，这些区域涉及给排水、供电和供气等问题。

1. 给排水

给排水问题在生活区、办公区、生产区都涉及，如生活区里的洗衣房和厕所、办公区的化验室等，所以给排水的管径、水压、距离、排水方式等都有一定的要求，总体要求就是给水有压力，排水要顺畅。

2. 供电和供气

供电包括强电和弱电。强电主要考虑供电的负荷，常见的供电设计主要包括三类：一是照明类，包括常规照明和应急照明，还有消毒灯具如紫外线灯、灭蚊灯等；二是各种加工设备所需要的电，有220伏和380伏两种；三是一些基础设施动力，如厂房的电动卷帘门等。在电气系统设计时要考虑总功率，厂区内部用电总功率必须要充裕，并且还要预留空间。通常情况下，整个厂房的用电总量，要富余40%左右，设备的台套数和各类照明、办公用品的功率总和是一定的，在设置电器功率总量时，有可能会多台设备同时启动,此时瞬时功率非常大,所以电容量必须有冗余。

供电系统中照明主要涉及灯具,尤其是照明顶灯。根据中央厨房企业的要求,灯具通常情况下应使用透明塑料灯罩,不建议使用玻璃灯罩,防止玻璃碎裂,掉进食品里。电气设备的插座都需要有防潮防水措施,需要带个面盖,地面冲水的时候,将插座的面盖盖上,不至于把水冲到插座的插孔里。

供气设备主要是为生产设备、厂区浴室供气,北方地区会用于冬季的采暖,要保证供气管道一要隐蔽,二要防冻。

3. 燃气生产设备

放置在熟化区里的加热设备涉及燃气,也可能涉及用电。如果涉及燃气灶具,应知晓燃气来源,是燃气公司主管道直供,还是从其他单位接进,需要了解清楚。燃气管道应定期检查,燃气灶具应当具有熄火保护装置,熟化区间应安装燃气泄漏报警装置,确保安全。

4. 送风排风系统

送风排风系统也称通风系统。现在的企业都用新风系统,新风系统主要布置在生活区、办公区。生产区不一定适合使用新风系统,因为生产过程中产生的油烟气味,需要通过自然或机械的方法,将中央厨房室外的空气输送到室内,将室内的异味排出去,在烹饪行业或中央厨房称为排油烟系统,不是单纯的通风功能。这个通风系统要根据熟化区间面积、空间大小来配比功率。

5. 仓储设备

仓储设备主要是原料、半成品和成品进行储存保鲜的场所,常见的包括常温、冷藏、冷冻和速冻。对中央厨房来说,最常见的是原料库和成品库,两者都有常温库和冷藏(冻)库,冷藏(冻)库指将固定区间的空间温度控制在规定范围内,以满足原料或产品保存的要求,一般有两种形式:一是装配式;二是土建式。中央厨房常见的冷藏(冻)库是装配式的,根据中央厨房产能产量需要去设计冷库的大小,然后组装起来,就形成了冷藏(冻)库。常温库主要用于储存调料、干货等具有一定保存周期的原料,以及储存包装材料,这个区间只要控制温度和湿度即可。

6. 空调设施

生产区间有温度控制的要求,不同区域温度要求不同。一般区域的温度可以略高,但生产区温度要求比较低且恒定,一般建议温度在18℃以下,也就是比常温要略低一点,这样员工可以在比较舒适的温度环境下工作,也能充分保证原料的品质。

第五节　中央厨房的生产与配送流程设计

按照工艺节点，习惯上将中央厨房主要的生产与配送流程分为：一般生产流程、一般配送流程、菜肴生产与配送流程、鲜切净菜生产与配送流程、主食生产与配送流程、豆浆生产与配送流程，如图 3-16 所示。食品工厂中豆浆生产工艺流程、粥生产工艺流程在大多数中央厨房中不涉及，故本书不做具体叙述。

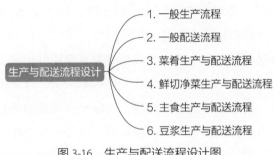

图 3-16　生产与配送流程设计图

一、一般生产流程设计

一般生产流程泛指中央厨房产品加工生产车间各个工艺节点之间的衔接顺序，如图 3-17 所示。中央厨房的工艺环节主要有两个：生产和配送。生产环节主要是将原料加工成成品或半成品。

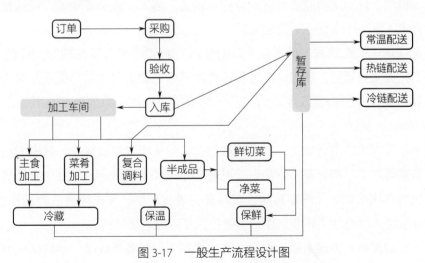

图 3-17　一般生产流程设计图

一般生产流程主要由以下步骤组成。

订单→采购→验收→入库→加工车间（粗加工）→精加工→仓储配送。

（1）订单　订单接收主要是从终端客户那里得到信息，这个信息指客户的订单需求。

（2）采购　根据客户的订单需求，同时考虑库存因素，经核算后得出采购数量，下达采购任务到采购部门，由采购部门和供应商对接完成采购任务。

（3）验收　按照指定时间、要求和到货数量进行验收，验收严格意义上有两种含义：一种是生产原料，如动物性原料、植物性原料、干货原料和调料等；还有一种是包装材料，称之为辅材，如包装盒、包装袋等；有时还包括低值易耗品，如洗涤剂、清洁用具等。采购不仅仅是对烹饪原料的采购，也包括对辅材、低耗等物料的采购。验收主要是检查所购材料的品质、数量与品种。

（4）入库　入库是把经过验收的原料或辅材存入仓库并记账。当烹饪食材、产品外包装材料完成验收入库后，才能根据生产需要按单发货，进入粗加工车间。入库的目的主要是为了记账，入库后涉及出库过程，实际上入库和出库是流程上的环节，有的时候验收完后直接进入粗加工车间，或验收后一部分进入仓库，一部分进入加工车间。如在学校实验室上课，从市场上买回来的原料经过验收以后就直接领到实验室，并没有在仓库停留过长时间。中央厨房的生产流程类似，食材验收后直接进入加工车间。调料、干货需要从仓库领出，因为干货和调味品验收后入库，需要时再从仓库分批领出进入加工车间。

（5）加工车间　这里的加工车间实际是原料的粗加工和精加工车间，原料来到加工车间就进入正式的生产环节。粗加工分为植物性原料粗加工、动物性原料粗加工两个区域。粗加工环节主要完成原料的分拣、清洗、解冻、去杂等加工。经过粗加工以后的原料进入下一个流程——精加工。

（6）精加工　在粗加工的基础上，对原料进行切形（刀工处理）、腌渍、上浆、滚揉等工艺方法处理后，进入熟化流程，按照不同的要求将产品形成成品菜肴、半成品菜肴和鲜切净菜，以保证菜肴的成品、半成品和鲜切净菜的出品具有一定的风味特征。

进入主食加工、菜肴加工、复合调料加工，形成半成品或成品，其中无论是鲜切净菜还是菜肴加工，都有复合调味料。对鲜切净菜和菜肴来讲，如果中央厨房企业有调味品包装车间或调味品配制车间，就在现场进行配制，完成调味品的制作加工后，调味品可能进入菜肴加工环节，也有可能进入半成品包装环节。

（7）仓储配送　完成上述工作后，将生产加工好的各类成品、半成品或鲜切净菜等送入仓库，根据配送要求来决定是冷藏还是保温暂存。所有产品进入成品库后，根据配送中心的订单信息，进行分拣装配，进入配送环节。产品配送主要有3种状态：一是常温配送；二是热链配送；三是冷链配送。

二、一般配送流程设计

配送流程主要指中央厨房产品到达终端客户的过程，习惯称为物流配送，简称物流或配送，如图3-18所示。

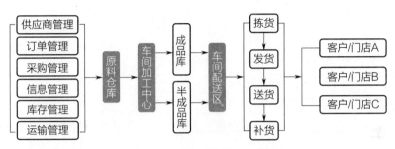

图3-18　一般配送流程设计图

终端客户分为3种：终端商超门店、终端餐饮门店（酒店）、终端消费者（个人消费者）。

在配送环节，配送中心根据终端客户的需求来完成订单的配货并装车。基本的流程很简单，大多数人有药房取药的经历，药房的药品发放流程类似于中央厨房的产品配送流程，只不过取药者是个人，直接从药房获取药品，没有配送过程。对中央厨房来说，发货流程是依据客户的订单信息，将客户所需的产品品种、数量进行分拣，装配到食品周转箱中，进入配送的运输环节，中央厨房发货后是车辆运输至客户处，完成产品配送。

三、菜肴生产与配送流程设计

菜肴生产与配送是中央厨房的重点工作内容，其流程设计如图3-19所示。

从图上可以看出，菜肴生产从原料开始，原料检验后分拣，包装材料进入辅材库，烹饪材料进入原料库，入库时按照不同的原料类别，分为水产类、禽畜类、蔬菜类、调料、油料和干货等。

进入粗加工环节，植物性原料、动物性原料进入不同的粗加工区域。植物性原料的粗加工流程主要是去皮、去杂，去皮是块茎类、根茎类原料的去皮，去杂适用所有原料，然后浸泡、清洗，使之符合生产要求。动物性原料还有浸泡解冻的环节，解冻后进行清洗，才能进入精加工环节。水产类原料加工没有宰杀过程，社会厨房会涉及水产类原料的活养，会有宰杀过程，但中央厨房的生产没有活养的必要，采购时就选

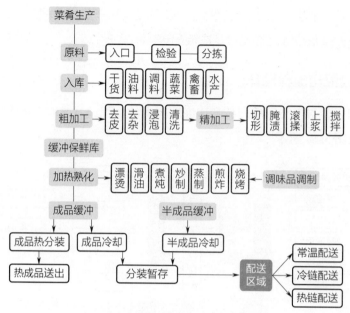

图 3-19 菜肴生产与配送流程设计图

择冰冻冰鲜的水产原料，解冻后使用。中央厨房生产中原料的浸泡、清洗过程，植物性原料比较简单，动物性原料相对复杂些。

完成浸泡、清洗后，进入精加工环节。精加工主要指刀工处理，这里的刀工不是传统的手工操作，而是机械刀工处理。机械加工后的原料运用腌渍、滚揉、上浆等工艺进行风味预调。腌渍是将各种调料按照产品的风味要求进行预先调拌，使原料初步入味的过程，主要针对稍大型或整型原料而言。滚揉是食品专业词汇，对于中央厨房中来说，滚揉实际是腌渍过程的辅助手段，如传统腌咸肉，会用钢扦或竹扦在肉的表面扎孔，以便让调味料通过小孔快速渗透到原料内部，使表面和中间处于相同的风味平衡状态，滚揉过程是将用了调味料的原料在容器中滚动翻拌，其作用与传统的用钢扦扎孔腌肉类似，就是增加了一个滚动环节。上浆主要针对小型原料，由于原料形态较小，调味料能够快速入味，相对比较简单，所以上浆的滚揉时间需要减半。由于中央厨房是工业化生产，每批次产量会很大，所以在上浆时也会借助机器滚揉，加速调味料的渗透与平衡。

完成风味预调之后，原料进入缓冲保鲜库，缓冲保鲜库有两种作用：一是加工原料的品种和数量比较大，原料没法一次性进入生产车间；二是原料清洗和切割后，需滤水短暂停留，或腌渍、滚揉、上浆后的原料，要等待一段时间，才能够进入组配熟化环节，这两种情况都需要保鲜库来缓冲。

进入加热熟化区，就到了菜肴的成熟过程，有多种技法可供选择，熟化过程涉及调味品调制，无论是在中央厨房的生产车间调制，还是供货商配置，调味品都需要一个分装过程。如每袋 5 千克的产品，调料就按照主料的分量分装。经过烹饪加工，产品呈现两种状态：一是成品，即成品菜肴或鲜切净菜的成品；二是半成品菜肴。鲜切净菜在中央厨房内不需要进入烹饪环节，直接分装就成为半成品菜肴，然后根据需求进行储存，储存时要根据配送方法来选择冷藏方法，配送方法有常温配送、冷链配送和热链配送，常见的是冷链和热链配送。中央厨房产品热链配送现象不是太多，更多的是冷链配送，常温配送一般是春秋季，短途或当天销售的产品，到了门店进行二次烹饪，这种销售模式运用常温配送比较多，常温配送环节一般都是半成品，要求必须当天完成烹饪。

在最后配送前要注意，这个配送区域前面有成品库，所有产品会进入成品库，根据订单进行配送。

四、鲜切净菜生产与配送流程设计

从原料物性上划分，鲜切净菜应该包括植物性原料（蔬菜）的鲜切净菜和动物性原料（荤料）的鲜切净菜。鲜切净菜的生产加工有两条生产线，植物性原料和动物性原料在不同生产线上加工，如图 3-20 所示。

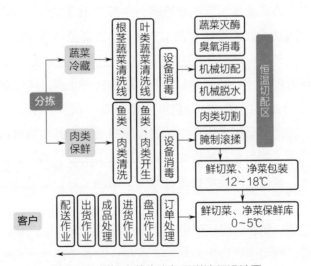

图 3-20　鲜切净菜生产与配送流程设计图

中央厨房在初期阶段，由于空间、资金投入等限制，可以只用一条生产线，随着生产规模的不断扩大、资金投入的不断增加，要逐渐将两条线分开，植物性原料、动物性原料生产线都有特定的工艺流程。加工流程从图上看，有根茎蔬菜清洗线、叶类蔬菜清洗线、设备消毒等。根据生产线流程设置，蔬菜从缓冲区进入生产区之前，先进入摘洗区间，再把根茎蔬菜和叶类蔬菜放在不同的区域，根茎蔬菜区域可能会有去皮机或脱皮机进行清洗去皮；叶菜类可能有一个大容器，运用超声波原理对原料进行清洗。机械对于生产效率的提升有很大帮助。

个别中央厨房初创阶段，限于资金投入会有少量手工工艺存在，包括手工清洗和切配，主要针对叶菜类，可能有一个大水池，配人工搅拌工具；手工切配要配工作台，这个区域要保留，虽然中央厨房的生产是以机械加工为主，但还是有手工工艺存在。

对于刀具而言，无论是手工刀具，还是机械刀具，每天都需要清洗消毒。

蔬菜加工的最后环节是蔬菜灭酶、臭氧消毒、机械切配、机械脱水。灭酶指在高温条件下，改变pH，使酶失去活性，生产中的大多数植物性原料都含有酶，酶会使原料产生褐变，人食用后，不会消化酶，所以要灭酶。灭酶的基本手法一是高温，如用热水或蒸汽；二是改变pH，达到蔬菜灭酶的目的，如酸性环境。在食品行业里，蔬菜灭酶运用比较普遍，烹饪行业灭酶这种操作比较少。

臭氧消毒是杀菌的，既对工具消毒杀菌，也对生产线消毒杀菌，如紫外线灯光消毒等，都可以达到消毒效果。

机械脱水有两层含义：一是使蔬菜的水分不要留太多，防止影响成品或半成品的质量；二是通过脱水形成蔬菜干。蔬菜冷藏，一般在10℃以下，常见温度是4℃，生产加工过程需要恒温切配，温度通常在12~18℃。如果是冬季，温度可以略高，如果夏季生产，温度要相对低一点，有利于原料在生产区间保持良好的品质状态。

动物性原料保存的温度一般在0℃以下，原料处于冰点，可以延长保存时间，原料进入二级库后，会短暂保存，所以温度要相对低一点。开生，烹饪行业又称之为下生，指对原料，特别是动物性原料（植物性原料很少有开生这种说法）进行分档取料后进入预加工环节，如焯水、油炸等。从流水线上来看，肉类、鱼类的开生，仅仅是分档取料的环节，鱼类、肉类原料经过开生、清洗之后，就进入切配、腌制、滚揉阶段。

鲜切净菜的包装，要在低温环境里完成，然后进入保鲜库，并进入配送环节。

从环节上来看，鲜切净菜的生产与配送流程，与菜肴的生产与配送流程，从程序上来说是一样的，不同的是，储存区域和生产区域的温度需求存在差异。

五、主食生产与配送流程设计

主食加工对于中央厨房来讲，不是一个必备的流程，但是相较于豆浆生产和粥生产而言，主食加工是需要的。图3-7和图3-8标示的是米饭生产流程和面点生产流程。

从原料的入口检验到大米、面粉出库，再到计量，全程流水线生产。主食生产，无论是米食还是面食，生产流程设计要求基本相同，如图3-21所示。需要说明的是，前文讲区域设计时，提到米饭生产线有专门的熟化类型：一是蒸汽，包括蒸饭车或米饭生产线；二是燃气炊饭，如三星爱宝健的米饭生产线。而对于面点的熟化加工，主要是煎、烤和蒸3种方法，无论采取哪种成熟方法，都需要快速冷却或速冻。除了调节生产区间的温度外，还可以在生产区配风冷设备，如吹风机、鼓风机吹风冷却，产品初步冷却后，再放入速冻冰箱里速冻。

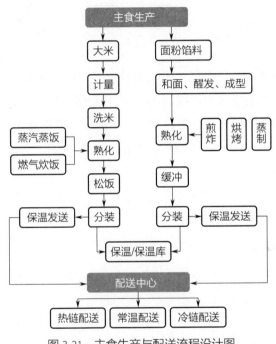

图3-21 主食生产与配送流程设计图

对于米饭和面食来说，要根据它的走向，来决定采取速冻还是速冷的方法。根据中央厨房产品走向，如果终端客户是餐饮门店，产品进入门店马上就要开始销售，这时产品不需要速冷，有时甚至保温即可；如果终端客户是商超，进入超市的米饭可能就需要速冻，因为超市相当于一个过渡载体，经过商超卖给消费者，因为产品的走向不同，处理方法也不一样。

总体来说主食的流水线生产是相近的，经过速冷或速冻后进行分装，送入成品库，然后由配送中心根据客户订单选择配送方式。

需要注意，食品工业加工的米饭需要速冷或速冻，中央厨房的米饭产品严格意义上说，是不需要速冷或速冻的。

中央厨房的产品制作大概率不会涉及豆浆的生产工艺流程（在食品工厂中较常

见），这里不深入探讨。有兴趣的读者可以通过图 3-22 进行了解。

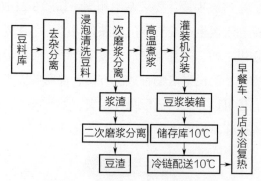

图 3-22　豆浆生产工艺流程设计图

粥的加工基本跟米饭加工类似，不同的是生产方式，粥的生产方式是用罐子，然后多半用杯子来装；米饭离开生产线后用盒装，其他的基本上差不多，至于到了终端客户那里回温复热的方式是什么，由客户自己解决，这里不做论述。

第四章
中央厨房的运营管理

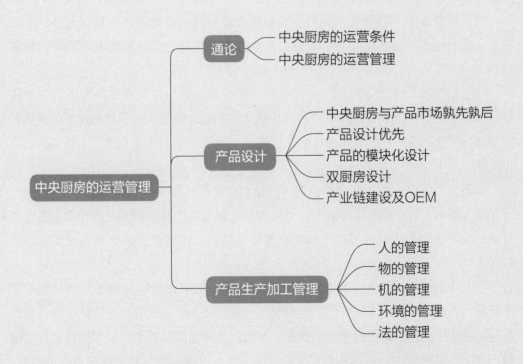

第一节 通 论

经过前期的项目建设，完成了中央厨房基础设施的建设或改造，从项目立项开始，到立项审批、可行性研究的调研报告、项目评估、设计任务书，再到图纸设计、厂房选址施工、工程验收、开荒保洁、设备安装与调试后进入试运营环节。

在做开荒保洁和设备安装调试的同时要推进主管部门审查。审查指对企业进行经营前的全方位检查审核，合格后发放经营许可证。审查一般要经过主管部门实地考察得出结论，符合生产要求才能发放证书，审查单位发放的证书是食品生产许可证。对于生产人员，要在正式形成劳动协议后，主动提交卫生防疫部门发放的健康证。具备这两种证书，标志着中央厨房可以进入正常运营状态。在正式运营之前，需要做好如下4件事。

（1）开荒保洁　开荒保洁是对中央厨房建筑内外、设施设备的首次清洁，处理建造、装修过程中留下的污渍、垃圾、灰尘等，使其符合生产加工卫生要求的整理过程。

（2）申领食品生产许可证　食品生产许可证是食品生产企业必须具备的资格条件，通过中央厨房企业申报的方式，由县级及以上地方人民政府下辖的食品药品监督管理部门向食品生产经营许可的机构依法发放，用于证明企业具有生产主体资格的法律文件。

食品生产许可证是证明允许企业生产销售食品的法律文本，规范公司生产行为，有正本与副本，具有同等法律效力。中央厨房要进入生产环节，必须取得食品生产许可证，在申请食品生产许可证之前要准备很多资料，以确保食品生产许可证能审批通过。

（3）中央厨房试生产　所谓试生产，指中央厨房正式进行订单产品或计划产品生产前，企业为检验员工配合度、生产线生产流程或企业运营管理之间的流畅程度而进行的提前生产，在烹饪行业叫试营业。本质就是在正式经营前先模拟正式运行的流程，在中央厨房领域习惯上称为试生产或试运营，试运营的目的是通过前期的运营，在运营过程中发现一些问题，通过对这些问题的纠正，使得在正式运营时避免出现类似情况。

（4）中央厨房正式运营　正式运营指在厂房建筑装修、设备安装调试、人员招聘培训完成以后，按照中央厨房产品的生产流程需求，对生产的全环节进行管控的过程，实际上是对生产全过程的控制，生产过程当然是在前述条件具备之后，再按照生产要求对生产过程进行控制。

一、中央厨房的运营条件

根据上述概念，中央厨房要进入正式运营，必须具备6个条件，习惯上称6个到位。

（1）厂房到位　厂房的建设、区域的布局，实际上是要求企业提供一个完善的厂房结构，需要一个合理的区域布局。厂房到位指厂区建设、厂房前期建设已经全部完成，建筑物内外已经完成了装修、验收，强弱电的排布、验收及给排水的验收等，前文提到的所有工序环节，全部达到并符合运营条件。

（2）设备到位　设备是企业根据业务需要进行配置的生产工具。这个业务指由中央厨房的客户订单转换形成的生产任务，根据业务量大小配备完整的生产所必需的设备，也就是说，需要用什么样的设备、设备需要多少台套，这些都根据企业生产量进行配置，这里的设备到位不仅仅是完成设备采购，还需要经过安装调试，符合生产使用。

（3）人员到位　人员通常包括管理人员、生产人员和后勤保障人员。在办公室里处理事务的领导层及从事订单下发、财务、采购、人事管理等部门的工作人员都属于管理人员；从事具体原料加工、设备操控、计量分装、物流配送的一线员工是生产人员，有时候生产人员还包括从事产品研发和品质检验的技术人员；后勤保障人员主要指工程维修、保安、保洁等，他们的主要职能是为生产运营提供必要的支持。按照生产量的要求，人员的数量必须是充分的，每个岗位都一样，除了总经理和董事长及部门正职只能有一个人，各部门可以根据实际需要设置人数不等的副总或部门副职。人员到位，不仅仅是招聘的人员数量，还包括人员的岗前培训；对于一线生产人员的人员到位，至少还要包括职业操守培训、卫生知识培训、生产工艺培训、设备使用培训等，这些都是前期需要完成的工作。

（4）资金到位　支撑运营所必需的现金流是要保证的，从生产的角度来看，采购原料、人员工资、日常能耗，都需要一定基础的现金流作为支撑，有些材料采购是可以赊账的，如物料采购，可以由供应商提供，按月或季度，作为结账周期，这是定期结账；有些支出是必须要在短时间内支付的，如临时采购办公用品、理化检验试剂等，还有人员工资、水电费等，这些开支每个月都存在，所以必须有足够的现金流，支撑中央厨房的正常运营。

（5）证照到位　证照涉及两个层面：一个是食品生产许可证；一个是员工的健康

证。食品生产许可证由食品药品监督管理部门负责审核发放。企业提前准备材料，即申请时需要提交的相关文本材料，如立项申报书、调研报告、可行性研究报告、审批方案等，还包括中央厨房的设计方案，如厂区平面布局、厂房高度、厂房宽度、厂房区域布局、配套设备设施、设备使用功能说明、产能产量说明等。所以中央厨房设计是为后续生产提供一个必要的基础条件，如果没有前面的设计，后面的运营就无法展开。因为所从事的是食品"进口"行业工作，所生产的产品是直接食用的，所以安全性非常重要，从生产的角度来说，安全性主要体现的是生产人员身体健康状况，生产员工不能患有传染病一类的疾病，所以，所有中央厨房的员工必须持有健康证才能上岗。

（6）客户到位　客户到位指中央厨房的产品销售的对象，统称为终端客户。终端客户可能是商超或餐饮门店，中央厨房产品无论是销往商超或销往餐饮门店，必须要有准确的产品销售渠道。

具备了6个到位后，中央厨房才具备真正意义上的运营条件。

二、中央厨房的运营管理

从管理的角度说，管理需要团队、管理体系。中央厨房要有组织架构，这个组织架构一般是总经理负责制，下面有几个副总经理，副总经理分管不同的方面或不同的部门，总经理上面可能会设有董事会，由董事长负责。董事长跟总经理之间是委托管理关系，企业董事会是从国外引进的管理模式，设有董事会的企业一般都是大型企业，小企业很少设董事会。董事长就是实际投资人或由实际投资实体指派，出资投资企业，投资人可能不懂管理，于是就聘请经理人来管理，即总经理。总经理对整个中央厨房企业的日常管理、生产运营、产品销售等业务活动进行必要的管理，并直接对董事长负责。现在来看，企业不管大小，都可能会成立董事会，再聘请职业经理人进行日常管理，大多数大型企业基本是这个架构。

目前中央厨房基本上实行总经理负责制，下设副总经理分管具体部门，因此中央厨房的管理习惯上分为3个模块，即运营控制管理模块、行政事务管理模块和生产供应管理模块。

从运营控制管理的角度来看，主要是信息计划部、产品研发部，这两个部门对应整个运营管理控制机构。信息计划部的主要功能是接收客户订单信息，形成生产计划，下发车间进行产品生产；产品研发部则根据市场营销需要，研究与开发市场所需的产品，利用产品占领市场。

行政事务管理的内设机构相对会多一点，如财务部、法务部，在有的中央厨房企业组织管理架构下，财务部可能不是独立机构，为表述方便，把财务部、法务部放在一起，其实这是两个不同的部门，具有不同的工作性质，财务部主要是针对企业的所有经济往来开展工作的部门；法务部则是围绕企业对内对外劳资、社会关系的部门，这个部门会协调处理一些跟法律法规相关的工作。人力资源行政事务管理机构，传统上称为人事部，该部门主要负责跟人有关的事务，如人员招聘、员工岗前培训、劳动关系建立、薪资待遇确立等。工程维修部，这是非常重要的一个部门，因为它是维护企业生产运营顺畅的技术保障部门，如企业生产运营过程中设备出现运行故障，或者电路出现跳闸等问题时，工程维修部门要及时解决这些问题。

生产供应管理模块是中央厨房的核心模块，包括生产管理、供应管理等相应部门。生产供应管理部门包括采购部、生产部、物流部，有些中央厨房还设有营销中心。采购部的职能非常明确，是负责整个企业的物料供应，包括生产的主材和辅材。生产部是企业的核心部门，所有的生产都靠生产部门来维持支撑，一个企业经营的好坏，生产部门的重要性不言而喻。物流部是将中央厨房产品配送给终端客户的部门，根据信息计划部下发的客户订单信息，将产品进行配送。营销中心相对于企业而言，是一个体验部门，企业会在生产经营场所，开辟一间体验中心，这个体验中心是集产品营销、广告宣传等多功能为一体的产品体验区。如买家到房地产售楼部去看房子，这个楼盘销售中心其实就是营销中心，房地产商利用这个平台卖产品——房子。中央厨房的营销中心也是这个道理，把中央厨房产品——菜肴点心放在营销中心的柜台里面（需要低温），客户来了根据自己的需要去选择产品。销售渠道建好了，企业产品才能够持续运营。所以渠道销售的建设非常重要，销售管理也很重要，它是对整个营销中心的销售进行合理的科学管理，包括整个生产过程中的产品销售。

第二节　产品设计

传统的餐饮产品设计就是做几道菜或模仿其他企业的产品品类，对于中央厨房来说，不能简单跟风。中央厨房要有自己的客户，企业根据客户的需求进行生产，这是最稳妥的办法。但是如果企业效益滑坡，并且这种滑坡还是群体性质的，为了能够保证企业经营顺利，应该充分发挥餐饮企业自身人财物的优势，组建菜品研发团队，根据市场情况对中央厨房的产品进行有针对性的设计，是拓展中央厨房产品市场的有效途径。所以在产品设计的过程中，要引入一个概念，即产品设计理念。有专家认为，产品的理念设计是我国快餐企业发展的第一项工程，一方面中央厨房的不断完善加速了快餐企业的发展；另一方面，随着市场需求的不断变化，快餐业在中央厨房的产品设计中也需要导入新的理念。

理念设计是从分析用户需求入手，到生成产品定义的一系列有序的、可组织的、由目标设计活动组成的，表现为一个由粗到精、由模糊到清晰、由抽象到具象的动态进化过程。这个动态的进化过程包括 5 个方面的内容：一是中央厨房与产品市场的孰先孰后；二是产品设计优先；三是产品的模块化设计；四是中央厨房的双厨房设计；五是产业链建设与 OEM[⊖]。

一、中央厨房与产品市场孰先孰后

民间讨论"先有鸡还是先有蛋"的问题，在餐饮市场与工厂之间同样也存在着"鸡和蛋"的问题讨论。从餐饮业的角度理解，市场与工厂的关系，一般理解是先有市场后有工厂，因为一旦中央厨房建成以后，需要投入生产，生产的产品要走向市场，没有市场则产品没有销路，就无法回流资金，难以进行下一批次的生产加工。所以，中央厨房的产品面向市场，而客户就来源于市场，这是前期调研得出的结论，能不能建中央厨房，能建的情况下，建成什么规模的中央厨房，都是通过前期可行性论证的。那么先有中央厨房，后有市场这种情况是否可以？理论上当然可以，但是从实际经营的角度来理解，这种"等米下锅"的模式有可能会影响企业的发展，影响企业的投资回报率，从而可能影响企业的投资回报周期。所以在中央厨房建设的过程中要遵循 3 个原则。

（1）市场导向原则　市场是企业的晴雨表，企业经营好坏，与生产有直接的关系。建设中央厨房就是通过市场调研后，进行可行性分析，明确产品有市场前景，在这个基础上决定投资建设。

（2）规模适度原则　在中央厨房建设初期，规模的大小跟首期投入有直接关系，一般理解，不管拟建中央厨房的规模大小，一定要紧盯市场，因为市场是企业的唯一抓手，一旦离开市场，企业在经营过程中可能会产生意想不到的后果。如有产品无市场，或产品销售不对路等，这些都可能是因为前期设计不到位，或者产品设计本身有缺陷。

（3）投入适度原则　投入适度指投资人在投资建设中央厨房时，考虑资金的来源和市场的状况，对中央厨房的建设周期进行的事先规划，有的投资人可能资本雄厚，故各期投入额度都比较大；有的投资人由于资金限制，将中央厨房根据市场情况分期建设。无论是哪一种情况，都必须以市场为出发点，围绕市场规模确定中央厨房的建设投入。切忌一次性投入过多，又因为市场对中央厨房的产品需求量小，导致中央厨

⊖　OEM，Original Equipment Manufacturer，原始设备制造商。

房生产线开工不足，会严重影响企业的投资回报率。

二、产品设计优先

在中央厨房产品设计过程中，需要树立产品设计优先的理念或原则。实际上，在中央厨房设计与建造之前，就要开始着手考虑产品设计，在设计产品过程中，围绕产品品质、生产工艺、产能产量去设计。也就是决定建设中央厨房时，有一点要明确，即中央厨房建成后做什么？怎么做？拿什么做？所以中央厨房建设过程中，要做到"有的放矢"。在产品设计中，要从哪些方面入手呢？重点体现在4个方面。

（1）产品设计要能够体现标准化、品牌化和个性化　　标准化是从方便生产的角度理解，产品配方、工艺流程必须有章可循，切忌数据模糊、表述混乱、语义不清等，应确保所有技术人员和非技术人员看到产品设计书后，都能一目了然，生产出优质产品。品牌化建设是在中央厨房建设初期，将中央厨房产品的品牌化发展之路提上议事日程，因为当前餐饮企业的产品不同程度地出现同质化现象，而中央厨房的最大优点就在于产品容易形成标准化，也正是由于产品的标准化问题得到了解决，所以就容易创造中央厨房产品品牌。个性化特征是要求中央厨房企业产品设计要有明显的个性风格，把依托中央厨房生产的终端客户产品做一个区分，使中央厨房产品具有良好的辨识度，这也符合当前流行的通常说法，即"人无我有，人有我优，人优我精"。

（2）企业拥有核心产品　　这里的核心产品包括两层含义：一是有形产品，指具体的菜肴品种；二是无形产品，指中央厨房为客户提供的附加服务，为客户创造良好的产品体验。因此要求中央厨房企业的产品具有明显的个性特征，避免产品的同质化现象；公司应该开发具有一定技术特征的菜肴，做到不易被模仿；企业要有自己的核心产品或主打产品，这些产品需要有专利，或者有技术难度系数。

（3）产品之间存在关联　　表现在产品之间存在工艺的相关性、风味的互补性和搭配的合理性。工艺的相关性指产品之间存在某些工艺技法上的相似性或一致性，可以使后续的生产线建设使用效能发挥到最大；风味的互补性指产品之间的风味特征要相互兼容或互补，忌讳产品的品种单一、风味单一、工艺单一等；搭配的合理性指产品的原料组配、工艺组配、风味组配要合理，这里的合理主要指企业自身研发的产品，如果是客户提供的产品品种和技术工艺，则按照要求组织生产即可。

（4）产品加工要做到"四性"　　即原料的共享性、加工的便利性、产能的可及性，以及销售的营利性。原料的共享性指车间中使用的原料具有普适性特征，产品的品种与原料的品种之间要有一定的联系，产品与产品之间能够共享原料，这将会大大降低生产成本，减少原料库存。加工的便利性表现在生产工艺方面，中央厨房的产品生产与纯餐饮企业的传统生产方式不同,更多的是利用现代加工设备完成产品生产,所以,产品设计不宜有太多的技术性切割或造型设计,更多地通过改变原料之间的风味搭配来实现产品更新。产能的可及性则指在一定的规模条件下,中央厨房的生产与加工数量之间必须符合人员与设备组合的生产需求,防止出现人员与设备满负荷运转情况下,仍不能满足产量需要,或者在正常单班制情况下生产的产量可能出现大量库存现象,这些现象都不符合产能产量的设计。销售的营利性是企业的终极目标,必须通过实现销售盈利来维持企业的增长与发展,所以产品的适销对路是企业产品占有市场的先决条件。

关于产品设计优先,这里需要补充一点,就是在产品品类设计时需要明确做什么产品。产品可能有两个走向:一是走向商超的产品;一是走向酒店的产品。这两种产品具有不同的个性特征。要注意一种情况,既没有固定客户,也没有产品需求,如某餐饮酒店没有明确的产品需求,此时中央厨房企业不知道该为该企业做什么。这种情况下就需要研发部门根据市场调研结果,结合大数据分析来确定生产品种。实际上,这样一种模式是存在一定风险的,当产品与市场需求吻合时,企业效益可能很好;万一产品与市场需求不对路,就有可能造成亏本乃至企业倒闭的现象。回到第一个内容,就是到底先有产品,还是先有中央厨房这个角度来理解,市场的重要性就体现出来了。

三、产品的模块化设计

产品的模块化设计理念是中央厨房产品设计的重要内容,在进行产品模块化设计之前,先了解一下中央厨房的产品结构。中央厨房的产品主要包括几个方面:鲜切净菜、半成品菜肴、成品菜肴、快餐盒饭和米面主食。其中快餐盒饭是将菜肴和主食混合在一起的产品类型,快餐盒饭里面的菜肴可能有多种类型,有不同的品种。这是从中央厨房的产品结构进行分析的。围绕这些内容,在进行产品设计时,需要进行产品的模块化设计。

什么是模块化设计?就是在产品设计时寻求一个产品周期,快速创新,高效开发,形成一系列产品的有效方法。这个有效方法最简单的形式就是产品模块化。一般的工业设计里,在设计产品的时候都涉及模块化设计这一概念。在中央厨房产品设计里套用工业设计中模块化设计的概念,就是将产品的某些要素组合在一起,构成一个具有特定功能的子系统,将这个子系统作为通用性模块,与其他产品要素进行多种组合,构成新的系统,然后产生多种不同功能或功能相同性能不同的系列产品。

中央厨房的产品设计模块化,主要包括三个方面:一是主体模块;二是辅助模块;三是接口模块。从产品模块化设计的角度理解,主体模块对应产品的主要材料,也就是我们通常讲的菜肴主料；辅助模块，对应产品的辅助性材料，就是通常所说的菜肴辅料；接口模块实际上指生产过程中所涉及的工艺流程或设备投入，如何通过工艺流程或设备，将主体模块和辅助模块变成最终产品的过程。菜肴的开发流程，就是模块化设计，模块化设计对于所有的工艺设计是通用的，在中央厨房产品设计时用烹饪语言对它进行更加规范的描述。

从菜肴的结构角度分析，开发中式菜肴主要包括几个内容。

一是菜肴的原料构成，有了原料可以围绕原料进行营养分析，菜肴制作过程是由一定工艺构成的，最终形成的产品有它的特定风味，也就是烹饪上习惯讲的口味和质感。从这个角度来看，菜肴主要材料和工艺的构成，分别有一些考核指标，如从原料构成的角度，通常情况下所接触到的主要原料包括蔬菜类、禽畜类、水产类等，此外还有很多其他材料，各种原料构成的主体通过适当的工艺加工以后就形成了菜肴，这个工艺是平常所见的菜肴制作方法。围绕原料所形成的菜肴营养，可能会有一些变化，如每种原料都有自身相对固有的营养成分，但是当不同的原料组合在一起时，营养价值除了原料本身所含的营养以外，实际上还有一个营养叠加或减少的过程，有时菜肴加热后，可能会有一些营养减少，如烹调方法不恰当或操作不当，会形成营养的损失，这是菜肴制作过程中存在的一些变化因素。菜肴制作过程中，要考虑这样一些工艺因素对营养的影响。所以从营养学角度来理解，要尽可能使原料有效的营养物质得以充分保留，能够转化为可以被人体吸收消化的营养物质，这是营养的结构分析。

二是菜肴的风味，菜肴最终形成的风味是通过调味品调制形成，是评价菜肴最核心的指标，所谓菜肴好吃不好吃，与菜肴口味有很大关系。通常见到的口味类型非常多样，如淮扬菜里经常提到的咸鲜、鲜香等；苏锡菜里的咸甜；川菜里的麻辣、香辣等，各个区域都有不同的味型特征，我国烹饪的味型极其丰富多彩，这里固然有调味料的综合利用，更多的是人们对美味的追求，所以菜肴就形成不同风格的具体味型。

三是菜肴的质感，质感就是品尝菜肴时，在口腔里咀嚼留下的感觉，有的表现为鲜嫩，有的表现为软烂，有的表现为酥脆等，这些质感构成了菜肴评价的又一个指标。质感形成是通过烹调方法来实现的，所以对烹调方法的选择非常重要。这是围绕中式菜肴的结构进行的分析。具体菜肴的设计同样需要模块化，菜肴的模块化和产品的模块化不完全相同。

菜肴模块化主要包括两方面：一是主体模块，就是习惯上讲的主料；一是辅助模块，就是辅料和调料，合称为菜肴设计模块。在产品设计模块里面增加了接口模块，实际上是通过工艺，将这两个设计好的内容转化成菜肴。主体模块和辅助模块设计中有几个因素是需要注意的：一是材料来源；二是材料品质；三是材料的前处理；四是菜肴的配比数量，即它的规格质量。这几个因素综合起来，会基本确定菜肴的价值，菜肴好不好和这几个因素有很大关系。所以需要对这两个模块进行精心设计。举个例子，在制作一道菜品时，准备用什么材料？同类型的材料准备选择什么地方出产的？它的品质要求是什么？然后通过什么样的前处理方式使原料达到需要的规格要求？怎么去配比？这就是菜肴设计过程中需要解决的模块化设计问题。

接口设计就是如何把经过准备的各种材料转化成菜肴，通过接口模块来进行生产加工得以实现。接口模块所对应的是几种常见的传热介质，包括液态、固态、气态，还有非加热处理的，即非热熟处理的。在实际烹调中会发现，这些模块接口，其实就是对应具体的烹调方法。经过模块设计之后，利用主、配料的配搭过程，再选择适当的方法加工成菜肴。这里所说的烹调方法对应生产车间的机器设备，这些设备通过水加热或油、气加热，甚至有时候还通过固体形式加热，一般情况下，中央厨房里固态介质传热的情况较少，多数是选择气态介质和液态（水和油）介质传热。在设备选择中，要考虑液态介质和气态介质的设备选择，只有具备这种功能，才能选择作为生产设备，否则就不能满足生产需求。

产品模块设计时要注意以下5个方面。

（1）通用性　所谓通用性就是产品设计的模块要具备适应多种产品生产的特征，就是一种或一类设备能满足不同产品的生产加工。在考虑通用性时还要适当考虑经济性，经济性是产品设计过程中需要重点考虑的因素，因为涉及效益问题，这也是从事厨房生产或企业生产加工非常重要的考量指标，涉及成本核算问题，所以用什么料、用多少料、用什么工艺流程、采用什么样的设备来加工，都要考虑经济性，所以经济性的恰当与否直接影响企业的发展。当然随着工业化生产程度的加深，产能产量也会逐步增加，形成规模化生产效应以后，规模生产效益也会相应提高。相对的产能越高，效益越好，这就是规模效益与规模效率之间的一个关系。

（2）结构性　中央厨房的产品结构要科学合理，要形成一个产品系列，而不是生产一个简单的单个产品。中央厨房生产单个产品，从生产的角度看没问题，但是从效益角度讲，单个产品所产生的效益往往是有限的，所以要讲究产品的结构性。

（3）全环节　在设计过程中要考虑整个产业链的增值效率。如调味品，川菜里涉及熬制红油，那么熬制红油以后的下脚料该怎么处理呢？如果单从实验室的角度讲，直接丢掉就好了，或者说浸泡在油里，时间长了就不要了；但从中央厨房生产角度来说，倒掉显然是浪费的。那么把它经过粉碎加工放进调味包里，用以改善菜肴风味，那它不就增值了吗？如烧麻婆豆腐时，把熬油用过的辣椒切碎，放入麻婆豆腐里依然可以产生香味，可以调节口味，同时还能节约其他调味品的使用，这就是增值环节，所以模块化设计的特点就是可以把前后工艺联系起来考虑。

（4）集成化　所谓集成化就是将产品分解成多种标准化模块，在前期各个环节按照工艺需求进行加工，最后组配成菜时可以随机组配。这样就给生产过程带来了方便，这是集成化的一个优点。如家庭装修采购厨房设备时，厂家或卖家都会推荐集成厨房，所谓集成厨房是把子模块如炉灶、烤箱、微波炉、油烟灶、水池或洗碗机等按照家庭厨房尺寸进行组合，整合到厨房里，按照使用的功能结构，形成一个集成厨房。中央厨房的集成化也是如此，集成化的优点，就是当某个部件出现故障时，就针对某个故障部件进行修复，如烤箱控制主板故障，就直接换一个烤箱主板。中央厨房也是一样，同一种材料加工成不同的菜肴，对于组配，就根据前期的料型需求和生产工艺要求，可以在后面菜肴中进行随机组配，使原料使用最大化，这就是中央厨房设计集成化的优势。中央厨房的集成化的优点，可以加快菜肴的生产速度，当生产效率提高后，企业效益也就随之提高。

（5）规模化　所谓规模化指在同等条件下规模化生产占有很大的成本优势。因为人工操作和机器操作的不同点就在于人工操作的成本比较高，而机器成本是一次性分摊到生产周期里去，随着生产周期的延长，成本越来越低。人工操作和机器操作的根本区别在于规模化效益。而中央厨房的工艺设计一旦有了规模化效益，企业未来的成本优势就会比较明显，所以规模化生产的优点在于既能够满足个性需求又满足成本优势。

产品设计时选择模块化设计，充分考虑上述几个方面，能够给企业带来良好的经济效益。

四、双厨房设计

很多企业在套用双厨房的理念。双厨房理念为各种业态的餐饮业开创了标准化、工业化生产的有效途径。餐饮行业的业态呈现多元化发展趋势，双厨房概念的产生可以有效地丰富各个业态的经营形式，也为快餐连锁企业、正餐连锁企业的快速发展带来助力。为了适应中餐生产工艺和配送特点，中央厨房设计过程中，以中央厨房为起点，在终端增加一个卫星厨房，形成双厨房，对于菜品的品质保障会有一个良好的作用。如配送模式中有热链配送，在运输过程中，由于设备因素导致了产品温度不达标，那么有了终端的卫星厨房，就可以完美解决温度下降的问题，利用卫星厨房的设备，对产品进行二次加热。同样由于有这个双厨房，也可以在终端客户的卫星厨房里完成一些烹饪熟加工的过程，使菜品的品质和客户的用户体验得到提升。

双厨房的前端是中央厨房的各个生产车间，就是产品的生产场所，这是由中央厨房的生产流程决定的。从原材料采购到预加工处理，再到各种原材料的精加工，都在生产车间完成。产品的类型可以有生鲜净菜、半成品或成品，但产品生产加工完成以后有几种储存路径：一种是趁热保存，走的是热链配送路线；一种是冷却冷藏或冻藏，因为中央厨房产品的属性，一般理解冷藏、冻藏产品后续配送时走冷链路线；还有一种是常温产品，应用相对较少。上述3类实际上代表了3个不同的形态，那么这几种产品生产完成后，都要经过分装，然后通过3个链条配送，这是对应的关系。

双厨房的终端厨房是一个卫星厨房，熟化后的菜肴经热链配送，既可以经过终端厨房，也可以不经终端厨房直接送达客户；常温配送一般需要经过终端厨房加热，如果没有终端厨房，产品很难直接到客户手上；冷链更是这样，经过冷藏后的菜肴无论是成品还是半成品，都需要经过加热（烹调成熟）或二次加热（回温）后才可以食用。在这个过程中，热链配送通过热藏的形式和配送路线，将分装后的产品直接销售给顾客，有一种情况是需要复热的，如在配送过程中，由于设备设施保温性能不够导致产品的温度不够，这时就需要进行复热，复热以后再进行分装销售，但更多的是直接分装给客户；对于常温配送的产品来说，它可能需要复热来进行加工，或整个产品就在终端厨房现场烹调；半成品通常情况下都要经过烹调，这个烹调指终端厨房的烹调过程。因为具备了终端的卫星厨房，产品才能快速加工，当然有一种速冻的成熟产品，如超市里的速冻包子回来直接复热就行了，然后再分装销售给顾客。这是双厨房的优点，在流程中功能和优点非常清楚，所以中央厨房一般都是双厨房设计。

在中央厨房行业中设置双厨房，有它的优势所在。在这个过程中，从中央厨房到终端厨房，无论是冷链配送、热链配送还是常温配送，产品最终都是走向消费者。那么在终端厨房烹调也好，复加热也好，无论是顾客打包还是堂食，都可以利用双厨房解决问题，所以双厨房在中央厨房设计过程中非常重要。

五、产业链建设及OEM

在建中央厨房的过程中，可能很多人想把中央厨房做得面面俱到，简单来说就是什么产品都可以生产，这个思路值得商榷。就像计算机生产，有的厂家做芯片，有的厂家做显示屏，有的厂家做键盘，有的厂家做鼠标，而计算机生产厂家只要完成组装，并不是计算机生产厂家要生产所有的配件，只要最后的计算机通过组装能投入使用即可。对中央厨房来讲道理一样，中央厨房生产的产品，一定是在技术条件、经费投入上能够达到并可以完成的。试想一下，如果一家中央厨房能够涵盖市场上所有需要的烹饪产品，即市场所有的烹饪产品都由一家中央厨房生产，这不可能也不现实。所以在建中央厨房的时候，一定要考虑自己的优势和特点，挑擅长的产品进行设计，并根据这些产品规划生产线。如要在扬州建一家中央厨房，那么这家中央厨房理论上来说，一定是以淮扬菜风味为主体的生产加工，这个生产车间也可以做川菜、粤菜，理论上当然是可以的，那么中央厨房就要配置研发和营销川菜、粤菜的技术人员。从技术角度说，不一定需要中央厨房在一个车间里什么都能做，毕竟是有风味的相互交叉影响的。

中央厨房建设过程中，需要考虑产业链上下游的资源情况，有些环节不一定全部靠中央厨房企业一家完成，可以适当采用第三方供应的形式，所以实际上的第三方供应也是中央厨房在产业链没有完全形成之前，需要提前形成的一个良好的供应渠道。如中央厨房有定点的原材料供应商，这个原材料的范围很广，如蔬菜供应、禽类供应、水产供应等，每一类供应商都有自身的上游渠道。当然中央厨房的上游供应商所提供的原材料是自身农场化生产还是从农户手上收购过来，这个问题另当别论，对于中央厨房来说只要有稳定的货源即可。中央厨房企业在资金充裕的情况下，可以建立自己的上游原材料供应基地，对于一个成熟的企业来讲，条件允许的情况下要逐步打造自己的产业链，有了自己的产业链之后可以使自己的生产运营成本大幅度下降，因为货源供应减少了中间商环节，直接从田地间来到中央厨房的工厂进入生产车间。省去了中间商环节，就减少了中间商赚取的费用，从而降低企业的原材料成本。

所以打造产业链，才是一个中央厨房企业在发展过程中要考虑的战略规划，同时产业链的打造还可以打通其他企业之间的资源壁垒，实现资源共享和资源互补，这是所有社会企业的共同责任。

产业链的建设围绕资本市场展开，它需要资本市场联合企业打造一个完整的产业链。打造产业链主要有两个方面的优势：一是提高生产集中度；二是提高生产效率。所谓提高生产集中度，顾客和企业有不同的诉求，对于顾客来说，可能更看重口味选择、菜品质量或产品质量；对于企业来讲，企业所关注的是原料的周转速度、品质保障，所以企业和客户所关注的点是不同的。那原料品质如何保障呢？跟生产效率有关，生产效率又跟中央厨房的上游原料的生产效率有关。这里面涉及产业链建设过程中，需要通过实现基层高收益的方式来满足企业运营，追求的就是低成本高收益。有了这样的低投入高收入特征以后，中央厨房的原料品质、周转速度都能够得到保障。同时我们强调提高生产效率，它可以有效地融合产业链上游的各环节。如国外有很多农场主，他们都是集中式的农业种植模式，国内现在也在关注这种生产作业模式，很多农村土地也在集中生产，以农场模式作业的现象在逐步增加，以前我国的农村，从实行家庭联产承包责任制以后，土地都被划分为一块一块的，被农民承包，而由集体经济组织把农村土地集中起来耕种，实际的生产效率会大大提高，也就是规模化生产提高了农业生产的生产效率。又如牛奶企业自办奶牛厂，如果牛奶加工企业的所有奶源都要从奶农那边收购获得，原料牛奶的采购成本会上升，市场上成品牛奶价格就会偏高。降低原料牛奶成本，最简单的方法就是牛奶企业有自己的奶牛厂，有一定数量的奶牛，原料牛奶成本降低了，对于牛奶企业来说产品的价格也会降低。当然牛奶企业不建自己的奶牛厂也行，可以与养殖奶牛的养殖户签订一个长期稳定的购销合同，有了稳定的奶源供应，原料牛奶采购的成本价格也会下降，也可以将工业、农业、养殖业都联系起来，形成规模化的养殖业，利用养殖动物的排泄物给农作物当肥料，形成绿色有机蔬菜作物，既降低原材料的供应成本，又为客户提供了健康绿色的有机蔬菜。

这就是产业链建设过程中的两个优势，通过资本联合企业以后，能够提高集中度，提高生产效率。这也是打造产业链的根本需求，有了这样的产业链，中央厨房的生产运营成本就会下降，这是中央厨房建设运营过程当中打造产业链的根本目的。

第三节 产品生产加工管理

生产加工是中央厨房的核心过程，生产加工过程的管理对中央厨房产品品质保障至关重要。我们从中央厨房生产的角度来解读它。

首先，了解一下食品生产许可证的有关知识。食品生产许可证由食品药品监督管理部门颁发，食品生产许可证是食品生产企业（中央厨房）的身份凭证，在这个许可证上有中央厨房可以生产经营的食品类别。领取食品生产许可证的中央厨房企业必须在许可证规定的产品范围进行生产经营。食品生产许可证和营业执照是企业必须申领的，有这两个证件就证明中央厨房具备了营业生产的条件。

其次，中央厨房产品管理过程中，对需要掌握的内容要有清晰的认识，从中央厨房的角度来看，企业的产品是多样化的，分为半成品、成品和新鲜净菜类产品3个类型。

生产加工管理包括对人员的管理、设备的管理、体系的管理、物料的管理和环境的管理。正式生产之前的试生产过程，是对5个管理内容提前进行检查，目的是让中央厨房在正式生产的时候能够比较顺利。在现代制造业领域把这个管理过程浓缩成五个字，即人——人员管理、物——物料管理、机——设备管理、环——环境管理、法——体系管理。这些管理过程，我们在试生产和正式运营的时候都要注意，在试生产过程中，对这几个方面进行梳理使整个生产过程更流畅，正式生产时，仍然是对这5个方面进行管理。

编排管理岗位、岗位设置、班次设置，是对人的管理；生产设备的调试使用、维修与保养，对生产工具、器具的准备等，是对设备的管理；中央厨房生产车间的卫生、温度、湿度等的管理是对环境的管理。管理的过程就是把前述各项调整顺畅，在实际生产运营中，也使生产加工过程顺畅，生产加工的管理就是对生产过程的管理。生产过程的管理是从原料进入生产车间开始，对原料和人的动线进行设计，叫人流和物流，人流指人的行动路线，物流是生产原料的行动路线。

两条线都有各自的行动轨迹，从原料采购开始，不同的原料走不同的路线，最终都进入生产车间，通过加工形成产品，在这个过程中，无论是植物性原料还是动物性原料，都必须经过这样的流程。

一、人的管理

1. 人员管理

对于生产加工过程中的人的管理，主要是几个方面，如员工的岗位编排，管理人员的岗位设置等。具体对人的管理，主要是工作态度、工作效率、工作质量、薪酬管理等几个方面，其中工作态度、效率和质量，是允许有激励机制的。员工除了有正常的薪酬待遇外，还有福利待遇，如果再加上奖惩措施，对于员工工作的约束力会大大增强。

奖惩措施或绩效管理是管理的手段，或者说是管理的方法。任何企业在生产经营的过程当中，只要涉及管理，都会设有激励性的机制，并运用奖励性机制来调控员工的工作态度。一般情况下，不主张采用惩罚机制，如厨师炒菜的时候一不小心把菜做坏了，从理论上来讲，肯定是要赔偿的，至少要赔付成本。如果运用了这种惩罚手段，后期员工的工作质量会受到明显的影响，如消极怠工、故意加大原料的浪费等，所以不主张采用惩罚措施。更多的是要从激励、奖励的角度去对待员工，让大家的积极性能够得到调动，使员工工作效果得到提升。

薪酬管理指员工工作的正常待遇，是福利待遇的一种，不仅仅是简单的工资问题，还涉及如五险一金、住房补贴、交通补贴、误餐补贴等。凡是福利好、待遇好的企业，员工往往都愿意为企业服务，甚至终身服务。如海底捞，无论是企业对员工的管理，还是员工对客户的服务，都提倡人性化，员工把企业当成自己的企业，企业红火、效益好了，员工待遇就会提升，奖金就会提高，员工会有成就感，内心会得到极大的满足，员工只要全身心投入公司的工作中去就行了，这种状态下工作的效果肯定很好，这就是对人的管理，从激励机制的角度去鼓励员工，使员工为公司多做贡献，是企业常用的对人的管理方法。

2. 班次设计

班次设计是对生产过程的人员安排，食品工业中称为劳动力计算。劳动定员的多少，是中央厨房在投产后，根据劳动定员数与计划产量相比较，得出单位生产的劳动生产率，这是技术经济分析的一个重要指标，也是进行生产成本计算的重要组成部分。

劳动力计算在人员管理中主要是定员定编、生活设施（如工厂更衣室、食堂、厕所、办公室、托儿所等）的面积计算和生活用水、用气量的计算。

（1）岗位类别　按中央厨房工作岗位和职责的不同分为两大类，各类职工再分为不同的岗位与工种，岗位定员类别见表4-1。

表4-1　岗位定员类别表

员工	生产人员	基本工人（岗位生产工人）
		辅助工人（动力、维修、化验、运输等）
	非生产人员	管理人员	行政管理人员、技术人员
		服务人员	后勤服务人员（保安、保洁、炊事、勤杂等）

在确定员工数量时，应根据中央厨房规模、生产组织结构等进行责任制、岗位制确定，在明确定员的类别后，可将全厂岗位按表4-2和表4-3进行定员。

表4-2　生产车间定员表

序号	岗位名称	生产工人		辅助工人		管理人员	操作班数	轮休人员	合计
		定员	技术要求	定员	技术要求				
1									
2									
3									
4									
5									
合计									

表4-3　企业职工定员表

序号	部门	职务	人数						备注
			管理人员	技术人员	生产人员	辅助人员	后勤人员	合计	
1	行政科室								
2	生产车间								

（续）

序号	部门	职务	人数					备注
			管理人员	技术人员	生产人员	辅助人员	后勤人员	合计
3	辅助车间							
4	后勤服务							
5	其他							
6	合计							

（2）定员依据

1）各车间的生产计划（依据产品品种和产量）。

2）定额制度（劳动定额、产量定额、设备维保定额、服务定额等）。

3）工作制度（生产计划、排班计划、每日班次）。

4）休假制度（指全年法定节假日、病假、事假等）。

（3）劳动力的计算　中央厨房按 GMP、HACCP、ISO 22000 等要求组织生产，对员工要求越来越高，由于受原料供应和市场需求等因素的影响，产品生产有较强的季节性特点。产品生产卫生要求高，对设备操控要求高，对劳动力需求带来一定的影响，若劳动力定员过少，投产后工人超负荷工作，会影响生产效能；定员过多，又可能造成资源浪费，增加人力成本。实践中，劳动力定员既不能单靠经验估算，也不能将各岗位人数简单累加。随着自动化生产线的应用，中央厨房的产品生产自动化程度有了很大提高，不仅提高了产品质量，缩短了产品生产周期，也减少了生产运营的人员定岗。烹饪设备在产品生产中的地位突出，同时决定着企业的生产能力。按照生产旺季的产品方案，兼顾生产淡季，以工艺设备（如米饭生产线、菜肴生产线）的生产能力为基础进行计算。

1）各工序劳动力测算。中央厨房生产有两种情况，即自动化程度高或低。中央厨房会有部分人工参与生产，多半由生产线完成。对于自动化程度较高（以机器生产为主）的工序，根据每台设备所需的劳动工日来测算，若用 P_1 表示每班所需人数，则

$$P_1（人/班）= \Sigma KM（人/班）$$

式中　M——一种设备每班所需人数；

K——相关系数，其值≤1，影响相关系数大小的因素主要是同类设备数量、相邻设备距离及设备操作难度、强度及环境等。

对于人工参与较多的生产场所的人员测算，即有手工作业的工序，则根据生产单位重量、品种所需劳动工日来测算，若用 P_2 表示每班所需人数，则

$$P2（人/班）= 劳动生产率（人/产品）\times 班产量（产品/班）$$

2）生产车间的劳动力计算。在中央厨房实际生产中，常常是两种工序并存。若用 P 表示车间的总劳动力数量，则

$$P（人）=NS（P1+P2+P3）$$

式中　N——在中央厨房生产旺季时实行生产班制，有 1 班、2 班和 3 班制 3 种类型；

　　　S——修正系数，其值≤1；

　　　P3——辅助生产人员总数，如管理人员、采购人员、保管人员、运输人员、检验人员等。

此外能够采用临时工的岗位，应以临时工为主，以便可以加大淡、旺季劳动力的调节空间。

中央厨房劳动生产率的高低，主要取决于原料新鲜度、原料成熟度、员工操作熟练程度和设备机械化程度等，制订产品方案和员工定员时必须注意这一点。在确定每个产品的劳动生产率指标时，可以参考食品工业的用工配置。

在编排中央厨房的产品方案时，应尽量用班产量来调节劳动力，使每班所需工人人数大致相等。对部分重点节假日的产量变动，宜使用临时工来调节生产，为保证高峰期的正常生产，生产骨干应为基本工。在平时正常生产时，基本工应该是平衡的。

二、物的管理

物的管理主要包括采购管理、加工管理、品质管理、仓储管理 4 个方面。

1. 采购管理

在实际采购过程中，怎么对采购过程进行管理至关重要，因为原材料的采购成本和质量会直接影响产品质量及企业的经济效益。如采购同样的货源，企业采购的价格要比同期市场价格低，这就意味着采购成本相对较低；如果采购的原材料成本高，生产成本就相应增加，所以采购管理非常重要。从物的管理角度，主要指采购回来的原材料的品质好坏，具体表现为一是原料自身品质很好，二是同等价位里质量最好，三是本地市场商品中质量最好。好的原料对于未来生产的产品质量，无疑有助益；品质差的原材料，加工水平再高，也很难使产品达到比较高的质量要求。

2. 加工管理

加工管理是对生产过程的管理，如原料的出料率、生产流程的生产效率等，是对这个过程的管理，设计中央厨房时要求对工艺流程进行设计，工艺流程设计规范了生产加工过程，只要按照生产过程来管理，出料率和生产效率都能得到保证。

3. 品质管理

品质管理是对产品质量进行管控，无论是生鲜净菜、半成品或成品，产品质量都

要有基本保证。因为中央厨房生产的产品是"进口"食品，它的卫生性、安全性必须放在品质管理的第一位。

4. 仓储管理

仓储管理主要涉及产品品质、数量和存放时间。对于中央厨房的烹饪产品而言，存放时间指产品的货架期，其实严格意义上烹饪产品没有货架期，这也是烹饪产品与食品工业产品的显著区别。中央厨房的仓储内容包括两大类：第一类是原料的仓储，原料包括包装材料和工艺食材，包装材料一般没有保存期限要求，工艺食材则根据生产需要，动态调节库存时间，如冻品类原料一般储存不超过180天，调味品类原料根据商品的保质期进行储存，生鲜蔬菜类最好是日进日出，部分耐储存的块茎类蔬菜也不宜长时间储存；第二类是产成品的仓储，对于中央厨房产成品而言，一般要根据品种分别存放，中央厨房的产成品存放一般都是临时性的，可以定义为暂存，与食品工业生产的产品具有货架期绝对不是一个概念。中央厨房的产品一般来说会存放一两天，存放在冰箱或冷库。中央厨房的冷库一般分为风房和冻房两大类，风房指低温储存的设备，类似于一般的冷藏冰箱，只是体积和储存量比较大；冻房指温度很低的冷藏设备，一般指温度在-18℃以下的冷库。中央厨房产成品在冻库里面存储，则存放的时间会长一点，但是对于中央厨房的成品来讲，是不设货架期的，因此中央厨房的产品一般都是订单式的计划生产模式，从而避免中央厨房产品在仓库停留时间过长。当然如果是工业化食品，则通过各种物理或化学方法对原料进行杀菌消毒，可以有效延长食品货架期，这个话题不在中央厨房产品保质期的讨论范围。

三、机的管理

机主要指设备。设备管理分3个阶段：一是生产前，主要是设备的安装调试，一旦设备调试运行完成后就进入生产运营环节；二是生产阶段，这个阶段的管理主要是按章操作，包括使用过程中设备的清洗、保洁；三是生产结束后，主要是设备的维护与保养，包括卫生保洁与维修保养，要形成定期检查制度，确保设备的运行处于良好的状态。

四、环境的管理

环境分为外环境与内环境，这里主要讨论中央厨房的内环境，即生产环境。生产环境指生产场所的环境，对场所主要是卫生方面的管理，保持清洁是最基本的要求；也包括中央厨房内部的温控系统，即中央空调、新风系统，所以生产环境中的温度和湿度必须是可控的，只要把它调节到某个具体的数字就行，而具体到对中央空调和新风系统的维护，则可以纳入设备的管理范畴。

五、法的管理

法可以从两个层面来解释:一指中央厨房企业的规章制度;二指中央厨房企业的生产管理体系,这里主要讨论生产过程的体系管理,就是对生产进行质量控制的过程。这个过程从确定试产目标开始,到最后的试产结果总结,整个运行过程为正式运行提供了成熟的方案。以后按照成熟的方案再去管理具体的生产过程,这就是一个法度的问题。所以说法的管理,本质是对体系的管理。

第五章
中央厨房的标准化管理

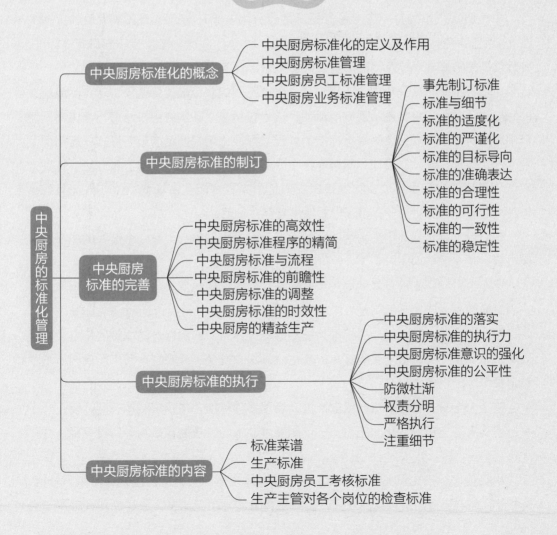

第一节　中央厨房标准化的概念

标准是中央厨房企业的标杆。有了标准，中央厨房企业才能在市场中与其他企业抗衡，成为行业中的"领头羊"；有了标准，中央厨房企业才能规范化管理；有了标准，中央厨房企业才能传承、基业长青。标准化是中央厨房企业处在当今互联网、物联网时代下必须具备的条件之一。

一、中央厨房标准化的定义及作用

中央厨房生产的每一道工作流程，都会分为若干环节，每个环节采取的工作方法、需要的时间、形成的结果，这就是标准。操作、监督、核验等环节都需要标准，管理就是把控好各个环节，确保流程畅通无阻，管理就是定标准、走流程。

所谓标准化，就是在中央厨房管理、生产范围内获得最佳的秩序，对实际或潜在的问题制订共同、重复使用规则的活动。活动包括建立和实施中央厨房标准体系、制订中央厨房标准和贯彻实施各级标准的过程。标准化是制度化的最高形式，运用到菜肴生产、管理、开发、设计、配送等各个方面，是一种十分有效的工作方法。特别是在竞争激烈的市场中，标准化的管理方式是中央厨房能在市场竞争中获得优势的标志，决定着中央厨房企业在市场中的地位与存在价值。

建立标准就是提高中央厨房的复制力，复制中央厨房一个又一个良好的成果，让中央厨房建立优良秩序需要3个台阶。

第1个台阶：制订良好的中央厨房标准，能够确切地反映市场需求，生产出令客户满意的产品，确保产品获得市场欢迎和较高的满意度，解决市场的战略问题。

第2个台阶：建立以产品标准为核心的标准体系，即确保产品质量的稳定，并提高生产率，让中央厨房企业能够在市场站稳脚跟，避免出现刚刚占领市场就因质量不稳定被淘汰的现象。

第3个台阶：将标准化向纵深推进，运用多种标准化形式来支持产品开发，让中央厨房具有适应市场变化的能力，不仅能够占领市场，还能在市场中站得更稳，并扩大市场。

中央厨房标准化需要符合市场需要，才能体现出中央厨房标准化的作用与价值。3个台阶都需要遵循市场经济规律，需要从自身实际情况出发，通过创新开辟属于自身的新道路。

中央厨房要想赢得市场竞争，唯一的途径是创新，建立标准化竞争优势，需要各个部门协作配合、互相支持，发挥整体系统功能，走好 3 个台阶。

标准是巩固中央厨房的支柱，要想让中央厨房有效稳定地运转，就需要坚实的支柱作为架构，让中央厨房管理事务有据可依、有所依附。因此，管理者不要只探索花样翻新的管理方法，其实更需要具体的管理标准，只有定好标准，才能让管理更加简单、更加有效。

二、中央厨房标准管理

中央厨房采用标准管理，能让管理者在繁重的琐碎事务中得到解脱，有更多的时间考虑战略性的问题，而不是整天为各种琐事烦恼。如想煮出一碗既不太硬也不太烂的面条，是件非常难的事情。即使是经验非常丰富的主妇，也不见得每次煮的面条都恰到好处。一碗面条若要符合标准，需要具备以下 3 个条件：

1）煮好的面条，不太硬、不太烂，刚好可口。
2）要在适当的时间煮好，以配合用餐的时间。
3）要在经济原则下煮好，不宜浪费材料与燃料。

当然可以靠许多次经验煮出最恰到好处的面条。但是，如果每次煮都要尝试多次，不但无法配合用餐时间，也浪费材料、燃料。所以，必须"一次就煮好"，方法如下：

1）事先决定所煮面条熟烂的程度和汤料配方（确定基准）。
2）研究煮面条至恰到好处的各种方法，选择其中最经济、最方便、最好吃的煮法（决定方法）。
3）把最好方法的要领记录下来，以防忘记。煮之前放多少水、何时放进面条、煮多久等步骤及有关条件，尽可能以数量表示出来（制订各项标准）。
4）根据记下来的要领，切实地执行（按标准实施，可得标准化成果）。

把煮面条的方法具体记录下来，以后只要照着去做，就是生手也能煮出恰到好处的面条。把方法以数量表示出来，达到最佳成效，就是标准化。

标准定得好，中央厨房不一定就管理得好，毕竟管理中央厨房不像煮面条，但是实践证明，谁掌握了标准，谁就掌握话语权。中央厨房只有推行标准化，才能实现管理的科学化。中央厨房做好标准化要注意以下 4 点：

1. 提高对"标准"重要性的认识

在企业界有"三流企业卖产品、二流企业卖品牌、一流企业卖标准"的说法，在经济全球化的大趋势下，标准已演化为参与国内、国际市场竞争必不可少的"利器"，但是大多数企业缺乏对标准化的全面认识，对推广标准化往往心存疑虑。在中央厨房企业中，有远见的管理者利用大数据制订原料标准，如土豆，是什么地方产的品种、适合做什么样的产品。

2. 为标准化做好实质性工作

标准化工作是一项系统工程，要取得好的成效，认识是前提，队伍是关键，建立健全标准化机构是基础。这里所讲的这个"实"字，指既要做到机构"实"，又要做到内容"实"。做到机构"实"，应成立标准化工作小组，任命管理者代表，设立专（兼）职标准化办公室，生产经理为主，配备专（兼）职标准化人员，努力做好统筹规划、组织协调、指导监督、考核检查等工作，使标准化工作在组织机构上形成一个完整的工作体系。做到内容"实"，是中央厨房建立技术、管理、工作标准体系、标准明细表和依据标准明细表所编制的技术、管理体系。工作标准的内容，既要符合中央厨房企业生产经营管理的实际，以及规定的各项标准，又要有适宜性和可操作性。

3. 为标准化做宣传工作

在标准化工作中，构建标准体系不是用来看的，而是实际工作中要执行的。再好的标准要想让员工做到，首先要让员工知道，做好宣传教育培训工作尤为重要。可以采取举办标准化基础知识学习培训班和标准化知识讨论会等形式，抓好员工素质的提高工作。通过学习培训，改进产品过程和服务的适用性。

4. 为标准化做好检查工作

标准体系是否发挥作用，关键在于执行。标准体系只有在不断运行中方可完善，在完善后更有效地服务于生产经营管理。为保证建立的标准体系持续、有效地运行，应根据实际情况制订标准化工作监督检查考核机制，查明不合格的原因，采取措施纠正，防止不合格现象再次发生。持续改进应按照P-D-C-A[①]循环管理模式进行，包括日常持续改进和评价，确认评审后持续改进。检查结果与绩效挂钩，确保各类标准得到有效执行。

管理者不必事无巨细、事必躬亲，而是让标准发挥作用。制订标准，可以让不同的人得到同样结果，打造出中央厨房最需要的人，打造出一支高效团队，管理上有的放矢，其结果水到渠成。没有不会工作的人，只有不完善的工作标准，标准能培养人、训练人、打造人，打造出中央厨房最需要的员工。

三、中央厨房员工标准管理

纵观全球500强企业，只要是拥有30年以上历史的，不论是家族企业，还是公众企业，都会注重企业中的两种管理模式：一是人性化管理；二是标准化管理。但

---

① PDCA, Plan Do Check Action, 戴明环。

是，现在大多数企业不是将标准制订得过于严格，就是没将标准当回事。正是这些原因让太多的企业吃了亏，让很多有才华的员工没有发挥的机会。因此，用标准去管理，才能让员工为企业创造更好的效益。

所谓标准，就是行业、产业或产品质量必须要达到的水平，也是议价的最大砝码，学者J·盖拉德就曾提出，标准就是用口头或者书面的形式，或者任何图解的方法，或者模型、样品、其他物理方法所确定下来的一种规范，从而在一段时间内限定、规定或者详细说明一种计量单位，或者一个准则、一个物体、一个过程、一种方法、一项实际工作、一种职能的某些特点。

对于企业来说，若是没有科学、严谨的标准化工作，就达不到高质量、低消耗的经营效果，更不能获得最佳经济效益。国外很多大型企业之所以一切工作都围绕着提高产品质量和利润、降低劳动和物质消耗而进行，是因为他们将标准当作企业的"宪法"、企业的"生命"来看待，企业的所有活动都会进入标准化的轨道中，不论什么事情都按照标准进行。

很多中央厨房的管理者不将标准当回事，认为自己就可以管理下面的员工，员工就应该听自己的，这样的管理不叫管理，就好比一个王国，若没有宪法，只有国王、大臣与百姓，国王根据自己的喜好给大臣分配任务，大臣也根据喜好管理下属，这种仅凭自己喜好的管理方式，只会让默默工作的大臣或百姓得不到一点实惠，反而让溜须拍马的人获得更多的利益。因此，在中央厨房中，一定要建立标准，进行标准化管理，这样才能让中央厨房中的所有人都能够按照标准做事，正所谓"人管人不如法管人"，这个"法"就是中央厨房中的标准。

有标准就有"规矩"，才能让员工知道怎么做（什么该做，什么不该做），在管理的时候，才会让员工对于自己受到的奖惩没有怨言。因此，为中央厨房定标准，不仅是为了让中央厨房走上正轨，更是在为中央厨房定"规矩"，方便人员管理。

四、中央厨房业务标准管理

关于标准化作业，麦当劳是典范。麦当劳成为全球知名餐饮企业，与标准化作业密不可分。其标准事无巨细，小到洗手程序，大到管理手册。麦当劳的负责人雷·克罗克曾称，快餐连锁店只有标准统一，而且持之以恒地坚持标准才能够保证成功。

许多人有这样的体会，同样的一道菜，不同的厨师，做出来的味道不一样。但麦当劳每一家餐厅的汉堡都保持着相同的口味。

无论在美国还是在中国，或在世界上任何一个角落，只要在麦当劳，不管是哪个国家或地区的厨师，不管在哪个麦当劳分店，食物味道都是一样的，甚至外形都一模一样。为什么麦当劳做出的食物就像复制的一样呢？原因其实很简单，不是生产工艺比别人先进，而是管理艺术比别人成熟。

在第一家麦当劳餐厅诞生的第三年，麦当劳公司就编写出了第一部麦当劳营运训练手册，详细说明了麦当劳餐厅各项工作的标准、程序。几十年来，随着麦当劳公司的不断发展壮大，营运手册不断丰富和完善，这本手册也成为麦当劳员工实践操作的模板。

麦当劳的一位工作人员说："我们的要求确实非常严格，做任何工作都有标准。小到一粒冰块的大小、形状，到放入一个纸杯的持杯方式，以及倒入饮料的方法，都有明确的规定，以保证食品最好的质量和口味。"

可以看出，按标准操作正是麦当劳几十年始终站在全球快餐连锁企业龙头位置的"倚仗"。将业务标准化，让所有员工都按标准进行操作，制订的标准事无巨细，一丝一毫都不马虎，让人叹服。

所以，抱怨员工生产出的残次品多、操作不规范的中央厨房，需要反思是不是没有严格的管理标准。没有统一标准，行为混乱，觉得这样也行、那样也对，看起来都差不多，这样会乱套，很难在管理制度体系下正常运作。

制订严格的质量、操作标准等是中央厨房实现可持续发展的必要手段。在对作业系统调查分析的基础上，以科学技术、实践经验为依据，以安全、高质量为目标，规范员工行为，将现行作业中的每一个环节、每一个程序、每一个动作都分解，提出严格的标准化要求，才能让员工有统一行动，生产出标准、合格的产品。具体要做到以下几点。

1. 为产品质量制订可量化的标准

中央厨房要想让客户认可其产品，一定要保证产品的质量，这一点毋庸置疑。保证质量需要从细处要求，制订出严格的标准。麦当劳标准细则的目录就长达600页，其中详细规定了2000多条制作标准，标准示例见表5-1。

表5-1 标准示例

品类	标准	备注
面包	厚度必须为17毫米，里面的气泡保持在0.5毫米，这个时候的口味最佳	面包不圆、切口不齐不能要
牛肉	必须由83%的肩肉和17%的上等五花肉精制而成，脂肪含量不得超过19%，并且机器切的牛肉饼一律为直径9.85厘米，厚6.65厘米，重47.32克	无

这是麦当劳面包、牛肉大小和口感都一样的原因。在标准出现之前，许多人都认为让面包厚度一样、大小一样简直是不可能的事，但麦当劳却让标准改变了这一切。

2. 让生产流程按标准进行作业

除对产品质量要有统一标准规定外，操作也要按照固定程序和步骤，达到不是机器人胜似机器人的效果。麦当劳的操作是根据计时器实行标准化作业。

1）把肉饼放在煎炉上，打开计时器。

2）20秒后，当计时器发出第一次鸣叫时，操作员要立即用压肉锤压肉，让肉汁能够均匀渗透，使肉色更加亮泽。

3）当计时器发出第二次鸣叫时，操作员要迅速把肉饼翻面。

4）当计时器发出第三次鸣叫时，操作员要立即将肉饼起锅。

起锅方式也需标准化。操作员必须使用规定的锅铲，每次只能铲出两片肉饼，放在事先调制好的面包上，然后把保存于保温箱的面包取出盖在上面。

这些规定在麦当劳世界各地连锁店中，都要求严格执行，并且每年都会进行两次严格的检查。

在产品质量、生产流程的标准化以外，麦当劳在以下几点也做到标准化：连锁店的选址工作、店面设计实行标准化，以便人们能够迅速加以识别；服务流程实行标准化，以实现快速服务；甚至将人才管理与营销操作也纳入标准化流程。

要想中央厨房不乱，一定按照标准流程操作，这样提供的产品，才能实现不同人操作却有一样的效果。而且，按照标准操作，中央厨房管理也更为方便。

中央厨房要想做强，就要摒弃传统式的经验型管理，学习标准化管理。尤其是连锁企业标准化是最本质的特征。国际知名连锁企业成功的重要秘诀都是标准化，如麦当劳、肯德基、星巴克。标准化不仅可以规范企业的经营秩序，还可以使连锁企业的店铺快速"复制"，提高企业核心竞争力。

第二节　中央厨房标准的制订

管理最忌讳凭经验、靠感觉，需要利用标准化才能使管理更加专业，正所谓管理就是定标准，也正是因为标准的重要性，在制订时需要全面考虑，才能适用于具体情况，管理时有标准可依。

一、事先制订标准

标准要事先制订，而不能事后制订，标准化管理是企业界一直强调的管理模式，但大多数中央厨房在成立时忘记标准的制订，直到出现问题才追悔莫及，虽然事后有所弥补，但错误已经出现，带来不小的损失。要让中央厨房避免错误，更加健康、稳健地发展，需提前制订标准。制订标准，应该具备以下几项要素。

（1）统一化　标准应该具有统一化特点，从理论上说，对某一种业务或作业，最适合的方法只有一个，而标准化就是要发掘最适合的方法并统一化。但是实际业务或作业周围，有很多阻碍统一化发展的制度、习惯等。这就需要投入很多的时间、人力与物力，以达到统一。

（2）单纯化　制订的标准要透明，具有针对性，可实施性较高。如果让标准化发挥效益，最有效的是让标准单纯化。在达到目的时，标准越单纯化越能获得好品质、低成本和高效率。所谓单纯化，就是利用数据或图形等一目了然的方式规定的标准。一般情况是应用工学手法，如 VE[一]、IE[二]、OR[三]、QC[四] 等来达成标准的单纯化。

（3）信息处理的简单化　随着社会与技术的系统规模化、信息化，信息处理的管理变化越来越重要。要进行系统的协调，对每个系统的内容逐个进行检讨、调整，会非常复杂，容易发生错误。因此，要对系统与系统连接点的式样、信息处理的方法等制订标准，实现信息处理的简单化。

标准不仅需要统一化、单纯化、信息处理的简单化，还需要具备安全化与合法化，这几个要素都具备了，才是适合中央厨房发展的标准，才能让中央厨房在标准化中正常运行，到达最佳状态。

二、标准与细节

标准可以成为工作的轨道，复制一个又一个完美的结果，并能贯彻到中央厨房的每一个角落、每一个小的细节。正因如此，中央厨房才应该重视标准，在制订标准时更应该严格处理，才能使标准带来好的结果。

俗话说"细节制胜"，不少工作曾经由于没有注意某个细节而出现一些错误。标准是为了避免错误的出现，让每个员工在工作时都能够找到一个依据，知道自己的前进方向与目标，这样标准化管理才能起到实际的作用。

是否应作为标准化的对象，也需要经过考量，依次应考虑反复次数很高者；能系列化者；需要量多者；同样的手续、方法、步骤，由多数人重复在做者；不良抱怨、缺点等发生次数较高者。只要中央厨房内的事物符合以上任何一项，都需要作为标准化的对象，具体可见表5-2。

[一] VE，Value Engineering，价值工程。
[二] IE，Industrial Engineering，工业工程。
[三] OR，Operational Research，运筹学。
[四] QC，Quality Control，质量管理。

表 5-2 标准化对象

标准化对象			
标准化对象	物	种类	样本制品	特性规定、方法规定、设计书、标准书、指示书、标准品
		功能		
		价格		
		类别	主料、配料、调料	
		特性		
		料形		
		造型	原材料、设备、记录	
		等级		
		状态		
	附随于物的方法	方法	加工法	
		步骤	流程途径法	
		手续	检查法	
		处置	制造法	
	事	状况	组织分权	管理规定、作业基准要领
		权限		
		责任	职责权限	
		时间		
	附随于事的方法	方法	委员会	
		手续	会议	
		步骤	管理	

细节除了事与物外，环境、人为等因素也要考虑。

1. 找到问题，定好标准

当中央厨房出现问题时，管理者最好亲自去调查，针对问题分析深层原因，制订一套标准化体系，进而解决问题。在制订标准时，要考虑一些问题，如标准规定什么、怎样才能做到，还需要预测可能发生的情况，以及没有按标准规定按时完成任务，会受到什么样的处罚，只有这样的标准才能解决问题。

2. 根据中央厨房情况制订标准

要建立适合中央厨房的标准，管理者除了针对具体问题做调查外，还要结合中央厨房的外部环境做研究，不能把中央厨房标准和外部环境割裂开。中央厨房不是孤立的，人员也不是孤立的，随时受到外部环境的影响。所以，结合外部环境来制订标准很有必要。管理者还需要针对中央厨房目前状况进行分析，对不同的管理目标，制订不同的管理标准。

3. 标准是规范

标准不能泛泛而谈，要有具体的实施方案。如管理者规定员工每个月开发出一道新菜肴，并制订标准。只有明确规定，才能让员工更加清楚具体要怎么做。

任何事物都可以当作标准化的对象，但也要衡量标准化投入所得到的效益，是否比没有做标准化时效益高。如果不是，那其标准就没有必要制订。因此，必须先衡量效益，做标准化才更有意义。

三、标准的适度化

标准化的目的是以最佳的生产经营秩序进行运营，获得最佳的经济效益。要达到这一目的，需要将标准落到实处，即标准简洁、抓住问题的重点，让员工在执行时清楚地知道自己的责任。标准是有程度的，就是对其对象应规定到何种细度，如果规定到细部，就不会有不明确的解释，只要遵守标准，就不会出现传达错误的情况。在制订标准时，工数有很多，不必做规定就会被遵守的标准也被规定了，很可能引起人们对标准的不关心。

最好的标准是标准的数量少，内容简洁，管理标准的工数不多。要达到目的，重要原则要像树木一样，"根源"的基本部分要切实标准化，"干、枝、叶"的程序要详细，其重要度、使用频度、紧急度、制订工数等就低。

实现标准化，还需要遵循以下原则。

1. 将业务变成重复性的定型业务

业务分为日常性、重复性的定型业务，以及单发性的非定型业务。对单发性的非定型业务进行分析，会发现其中含有很多重复性的定型业务。工作中，应该尽可能将业务都变成重复性的定型业务。如成品、原材料或半成品原料，都是透过业务做法的一定化实现品质一定化。将业务重复化、定型化后，可以透过标准品（物）化、标准方法（技术）化、标准手续（管理、步骤）化，实现业务的规定化、规格化和标准化。

某家餐饮连锁公司，以中餐为主打，消费档次在中档偏上，其地方风味特色很受欢迎，生意也不错。但是，这类公司时常要注意的事情是，如果哪道菜加热得过火了，或是哪批包子咸了，或是顾客多了上菜慢，顾客就可能不满意而另投别家，成为其他餐饮企业的食客。这家公司同样没有逃脱此运，最终因为这类问题而让生意每况愈下。

2. 预先管制，实现标准单纯化

物品或事物如果放置不管，依照自然倾向，就会逐渐变得多样化、复杂化、无序化，需要通过管理或精减让其变得少数化、单纯化、秩序化。但如果开始就对这些事物加以管制，就能避免后期出现问题再补救。中央厨房也是如此，想要让成品、原材料或半成品成为单纯的构造，就要缩减其种类，使处理方法简单，工数、时间、管理对象的种类减少，实现管理简略化。即效率化的源泉是让事物少数化及单纯化，需要通过共用化、共同性、互换性、阶段化、系列化等实现。减少种类，可以让每一种类的量增大，实现多量化，不但可以整合生产化，还可以成为明确化、分业化、熟练化、专业化的基础。在执行标准时就更加清楚明白，让一切变得十分简单。

海底捞起家于四川简阳一家火锅店，闻名于员工良好的服务，也是业内标准化做得很平衡的一家企业。海底捞为保证客户体验，制订了一整套的流程，从顾客等待时的免费擦皮鞋、美甲、上网服务，到顾客入座后为顾客送上围裙、手机套等，再到就餐期间服务员不时递上热毛巾，添加茶水，对戴眼镜的客户送上眼镜布等。

3. 标准要与时俱进、灵活处理

管理者往往在推出一套新的标准之后就置之不理，没有后续，以为新标准能够被一成不变地使用下去。而且管理者内心都有一种"标准既然制订了，就要实施"的心态，所以往往不主动调查标准实施的具体情况，也不做"后续"服务，针对问题及时更改。在一段时间内，整体的大标准可能不需要时常改动，但一些跟随潮流的小细节却需要时刻做出细微的改动。

中央厨房管理者在制订标准的时候，一定要充分灵活应对，切不可将标准推行之后便置之不理。需做好"后续"准备。尤其是要时刻关注局势变化造成的影响，针对环境和时间的变化，让标准灵活地成为与时俱进的规范方式。

四、标准的严谨化

制订标准，好比学生考试一样，要严谨认真，才能让标准得到更多人的认可。但要想得到高分，对于学生来说，就需要在平时认真复习，并找到拿分技巧，而对于管理者，需要进行日常的考察与研究，做出的标准才更加符合员工的"口味"。

平时经常听到管理者抱怨员工没有很好地执行标准，虽然与员工本身有关，但标准本身也可能存在问题。如标准在制订的时候，没有做客观调查、充分讨论和征求员工的意见，导致标准存在不周到的地方，难以服众，因而会影响标准执行的效果。如果标准在制订中注意这些问题，严格按照流程制订，在制订标准的时候争取大家的支持和认同，那么制订出来后，就容易得到贯彻和实施，对餐饮企业的发展才会产生积极的作用。

1. 标准要科学、实事求是

标准应讲科学、尊重客观规律，在厘清流程、摸清情况的基础上制订，切不可主观臆断、凭经验想当然地制订，更不能盲目照搬。很多时候，标准得不到落实，并不完全是执行问题,而是标准本身有缺陷,不符合实际情况,内容过于空泛或过于严格都难以执行到位。至于临时为了应付上级检查的规章和标准,只能算造假,更谈不上科学性。

2. 标准要抓大放小,切忌眉毛胡子一把抓

什么都想抓,却什么都抓不好,平均用力,容易忽视重点和关键,是在制订标准时常犯的错误。想把所有问题都管好,制订的标准也面面俱到,反而容易忽略重点。正确的做法是抓大放小,针对关键性问题制订标准,这样才有利于标准的执行。

3. 考虑标准的可行性及执行难度

标准是否具有可行性关乎标准能否解决实际问题,执行难度关系到能否落实到位。如果标准规定太严格,执行的难度太大,效果就会大打折扣。这种标准虽然对解决实际问题有效,但无法落实到位,还是不具有可行性。

标准就是让一切业务变得规范化,业务变得规范,前提是熟悉业务,否则,仅凭自己的想象与片面的理解,所制订的标准是很难令人满意的。因此,标准的制订要谨慎,具有可行性,便于执行。

五、标准的目标导向

标准化的目的是获得最佳效益。很多管理者发现,实行标准化后效益并没有任何提升,是因为所制订的标准没有目标。目标是发展的动力,标准是为了目标而产生,如果没有目标,所制订的标准就达不到最佳的实际效果。在制订标准时一定要从目标出发,在执行时,员工才会更有动力,复制一个又一个好的工作结果。

1. 协调原理让标准产生实际效果

标准要在整体功能上达到最佳,产生实际效果,必须通过有效的方式协调好系统内外相关因素之间的关系。协调关系所必须具备的条件,是建立标准时要保持协调一致。其目的是实现标准系统的整体功能并产生实际效果,所需要协调的对象是系统内部相关因素的关系,以及系统与外部相关因素的关系。相关因素之间需要建立相互一致关系(外形大小)、相互适应关系(供需交换条件)、相互平衡关系(技术经济招标平衡,有关各方利益矛盾的平衡)。有效协调的方法主要有:有关各方面的协商一致、多因素的综合效果最优化、多因素矛盾的综合平衡等。按照特定的目标,在一定的限制条件下,对标准系统的构成因素及其关系进行选择、设计或调整,使之达到最理想的效果,这样的标准化原理称为最优化原理。

2. 分析后的标准才是与实际工作匹配的标准

标准的分析不是一蹴而就的,需要反复推敲及讨论,直到标准运作顺通了,才能做最后传达。要梳理标准,首先将中央厨房标准进行分化,由标准的负责人根据现有

运作标准及中央厨房统一标准格式,形成标准初稿,同时对标准执行过程中需要注意的表单、制度、标准及作业指导书等进行整理汇总。只有精心梳理的标准,才能成为与实际工作匹配的标准。

3. 落实标准才能起到相应的作用

当标准制订好后,一定要彻底落实,标准在试运行过程中,负责人需密切关注其运行情况,针对其中存在的问题及时进行调整并记录,只有标准最终在运行过程中能被员工正确执行后,才可以正式发布并要求员工执行。执行过程中,标准负责人仍需定期对标准的管理效果进行评价,确保标准真正适合中央厨房,使标准得到彻底落实。

目标就好比火车的站点,而中央厨房走在标准化的轨道上,每到一站不仅是一次突破,更能够在站点进行能源补充,为到达下一站做好充足的准备。如果没有目标,永无止境地走下去,只会让人产生恐慌,看不到未来。因此,在制订标准的同时传达中央厨房的目标,才能带动员工的积极性,员工都按标准执行,将中央厨房带动起来,稳健地发展。

六、标准的准确表达

标准要通俗易懂,避免抽象。标准制订的流程中,管理者一定要注意,其目的是将一些不太明确的事情经过清晰判断,制订适合员工共同发展的标准。管理中央厨房,不仅要制订出合理的标准,还应该让标准突出重点。只有层次分明的标准,才能让员工的工作更加有针对性,才能整体上加快提高中央厨房的效率。

在我国,问题在于没有对物流管理进行严格的标准化掌控,制订的标准未突出重点,层次混乱。究其原因,经过详细分析,总结出的相应对策如下。

1. 明确制订标准的目标

如今,各级单位都提倡企业要实行标准化管理,国家标准、行业标准、地方标准和企业内部标准,已经形成一个比较完善的标准协同。然而,仍有问题困扰着管理者,如标准的设定。有些管理者没有针对性,在制订各项标准时忽略"目标引导"这一因素,甚至只把一些表面现象作为最终目标。如将请假安排、日常勤务方面的标准看得很重,而忽视真正影响工作业绩的因素,就容易出现本末倒置的状况。

要提醒管理者,设定工作标准、管理标准时需要目标的引导,要结合约束的对象、工作环境、状态和内容,明确提出此标准是针对何种群体、何样工作,最终要达到的何种目的等,如此才能使标准更切合实际,执行起来更有效果。

2. 标准条款要明确、精简

管理者在制订标准过程中一个突出的问题是标准不够明确,某些含糊不清的条款还容易引发员工的误解。在数量和质量方面都要明确要求，若不明确，业绩好的本应该被奖励的员工得不到任何认可，业绩差的员工反而有奖励，久而久之，员工积极性会受到打击。

标准要精简，不能过于啰唆。本应简单几句话就能明白的问题，硬生生制订出多条规定，使其复杂化。如规范员工工作期间的秩序，严禁吃零食、打闹、梳妆打扮等。这些问题只需要一条就能说明问题，有的单位却要分条处理，画蛇添足，如这样规定"严禁工作时间吃零食，但可以吃些没有声响的，如面包、牛奶等"。这句话不仅烦琐，而且有歧义，员工难以抉择。

制订标准时，管理者首先要明确，标准是让大家执行的，一定要简明扼要、通俗易懂、层次分明。只有这样，员工才会很容易明白标准的要求，明白如何实施，才能让标准更加有效地执行。

管理标准是否明确，直接体现出管理者的水平。只有标准内容设定得明确又具体，才能不让人产生误解。标准对员工形成规范作用，只有明确、具体，员工才能按此去做。基于此，员工不能完成工作任务或者违反了标准，就要承担相应的处罚，进行清晰有效的处罚也是管理者应该明确的重要一点。

七、标准的合理性

制订标准要显示原因和结果。要想适应现代市场竞争，不仅需要产品质量达到高技术标准要求，还需要通过管理标准和工作标准，对生产过程进行有效控制，确保产品可信度，增强产品市场竞争力。

一个科学合理的标准对餐饮企业的生存和发展起着重要作用；而不合理、违背规律的标准则会造成管理混乱，直接影响餐饮企业的发展。制订标准一定要科学严谨，做出详尽解释，为什么要制订这样的标准，如何执行，以及需要达到什么样的效果等，才有利于员工更好地执行。

1. 清楚标准因何而来

管理者想让员工严格遵守标准，最好是把自己当成普通员工，放下架子，少些"自我"，保持一颗平常心，重视制度的约束力，才能体现标准的公平性、公正性和严肃性。否则，会严重影响管理者在员工心目中的威信和影响力，从而削弱团队凝聚力和战斗力。

2. 严格执行标准，进行人性化管理，管理者以身作则

严格不等于失去人性化，不少餐饮企业谈到加强管理时，主张用严格的规章制度来约束和控制员工，其实这样不利于长期持续发展。有的标准充分暴露管理者自我强权心理，丝毫体现不出对员工的重视。员工会对管理者产生恐惧心理，甚至在工作时

都很被动。

只有靠人性化的管理，才能感动员工，留住人才，保证正常运营和发展。为此，管理者需要努力创造"家的文化"，通过发放员工生日卡、开展骨干座谈会等多种人性化手段，让每个员工真正感受到企业的温暖。此外，还可以为每位员工制订职业发展规划，定期组织培训，不断提高员工的工作能力，让他们看到自己在不断成长，看到未来发展的希望。

现在中央厨房制订的标准漏洞多，需要管理者不断去完善。在拟定标准时有基本要素，前提是要有原规则。原规则就好比国家的宪法一样，是最根本、最基础的规则，设立时，需要遵从人人都是利他者，才能达到利益最大化。实现利益最大化，才能让餐饮企业成员看到希望，而这也是让他们按照标准办事的一个解释。

八、标准的可行性

标准制作不仅需要明白、准确，更需要具有可执行性，必须是现实的、可操作的。如果标准不具备可操作性，那么标准最终只是一团废纸。

1. 找到发展中的细节问题，从问题着手

不少管理者在促使员工执行标准时，忽视了标准本身就有很不恰当的地方。如布置不合理、引导不精确、出了问题无法及时找到症结所在、粗心大意、不注重细节等，就会在执行上出现不必要的漏洞。

有些管理者制订标准时应付了事，根本不用心，粗枝大叶制订出来的大条框，自然也没有人会用心执行。时间久了，员工也就会用一种应付的态度去做，产生一系列的问题。所以，管理者要用心观察工作中遇到的问题，包括那些小事情的细节之处。餐饮业内流行的一句话"你用心地去了解顾客，才能知道顾客喜欢什么，想要什么，那么你才能明白怎样做到事无巨细"。

2. 走到基层，了解实情

许多管理者之所以在贯彻标准时不能从小处抓起，重要的原因是管理者不是来自基层，也没有在基层工作过，缺乏基层工作经验，导致无法看到基层工作中那千千万万的细节之处，更不能将标准从小处着眼。作为管理者，要对中央厨房及各个部门的各个具体的事项进行详细考察和了解，明白最基本的信息，细节标准也才能有据可循，这是高效执行力的重要前提。

3. 听取群众意见，制订高效可行的标准

要标准切实可行，就需要让员工接受，怎样的标准能够让员工接受？那就是他们认可并参与制订的标准。因此，制订标准时，不要只想着利用标准去约束员工，提高餐饮企业效率，也需要让员工参与进来，才更利于员工执行。

进入标准化的轨道中,依靠员工的执行,前提是必须得到员工的认可,提高标准的可行性,因此,在制订标准时,必须与员工"通气",让他们也参与其中。

九、标准的一致性

标准应协商通过,大家一致认可。管理者有这样的疑惑,即标准制订好,传达下去,但总得不到落实。出现这种问题,主要是制订的标准没有得到全体员工的认可,不能最大限度地反映员工的利益和意志。这是因为每制订一个制度或一个条例,基本是几个高管碰头一商量,不做任何调查,忽略全体员工的意见。任何标准,员工才是真正的执行者、检验者,过不了这关,就是一个失败的制度。

标准是由领导者策划、管理者制订、全体员工遵守和执行的行动规范和准则,一个完善的标准首先必须结合广大员工的智慧,听取广大员工的意见。员工执行力的强弱,首先表现在对制度的认同程度上,认同程度越高,忠诚度越高。制订标准,做决策,仅靠几个高层而忽略员工的意见和建议是不可行的。员工不了解标准,就无法很好地执行,当员工不知道为什么要这样制订标准,制订标准有什么作用时,会认为这些标准是上层强压,产生不满心理。

同时,如果管理者在没有通知员工的情况下直接下达标准,员工会感到上层领导不尊重自己,自己的想法没有机会提出来,自然很难认同下达的标准。即使员工了解制订标准的目的,也不会认为是最好的提议,从心理上就会排斥执行标准,还可能为此挑战所制订的标准。

员工对管理者不满,不愿意执行标准,与管理者唱反调,导致标准无效,根源在于员工不了解标准、不理解标准、不认同标准,如图 5-1 所示。

要解决这样的问题,必须提高员工的参与意识,并促使员工以实际行动做出改变。中央厨房企业领导者、管理者应从 3 个方面入手。

图 5-1　员工执行力不强的原因

1. 强化员工参与意识

员工参与标准制订,是提高员工对标准理解的过程。在议论、探讨、争执的过程中,员工可以加深对标准的认识和了解。即使最初有人持反对意见,也会在讨论中逐渐接受别人的意见,进而明白制订这项标准的必要性。当标准推行后,员工就很容易落实到位。

员工参与制订标准固然好,可以集思广益,得到更合理的标准。但是,管理者认为,员工本身没有积极参与的意识,需要管理者的引导,为员工参与管理创造有利条件,建立一些有利于员工参与标准管理的措施,如设立建议箱、定期交流会谈等,深化员工积极参与的意识。通过这些方法，让大家一起交流和思考，才能集思广益，制订出令员工满意的标准。

2. 在基层员工中开展有效宣传

任何一个新制度的实施都需要循序渐进，离不开主导者的宣传。如果在新标准宣传上做到位，员工就会对新制度、新标准有所了解；若不到位，员工就很难了解这些标准的意图，甚至连具体内容都不清楚，就更谈不上执行。因此，管理者必须做好对新制度、新标准的宣传工作，包括制订前、制订中、制订后都要有相应的宣传举措，以便员工在各个阶段对新制度充分了解。宣传的形式多样，可以依靠传统的媒介，如报纸、广播、墙体广告、电视等，也可以借助内部会议、演讲，或播放企业宣传片、企业形象片，以及举办大型活动和展演等。

3. 制度要人性化，充分尊重员工

很多高层管理者欲加快发展步伐，在竞争中占据主动，因此在标准的制订上过于严厉和苛刻。尤其是对员工利益的管理上过于严苛，有的甚至是违法、违规的。如此，员工们内心有了极大压力，内在产生一系列的疲倦感。管理者的主要任务应该是调动员工的自我责任感和主人翁意识，只有当员工懂得自己管理自己时，管理者的管理工作才富有成效。管理者应通过安全责任划分，让员工明确自己的责任范围，知道应该做什么、怎么做、做到什么程度，把执行标准当成一种高度自觉的行为。

制订标准是为了更好地发展，而标准落实则需要员工的配合。如果标准执行得不到员工的配合，那么标准就没有意义。所以制订标准时，一定要听取员工的意见，使标准得到认可，并得以执行。

十、标准的稳定性

制订一个合理的标准，不仅可以快速走上标准化道路，还能让员工愿意接受标准，执行标准。但这个标准总不确定，在不同人口中说出不同标准，员工就会找不到工作目标，工作时找不到基准，只能按自己的方式进行，其结果不会带来任何好处，员工也会产生不满。标准相对稳定就是要严谨，切忌朝令夕改、毫无章法。管理首先应该制订严格的标准，以拉面为例，拉面的制作过程中，应加入多少水、多少面及其他配料等比例，应有明确规定。作为管理者发现制度存在的问题，要想尽一切办法去完善，而不是全盘否定、改头换面，这是不符合管理规律的，对员工也是一种极大的伤害。因此有3个问题必须认识清楚。

1. 认定的标准必须长期坚持

有句谚语：狐狸知道很多事，刺猬只知道一件大事。意思是狐狸机灵，经常能想到鬼点子，让自己有所斩获，但却不及刺猬的防御计。每当刺猬受到攻击时，会蜷成一个圆球，把浑身的尖刺指向四面八方。从这个对比中看出，狐狸取胜靠的是小计策，而刺猬则靠专注的防御规则。刺猬把复杂的问题简单化，是战胜狐狸的根本。谚语的启发是如果有好的标准，就要长期坚持，而不能朝令夕改。

2. 根据出现的问题规范标准，而不是全盘否定

如果没有规范的标准约束，或许能够在某一阶段得到一定发展，但绝不可能永远稳如磐石。没有一个合理规范的标准，就不会有高效的执行能力和生产能力。然而，很多管理者的制度规范建设意识不够，也没有深刻的认识。一出现问题就全盘否定，使企业无法按照一个固定的轨道发展。明智的管理者必须制订一种适合实际情况发展的管理标准，并在出现问题后及时改进和优化，才是稳定发展的基础。

3. 以身作则，做好带头模范作用

有非常合理、规范的标准，却很难一如既往地执行。究其原因，管理者本人难辞其咎，他们认为标准只是针对员工的，自己则可以藐视标准、不遵守规定。这犹如在畅通无阻的高速路上放置一块巨石，后面的人通过时必然会受到影响，甚至不能前行。某些管理者存在特权思想，试想一下，一边要求员工遵守标准，一边自己却在触犯底线，这无异于搬起石头砸自己的脚。这样做会大大减弱员工执行标准的积极性和遵守标准的热情，因为标准只规范员工，而对管理者无效，体现的是两个标准，是对员工的不尊重，是不公平的表现，很难得到员工的支持。

管理者如果真想让标准进入长胜的发展轨道，最有效的做法是带头执行标准。同时，对员工进行思想教育和培训，让大家把遵守标准变成一种自觉的行为，把执行标准变成一种习惯。

 案例

"真功夫"的标准化

"真功夫"餐饮连锁机构是从广东东莞起步的中餐连锁店。经过几十年的发展，成为全国性的中餐连锁店。

1. 以"蒸"为主，实现正餐操作标准化

"真功夫"以经营蒸饭、蒸汤、甜品等蒸制食品为主。中餐菜系多种多样，煎、炒、烹、炸等手法众多，但个体差异太大，一个师傅就决定了一家餐馆的口味，所以标准化复制难度很大。在众多的中餐烹饪方法中，蒸属于稳定性较高的一类，蒸汽不因师傅的手法不同而改变性质，所以相对于其他烹调方式，蒸的方法更容易实现标准化操作。这是"真功夫"在餐饮管理实践中实现标准化的一个重要因素。

1995年，公司开始完善从前台到后台各个操作流程的标准。首先遇到的难题是传统的蒸饭与炖盅，只能用传统的高温炉、大锅和蒸笼。使用这些陈旧的厨具，一方

面后台的员工高温难耐；另一方面拿取产品十分不便，需要不断上搬下卸。另外，燃气灶火忽大忽小，很难控制火候，对菜品质的稳定性有一定的影响。

为了解决这个问题，公司与华南理工大学合作，一起研发更专业、更实用的蒸饭设备。借鉴烘烤的工艺，开发出抽屉式的蒸锅设备，既便于分层取用，时间也可以用微电脑控制，保证同一炖品蒸制时同温、同压、同时，因而几乎是绝对的同一口味。从此，"真功夫"的餐厅里不再需要厨师，不需要任何一把菜刀，服务员只要将一盅盅饭菜半成品放进蒸汽柜里，设定好时间和温度，时间一到拿出即可，实现"千份快餐同一口味"。

2. 实践"泰罗制[①]"，形成标准化作业体系

在开创之初，公司尝试做了很多种蒸品，虽然一直在向标准化努力，但中式点心种类繁多，标准化不容易。开一家店相对容易，开第二家店，品质就难以控制。

为了实现连锁复制，公司开始记录自己开店的每道工序，从如何烹饪到如何扫地，每个动作都要求做到标准化，不断完善每个细节。如果把一位顾客从进门到离开的过程分解考察，就会发现很多方面的服务可以完善。为此，公司制作了客户服务分解流程图，对每个环节都制订出了最优服务标准和流程。

在"真功夫"的配料车间，展现的是泰罗描述的工作场景：工人穿着清洁的制服，切肉、配菜、包包子。每个人只做一道工序，动作协调规范。员工的每个动作都经过培训，如切肉的刀举多高、切下的肉块有多大、包子上有多少条褶，都有明确的规定。"切肉"动作的标准化也是反复实验、测试的结果，首先通过组织劳动比赛，发现劳动能手，其次组织专家观察劳动能手的操作流程并予以记录、细化、分析、优化，最后变成量化的书面流程和标准。

后台的标准化保证了前台服务的便捷。"真功夫"承诺顾客80秒上菜。这个简单的承诺却包含了背后数道工序的优化安排。公司进行了流程分析，而且是逆向推算，包括前台服务需要怎样做、备料烹制怎样供应得上、后台原料如何来整理。

公司编制员工培训手册。随着店面的不断扩张，手册也从几页变成几十页，一直到厚厚的几大本。手册中每一条指示都是最佳经验的总结，而手册本身是员工培训和考核的蓝本。

3. 连续提高——科学管理的核心

"真功夫"营运手册中的各种规范有几千条，每一条都要求员工反复练习，形成规范和习惯。营运手册强调"规范不应该停留在纸面上，应该在实践中不断积累和改进"的理念。后来，营运手册多次改版修订，每次修订都代表管理规范水平的提高和服务内容的扩展。

[①] 泰罗制是一种科学管理体系，由美国工程师弗雷里克·泰罗于19世纪末20世纪初创立。

连续提高可以说是科学管理的核心,"泰罗制"的发展就是从规范到提高的螺旋式提升过程。餐饮行业包含非常多的工作细节,持续地改进实际是基础性的提高。

公司配有专人研究客户反馈,还聘请第三方核查公司,不定期检查服务情况,发现问题,及时改进。一次,公司发现蒸排骨的销量不理想,但找不到问题的根源。经查看客人用餐后的餐碟,发现里面有很多碎骨,进一步调查生猪排骨的配料情况,发现员工切骨的方法不科学,骨头的切口处有很多碎骨屑。经研究,配料部门采用了新的切割方法,碎骨不见了。之后的销量调查显示,蒸排骨的受欢迎程度显著提高。

第三节 中央厨房标准的完善

完善标准,就是足以应对中央厨房中大大小小的事务,让中央厨房中所有的事务都能在标准中找到规范。制订标准的目的是使中央厨房运转更加规范,但标准不是一成不变的,而是应适应时代或市场的变化,跟得上餐饮企业发展的步伐。

一、中央厨房标准的高效性

标准作为管理的一种规范,需要做到简单而高效。很多管理者就因为没有将标准简单化,所以无法让标准融进工作中。因此,在制订标准时一定要注意。

山东净雅餐饮集团董事长张永舵认为,餐饮行业是管理难度最大、管理成本最高的行业,科学管理,特别是中餐标准化管理是无法逾越的障碍。他经过几年的咨询和经验总结得出科学管理的5点:标准化管理、流程管理、体系化管理、量化管理和基于事实真相的管理,并解释所谓基于事实真相的管理与基于事实管理的不同。事实有时是人们逃避责任的借口,而如何定标准,如何做流程,如何将标准量化,都基于事实真相进行管理,要从态度、人心的角度进行管理。要完成这些,就需要管理的信息化,有一套成体系的工具和方法是让标准落实最好的方法。

标准化是提升管理水平的重要手段,是追求效率、减少差错的重要举措。标准化有4大目的:技术储备、提高效率、防止再发、教育训练。标准化的作用是把成员所积累的技术、经验以制度的方式加以规范,而不会因为人员流动,使整个技术、经验跟着流失。达到个人知道多少,组织就知道多少,也就是将个人经验(财富)转化为企业的经验(财富);更因为有了标准化,每一项工作即使换了不同的人来操作,也不会在效率和品质上出现太大的差异。

好的标准从以下3个方面来认识。

1. 有明确的评价、判断标准

标准，顾名思义，是衡量工作进程、工作质量、员工工作状态的基准和原则。最明显的一个特点是有明确的评价、判断标准。制订的标准能否达到预期效果，取决于在发生意外情况时，是否有明确的评判和衡量标准，并能否采取适时的措施及时修正。这非常重要，也是规章制度存在的必要性。如当标准制订时，应该让使用该标准的部门进行评价。

2. 充分体现员工的意愿

好的标准要能体现员工的意愿，使员工自觉自动去遵守、执行。有些管理者常常会制订一系列规章制度，目的是让员工更加努力工作。但是，当标准下达后，很多员工心怀不满，即有员工提出意见和建议，管理者也没有对标准进行相应的调整。于是，很多员工开始埋怨，一点工作积极性都没有。

完善薪酬制度和晋升制度，体现出公平和效率的原则，使员工在工作上有成就感，有个人发展的可能性；合理的职业生涯设计，能最大限度地体现对员工价值的承认和尊重。

3. 对未来要有一定的预测性

随着经济形势的发展，管理正面临着多样化、复杂化的窘境，在具体业务过程中难免出现意外事件，使现有的规章制度无法应对。一个好的制度必须有如下特点：尽可能地适应所有状况，即使不能，也能在短时间内做出调整；有一定的预测性，为了让制订的标准适应性更强，需要制订者提前了解内部发展形势、市场变化规律，对可能会发生的突发事件做到心中有数。一旦出现突发事件，也能给出应对措施，不会造成严重的后果。

要制订符合事实真相的标准，管理者要深入基层实际了解，发现真实问题，并利用标准帮助员工解决问题。这样的标准才具有实际意义，执行起来更加有效率。

二、中央厨房标准程序的精简

现代管理大都完善自己的标准化、规范化建设，内部管理逐渐走上科学化、程式化。但是，有的管理者急于求成，其标准化程序繁杂、环节过多、成本过高等，致使误入歧途，影响管理的有效性，制约发展速度。

竞争主要集中在人力资源配置上，配置的优化需要组织结构来实现。在工作环境中人才受制于复杂的科层制结构与标准，人才优势无法发挥。因此，有必要撤销那些无用程序，减少成本浪费，让人才发挥优势，不再被束缚。

1. 优化机构

机构臃肿是造成成本上升、资源浪费的主要原因。随着餐饮企业发展，机构势必要增加，人手也会增加，增加到一定程度而又不加控制时，人与人之间的沟通就变得困难，导致工作效率降低、决策失误等问题。

优化职位职能，消除内部部门壁垒，消除职务空白地带，消除人浮于事、扯皮推诿、职责不清、执行力不足的痼疾，达到运行有序、效率提高的目的。实行流程化管理，每个流程的每道工序必须交代清楚，每个员工都必须明确自己所负责的这道工序具体要做什么事情，什么事情该自己做，什么事情由别人做。然后，大家相互间保持协作，这样就很容易保证流程的完美运行。

2. 权力下放，提高效率

日本东芝开创权力分工执行的管理模式，具体是制度、政策的决定权在高层手中，执行大量下放给下设的各个部门。高层管理者不被小事羁绊，腾出大量时间去做更有意义的事情。

当各部门达到一定规模时，就以某种方式把它拆开，分为比较小的、更容易管理的新分部。如此，不但方便管理，还能激发起责任感，提高效率。因为组织规模小，而占主导地位的核心业务又只有一项，管理者更容易真正了解并负起责任。

3. 简化环节，减少"空中"消耗

流程繁杂、设置不合理造成工作人员重复性工作，资源在"空中"消耗。流程过多还容易产生误操作，带来更大损失。因此管理者要注重精简流程，在管理上，往往舍弃一个可有可无的流程，就能带来不小的改变。如果再辅以实用的技术，管理效益倍增。

管理是以精细化管理为前提而实施的简化管理。做好精细化管理，才能合理、有效地使管理简化。而且在简化决策过程中，不过分依赖理性分析，而是充分发挥决策者在占有大量材料和情报的基础上，在电脑等高技术手段辅助下的直觉判断，即回归自然的决策判断。

标准是用来复制一个又一个好的结果，如果标准过于复杂，所得到的结果就需要经历更多烦琐的步骤，引起员工的不满，导致效率低下。因此，为了提高效率，简化标准十分必要。

三、中央厨房标准与流程

衡量管理者的贡献，并不是做了多少事，而是做了什么事。那些细枝末节，本该下属做的事情他也做了，这样的事做得再多，也不能体现管理者的价值。管理者像舵手，需要登高望远，把握大方向。这也是制订的各项标准得以实施的保证，从这个角度，管理者认清自己的责任也是必需的。管理者需要做到以下 3 点：

1. 从烦琐的工作中解放出来

身为管理者，多操点心、多干点事，是事业心和责任感强的表现。但凡事都有个度，如果管理者事必躬亲、不善于发挥部属的作用，也会产生相反的结果。管理者在管理的时候，容易陷入烦琐的事务中，相当于与员工抢活干，事无巨细，也会让员工感受到压力。作为管理者，真正应该做的是做好自己的核心工作。不要参与其他部门的事情，甚至本部门的事情该放手的也要放手，该下放的也要下放。另外，有的管理者平时与员工称兄道弟，俨然没有级别之分，这不是好事，标准失去了应有的作用。

2. 明确员工职责，将标准执行到底

盲目扩大规模、增设部门，以粗放式的管理方式来提高经济效益，在初期，这种方式确实能起到积极的作用，经济效益好，就会再度增设、扩建机构，增加人员。随着发展，容易出现一个问题，即各部门之间职责不明，相互扯皮。这样，机构和人员反而成为发展的包袱，阻碍发展。

部门之间不能只有形式主义，不做实事，出现忙闲不均现象。管理者要明确各个部门甚至每个人的职责，确定岗位的过程中，从解决员工最关心的问题入手，理顺工作关系，对各岗位职责明确界定，解决职责不清、推诿扯皮等问题。

3. 合理分工，每个人只需做好自己的事

管理者只有合理地为员工分工，才能让标准井然有序地执行。很多管理者往往在出事之后就埋怨员工的执行力不到位，没有反思员工的执行力之所以不到位，很可能是因为管理者自己没有对员工做到合理的分工和安排，导致整体的执行力下降。

标准的目的就是让员工在工作时有据可依，因此，在制订标准时要树立程序标准，确保执行畅通，标准才能真正产生作用。

四、中央厨房标准的前瞻性

标准是稳健前行的轨道，随着市场经济的变化，标准也应该随之变化，才能跟得上发展的要求。

其实很多餐饮企业都具有潜力，前景广阔，但谋求更上一层楼的过程中，会暴露出员工工作的随意性强、推诿扯皮、缺乏上进心等严重问题。主要原因是初创期的员工职业化程度低。所谓职业化，是一种工作状态的标准化、规范化和制度化，是现代餐饮企业发展的核心竞争力。管理者也许会想用裁员换人的方式来解决问题，但是，这些人大部分是一同创业打拼过来的人，碍着哥们义气、兄弟感情，难以开口。也正是如此，存在这种陈旧的且阻碍发展的管理模式。实际上，从这种"义气化"到"标准化"的转变是发展中都需要经历的过程。

1. 从认"人"转到认"标准"

创业元老最大的优点是对创始人的高度认可和对企业的忠诚度，能拥有这样的员工是企业最大的财富。不可否认，在企业的初创期，获得员工的认同感和忠诚度是成功的关键，但是，当企业度过初创期进入上升期时，元老级员工的自由散漫会成为企业上升的极大隐患。原因是他们只认同董事长而不认同企业制度，在工作中不愿遵循管理流程，只是凭借兄弟感情和义气工作，给发展带来极大阻碍。要解决此问题，最关键是为老员工重新建立"标准化"的情感寄托，将元老级员工对创始人的感情依托转变为对企业文化的认同。这一情感转变过程中，一定要弱化创始人的角色，强调企业核心价值观的重要性，遇到困难时不再以创始人个人意图为解决问题的方向，而是由领导牵头以企业标准为指导思想去处理问题。通过这样的工作方式，久而久之，标准必将深入每位员工的内心，并对员工的行为有所规范和指导。

2. 建立"阳光"沟通渠道

许多企业元老级员工最喜欢做的事情莫过于"打小报告"，常常以拥有和创始人的私下沟通特权为荣，不服从管理者，凌驾于制度和流程之上。如此下去必然会在企业中形成"打小报告"的风气，导致命令不能得到有效执行，管理混乱。以上行为必须禁止，这一环节创始人要尽量避免与员工私下沟通，建立清晰透明的沟通流程，依据企业明文规定的原则进行信息的传递与交流，让制度发挥应有的作用，指导和规范企业正常地运营。

3. 引进"鲶鱼"，激励员工

当中央厨房企业文化的引领和管理制度的约束对某些员工失效时，可以尝试逐步空降职业化的管理团队，利用"鲶鱼效应"提升员工的积极性和主动性，以带动和刺激整个组织的其他人员，在企业内部形成人人向上的良好竞争氛围。在企业内部开展培训、规范管理方式、制订绩效考核指标，通过一段时间的考核（考核周期8个月以上），无论新老员工都要本着"能者上、平者让、庸者下"的原则进行末位淘汰。只有这样才能体现企业公平的原则，激发员工活力，同时，让逾越制度的老员工有所收敛，产生紧迫感和压力感，从而认真遵守企业制度，不再倚老卖老。这一阶段，创始人要适当放权给空降的"鲶鱼"，保证考核的公平。在企业的大船上，只有将不合格的水手放到岸边，船上的其他员工才会为企业的未来搏击风浪，企业才能乘风破浪。

每一个刚刚走过初创期的企业，都应该以所有员工的利益为重、以企业的发展为重、以承担责任为重，放下"义气化"走向"标准化"。这样的企业才有标可循，更好地向前发展。

五、中央厨房标准的调整

标准化管理，是在树立品牌的过程中，从品牌认知度发展到品牌喜好度，进而赢得消费者长期忠诚度的保障。顾客导向，是整个战略规划的出发点，也是多元化行为模式的指引。依据顾客建议，为中央厨房企业发展、品牌影响力的建立、市场开拓3方面服务，具体如下。

1. 顾客需求决定餐饮企业前景

中央厨房企业要有危机意识，如果没有根据顾客需求及时改变管理标准，就会走向衰败。顾客导向是战略出发点，是多元化模式的指引。依靠顾客导向，很多中央厨房企业在近20年中，逐渐发展壮大，成为市场上活跃的力量。

2. 顾客验证品牌影响力

品牌影响力与顾客忠诚度密不可分，一个品牌有知名度、美誉度，才能赢得消费者的信任，是消费者对那些名牌产品情有独钟的主要原因，而标准化管理正是树立品牌的重要保证，实行标准化管理，不仅是寻求自身发展的要求，也是市场的要求。只有标准化和统一化，才能建立品牌影响力和知名度，取得顾客的信任。

3. 顾客需求决定市场需求

当靠着标准化的管理，完成市场的初步建设之后，下一个目标一定是向纵深发展。越深入市场，对市场需求的要求就越高，即必须有大量的市场需求才能满足纵深的市场。

决定市场需求的往往是顾客需求，只有顾客需求，才能进一步产生市场需求。否则，会阻碍发展。因此要想扩展市场份额，首先必须调查市场需求的大小。开拓市场，最主要的是对消费者需求进行调查和评估，再加上与生俱来的市场敏感度和长期实战操作，就应开始调整战略措施，加大针对市场的研发与创新投入，早日向市场的纵深发展，成为行业的领军人。

虽然标准不能朝令夕改，但标准也不是一成不变，不仅需要跟时代走，还需要迎合顾客的感受。只有执行这样的标准，其结果才是顾客所能接受的结果，才能获得更多人的认可，在行业中赢得一片天地。

六、中央厨房标准的时效性

规章制度、条例条文等标准，都是根据当时的客观事实而制订，如企业发展状况、市场状况、顾客需求，以及竞争对手等客观事实发生改变时，其标准也要随之改变。否则，就无法适应实际需求，无法起到相应的约束和衡量作用，甚至适得其反，起到反作用。

作为管理者，在制订政策、策略时必须做到因地制宜、因人而异，根据当时的实际情况做相应的调整。现实总是不断变化，新问题和新事物层出不穷，作为管理者，一定要善于从事实出发，与时俱进，随着外部环境的改变而改变自己的思维模式。然而，人们往往习惯于从同一个角度去思考问题，用一种模式去解决不断变化的问题。管理中央厨房也是如此，尤其是在标准的制订上，不同时期的人，其心态和想法自然会不一样。再加上社会外部环境的客观变化，中央厨房管理必然也会在变化之中，这就要求根据形式变化与时俱进地做出标准上的变化。

1. 标准要与时代发展紧密相连

规章和标准本身具有很大的时间性，而管理者只考虑怎样去约束员工，却忽视时间的变化会让某些标准变得毫无意义。

建立标准的时候要具有一定的时间观念，同时，还要符合时代的发展和环境的改变。而那些千古不变的标准是不可能适应发展要求的，因此，让标准符合时代潮流发展、切合实际需求是管理者应该重视的一项重要工作。

2. 管理者的思想要与时俱进

大多数管理者在设定管理标准的时候，往往十分局限，不能用长远的眼光看待发展。如管理者往往以自我为中心，不去考察其他餐饮企业的管理，也不深入了解员工的工作情况，甚至不关注国家对企业管理推出的一些新政策，更不关注时代发展对企业造成的影响，因此造就了标准的落后。

管理标准的制订流程中，管理者必须先解放个人思想。有时候，管理者嘴上说要改革标准、推进管理，往往只是表面功夫，实际的思想还是一成不变。因此，身为管理者，必须要让自己先在思想上走出去，达到与时俱进。需要管理者多观察和留意同行的发展变化，多读些相关报道，了解最新的经济发展和大环境的改变，先从思想上与时俱进，再从行动上与时俱进。

制订管理标准都是为了让员工遵守，但若是基于一种形式而不去改变，那么也不会发展和进步。因此针对内部一些管理欠缺之处，一定要进行改善。管理者必须向先进企业学习，做到与时俱进，从根本上改变标准。

七、中央厨房的精益生产

1. 精益生产实施步骤

（1）选择要改进的关键流程　精益生产方式不是一蹴而就，而是强调持续地改进。应该先选择关键的流程，力争把它建立成一条样板线。

（2）画出价值流程图　价值流程图是一种用来描述物流和信息流的方法。绘制完目前状态的价值流程图后，可以描绘出一个精益远景图。这个过程中，更多的图标用来表示连续的流程、各种类型的拉动系统、均衡生产，以及缩短工装更换时间，生产周期被细分为增值和非增值时间。

（3）全员参与改进　精益远景图必须付诸实施，否则规划得再巧妙也只是废纸一张。实施计划中包括什么、什么时候和谁来负责，并且在实施过程中设立评审节点。这样，全体员工都参与全员生产性维护系统中。持续改进全员生产流程的方法主要有这样几种：消除质量检测环节和返工现象、消除原料不必要的移动、消灭库存、合理安排生产计划、减少生产准备时间、消除空闲时间、提高劳动利用率。

（4）营造中央厨房企业文化　虽然中央厨房现场发生显著改进，能引发随后一系列企业文化变革，但是如果想当然地认为由于中央厨房平面布置和生产操作方式上的改进，就能自动建立和推进积极的文化改变，这显然不现实。文化的变革要比生产现场的改进难度更大，两者都是必须完成且相辅相成的。许多项目的实施经验证明，项目成功的关键是管理者要身体力行，把生产方式改善和企业文化演变结合起来。

传统餐饮企业向精益化生产方向转变，不是单纯地采用相应的"看板"工具及先进的生产管理技术就可以完成的，而是必须使全体员工的理念发生改变。

（5）推广到整个部门　精益生产利用各种技术来消除浪费，着眼于整个生产流程。所以，样板线的成功要推广到整个部门，使操作工序缩短，推动式生产系统被以顾客为导向的拉动式生产系统所替代。

总而言之，精益生产是一个永无止境的精益求精的过程，致力于改进生产流程和流程中的每一道工序，尽最大可能消除价值链中一切不能增加价值的活动，提高劳动利用率，消灭浪费，按照顾客要求生产，同时也最大限度地降低库存。

由传统生产向精益生产的转变不可能一蹴而就，需要付出一定的代价，还可能出现意想不到的问题。只要坚定不移地走精益之路，就能享受精益生产带来的好处。

2. 精益生产的特点

（1）拉动式准时化生产　以最终顾客的需求为生产起点，强调物流平衡，追求零库存，要求上一道工序加工完的原料立即可以进入下一道工序。

组织生产线依靠一种称为看板的形式，即由看板传递，由下向上推导需求的信息（看板的形式不限，关键在于能够传递信息）。

生产中的节拍可由人工干预、控制，但重在保证生产中的平衡（对于每一道工序来说，即为保证对后续工序供应的准时化）。

采用拉动式生产，生产中的计划与调度实质上是由各个生产单元自己完成，在形式上不采用集中计划，但操作过程中生产单元之间协调极为必要。

（2）全面质量管理　强调质量是生产出来而非检验出来的，由生产中的质量管理来保证最终质量。

生产过程中对质量的检验与控制在每一道工序都进行。重在培养每位员工的质量意识，在每一道工序进行时注意质量的检测与控制，保证及时发现质量问题。

如果在生产过程中发现质量问题，根据情况，可以立即停止生产，直到解决问题，从而保证不出现对不合格品的无效加工。

对于出现的质量问题，一般组织相关的技术与生产人员作为一个小组，一起协作，尽快解决。

（3）团队工作法　每位员工在工作中不仅执行上级的命令，更重要的是积极地参与，起到决策与辅助决策的作用。

组织团队的原则并不完全按行政组织来划分，而是主要根据业务的关系来划分。

团队成员强调一专多能，要求熟悉团队内其他人员的工作，保证工作的协调顺利进行。

团队人员工作业绩的评定受团队内部评价的影响。

团队工作的基本氛围是信任，以一种长期的监督控制为主，避免对每一步工作的稽核，提高工作效率。

团队的组织是变动的，针对不同的事物，建立不同的团队，同一个人可能属于不同的团队。

（4）并行工程　在产品设计开发期间，将概念设计、结构设计、工艺设计、最终需求等结合起来，保证以最快的速度按要求的质量完成。

各项工作由与此相关的项目小组完成。进程中小组成员各自安排自身的工作，但可以定期或随时反馈信息并对出现的问题协调解决。

依据适当的信息系统工具，反馈与协调整个项目的进行。利用现代 CIM㊀ 技术，在产品的研制与开发期间，辅助项目进程的并行化。

第四节　中央厨房标准的执行

走向标准化道路，唯一途径就是执行。好的标准最后成为摆设，原因在于没有彻底执行。提高执行力，不仅仅是为了贯彻执行，走向标准化道路，更是为了提升效益。

㊀　CIM，Computer-Integrated Manufacturing，计算机集成制造。

一、中央厨房标准的落实

标准的生命力在于执行。制订标准是为了服务于经营活动，产生一个又一个好的结果，不能执行，标准就如同虚设，没有丝毫的意义。

相信在现实生活里，有很多人没有定性，想干一件事时，又想起另外一件事，如此下去，常常很难把一件重要的事完成，这个致命伤就是缺乏"执行力"。不能对种种问题事先做统筹安排，不能确立明确的目标和实现目标的先后顺序，即没有良好的流程设计，只顾手忙脚乱地头痛医头、脚痛医脚。作为战略决策者，缺乏执行力，必然没有竞争力；同时，作为执行者，没有定力，没有为完成一个任务必须坚定不移的决心，三心二意，最终一事无成。

1. 沟通是执行的先决、前提条件

工作过程中，需要有一条阳光的沟通渠道，沟通中，各级员工理解战略目标，满怀对美好愿景的展望，充满实现愿景的激情，各项工作的落实就有速度和质量。通过沟通，群策群力，集思广益，可以在执行中分清战略的条条框框，适合的才是最好的，自上而下使执行更顺畅。好的沟通是成功的一半，反之，执行力不佳也是沟通惹的祸，沟通不通畅的结果是各层级之间没有共同的目标，基本都为不执行、不落实找借口，却不为成功找理由，结果就像螃蟹、驴子和天鹅一起拉车一样。

2. 管理者要起到带头作用

实现战略目标，取决于高层管理者的态度与力度，高层管理者的时间在哪里，重点就在哪里，因此，员工的执行力等于管理者的领导力。另外，中层管理者既是执行者，又是领导者，他们的作用发挥得好，是高层联系基层的一座桥梁；发挥得不好，是横在高层与基层之间的一堵墙。要选有责任、有德行、有创新、重落实的人，用人要以德为先，适者为才，用对人就会事半功倍。

3. 建立科学管理机制，提升执行力

建立科学严格的管理机制，是战略执行力的保障。随着规模的不断扩大，只有在管理模式和管理机制方面下功夫，确立严格的制度保障，才能建立顺畅的内部沟通渠道，才能形成规范、有章可循的"以制度管理人"的方式，才能增加内部管理的公平性，明确管理者的责、权、利，提高管理效率和执行力。

执行力要部门和个人相配合完成，只靠个人执行不叫有效执行，部门也要有行之有效的操作流程。二者结合才能执行力强。关键点又回到团队配合，就像新的木桶理论，现在看木板不能只看长短，如果所有木板都长，那么板与板之间的拼扣就至关重要，否则也会装不满水。

二、中央厨房标准的执行力

"人情归人情,事情归事情。"任何一个管理者都不希望企业昙花一现,都希望向上发展,成为常青树企业。只有拥有标准,企业才会像磐石一样稳固。一个企业仅有人才、技术、设备还不够,更需要一个标准,并执行标准。

1. 中央厨房企业需要人情,更需要标准

对于一个中央厨房企业来说,要经久不衰,不仅需要技术的支持、人才的供给,更需要标准的约束。通常是能人在先,但企业的发展不是靠一两个骨干就可以的,现在的能人时代、强人时代、关系时代,不久就会过渡为标准为王的时代,是大数据时代。社会强调依法治国,企业也应该如此,用标准、规章、流程和法治等标准化的形式来进行管理。

制订标准时,一定要设定具体的处置标准,员工表现得好,按照规定给予奖赏;员工表现糟糕,造成损失,按照规定给予处罚。这样的标准才能彰显公平,才能鞭策后进、鼓舞先进,才能起到管理员工、凝聚人心的作用。

依靠人际关系,或者一些能人志士,可带动企业的发展,但不能带动企业走向高峰。管理标准是发展的基础,好的标准可以充分利用资源,不做无谓的消耗,让各种资源形成强大而有效的合力,促进中央厨房企业发展。

2. 用标准促进中央厨房企业发展

标准是企业发展的动力,成为一流企业,就必须注重发展标准。作为管理者,虽然已经具备很强的魄力与过人的智慧,也不独裁专制,但只有通过标准,才能维持发展。因为不是每一个员工都像创始人那样,有着果断的决策力,标准的出现会成为永远的"创始人",成为众人的标杆。

科学的标准才会引导中央厨房企业不断攀升,若是标准不严谨,全是泛泛而谈的"空架子",没有具体的规范,就等于没有标准。现在很多小企业就是这样,虽然也有一套一套的标准,但标准不严谨、没法考量,也无法评估执行效果。这样的企业也注定难成气候。

三、中央厨房标准意识的强化

每个人树立"标准化作业"的意识。标准化作业是企业制度、标准和纪律在岗位上的具体规范,要求自己明确岗位责任,确立自己的位置,知道什么可以做,什么不可以做。站在企业角度,能够让员工更好地了解并接受企业制订的各种标准,管理者肯定会将标准化作业意识当首要工作来抓,通过建立一系列台账,使每项工作落实到实处,使用台账这一得力工具能及时解决管理中存在的诸多问题。

标准化作业突出表现在管人方面。最有效的管理莫过于标准管理，人管人是管不住的，只有标准管人才能管得令人心服口服。要把标准化作业作为一种职业信仰、职业责任、职业荣誉、职业操守来奉行，而且，对于一个好的管理者来说，制订好的标准只等于成功的 1/3，另外 2/3 靠的是执行标准。所以，唯有将标准落在实处，才真正利于餐饮企业发展。

1. 强化标准意识，将标准融入工作中

实施标准化作业，首先必须强化员工的意识，使每个员工在潜意识里认可和接受这些规章制度。管理中央厨房也一样，没有严肃的标准和让员工遵守标准的严肃环境，就不可能取得好的成果、跻身行业前列。

现实中，作为管理者，要切身走入员工工作中，从他们身上找到标准不能执行的原因。但很多管理者意识不到这一点，始终不能为员工营造出一种遵守标准的严肃环境，让标准得不到执行，成为"纸老虎"。所以，标准彻底被执行，一定要注意强化员工的标准意识，让他们对标准重视起来。

2. 抓标准，更要抓员工的执行意愿

很多时候，标准无法实行下去，并不是标准的问题，而是与执行者有关，执行意愿不够，执行力不强，效果也会很差。

管理者在制订制度、设立标准的时候，要注重情理结合，不但要合法，也要合理，符合员工的心理期许，只有这样，才能真正促使员工自觉遵守标准。情理结合，也有利于一种执行标准严肃环境的形成。

3. 执行标准，执行者要身体力行

管理者在制订出标准后，放任不管，不能以身作则。此时，员工会在内心产生一种"反抗"意识，标准也就很难执行到位。

古语云：善为人者能自为，善治人者能自治。管理者在激烈的竞争中得到一定的发展和成效，首先要自律。管理者必须在制订标准之后，身体力行，以身作则，让员工从内心看到标准的严格程度，内心形成一种严肃的执行压迫感，充分调动工作的积极性，自然会形成一种遵守标准的严肃环境。

管理者可以利用报告或开会的形式，对员工进行正反面的教育，用优秀人才和一些工作失误员工的事例，让员工内心真正形成对标准的重视，从心理上形成积极遵守标准的意识，培养遵守标准的自觉性，形成团结一致、有凝聚力的整体，才能够在竞争中立于不败之地。

四、中央厨房标准的公平性

标准不只是针对普通员工，而是针对中央厨房企业所有成员，包括管理者。只有这样才能体现出人人平等，没有任何人在标准面前可以享有特权。管理的根本在于公平与效率，想要达到这个目标，必须有各种"标准"做保证。如果没有标准，管理者在处理问题的时候就会缺乏制约，很难保证公平和公正。

1. "标准"是权威，谁都不能触犯

中央厨房企业所制订的各种标准，就是执行标准，既然制订了就应坚定不移地去执行。作为管理者首先要以身作则，树立这些标准的权威。企业高层和管理者就是企业的"定海神针"，是企业旗帜的挥动者，其一言一行都会在企业内部产生重要影响。管理者以身作则，员工就会纷纷效仿、主动遵守；反之，如果管理者一再破坏、践踏亲手制订的制度，员工也无心去遵守。

因为破坏标准，管理者的威信也随之丧失，最后员工就可能不把标准、管理者放在眼里。所以作为管理者，应该有明确的是非标准。

2. 职位有高低之分，标准没有上下之分

很多管理者理所当然地认为自己与普通员工是上下级关系，就应当有高低之分，并将这种思想体现在决策、标准的制订上。如管理层享受迟到、早退的特权，享受不同的考核制度等。这种严重的等级倾向性，体现企业管理的不规范性、随意性。

一个中央厨房自然需要领导者和员工在等级上有分别，但是在管理上，管理者不能搞标准的特权。管理者应该明白，标准是自己定的，就应该以身作则，遵守标准。如果认为自己可以随便跨越标准，那么员工很难信服，管理者也就会失去威信。

中央厨房不是哪个人的，而是一个团队的，而团队必须依附于共同的价值观，具有这种共同价值观，基业才可长青，成为百年老店。规章制度塑造了这种共同价值观，所以企业高层必须正视这个问题，自己主动从"神龛"上走下来。否则，再辉煌的企业也不过是昙花一现。

中央厨房企业发展必须通过正规化的运作来实现内部的标准化管理，不论是谁都应该遵守标准，避免人情管理，避免走上歧途。

五、防微杜渐

执行力代表一个企业的效率，同时，高效的执行力更能带领企业早日走进标准化的轨道中。但是，现实中，标准执行一段时间后，又恢复到以前的状态，或不能透彻地执行到底，主要原因是"破窗效应"的原理，是一个人或几个人的松懈，导致以前一切的美好都被摧毁。

"破窗效应"与标准能不能彻底执行有很大的关系。日常生活中也有这样的体会：桌上的财物和敞开的大门，可能使本无贪念的人心生贪念；对于违反程序或廉政规定的行为，有关组织没有进行严肃处理，没有引起员工的重视，类似行为会再次甚至多次发生；对于工作寻求成本效益的行为，有关领导不以为意，让下属员工的浪费行为得不到纠正，会日趋严重；当员工没有遵守标准，监督领导视而不见时，更多的员工就开始不按照标准办事。俗话说，小洞不补，大洞吃苦。为了防止这一怪象出现，管理者要提前做好防范。

1. 说到必须做到

管理层要做到"令行禁止"，即使一件小事也是如此，所谓"千里之堤，溃于蚁穴"，不及时修好第一扇被打碎的窗户，就会带来更大的损失。如果不注重细小的环节，那么，员工就会钻空子，用诸多借口不执行制订的标准。因此，管理者应抓住小细节，从小处着手抓标准。小的标准都能执行到位，大的标准员工更会努力执行。

2. 制订合理的处罚标准

有些餐饮企业对员工要求十分苛刻，制度本身就不规范，老板一个人说了算，即使犯一个很小的错误也要严惩。丝毫没有站在员工的位置上思考，"重罚"会导致员工的不稳定。犯错就应惩罚，但一定要把握好度。作为管理者，应该把这个"度"具体化、标准化，根据不同事件、不同程度分出高、中、低档次。对于一切处罚制度，都应该明文规定，让员工看到做哪些事情会受到处罚，在做事时就不会去触碰，就算受到处罚，也不能推卸责任或找借口。因此，处罚标准一定要合理，同时也要公布于众，才能起到警诫作用。

3. 激励与奖励并存

为增强员工工作的积极性，企业都会设定一些奖励制度，如员工提出建设性的建议后，就会得到奖励。但是，既然制订奖励制度，就应该说到做到，否则会打击员工的积极性。物质奖励不一定多，但能体现出对员工的回报，让员工知道自己所做的一切是值得的。因此，激励员工是一种方法，还要奖励员工，激励与奖励并存，才能让员工更好地工作，更加彻底地执行标准。

标准化建设在管理中已经是老生常谈。但是，现实的情况是标准多，有效执行得少。长此以往，企业的发展会受严重影响。对企业员工中发生的"小奸小恶"行为，管理者要引起充分的重视，适当的时候要小题大做，才能防止有人效仿、积重难返。

六、权责分明

将责任落实到每个人。工作中总会出现相互扯皮、相互推卸责任的现象，这不是因为管理制度的缺乏，而是在于责任心的缺乏。对于工作中出现的相互推卸责任的现象，管理者虽然气愤，但也不知道如何是好。要想避免这个问题的出现，就需要为任务标上标签，谁的任务谁负责，结果不论怎样，都由这个人来负责。

"千斤重担众人挑，人人头上有结果"，清晰界定每个人的职责，保证责任不被稀释掉，从而实现想要的结果。很多管理者认为员工会按照自己希望的去做，其实是一种错觉，员工只会做管理者检查的事情。因此，管理者要在相信员工能力的基础上，考虑到员工完成不了任务时的对策，不能把职业发展和企业利润寄托在员工的承诺上。

1. 建立一对一的责任制

要做好工作、实现良性结果，首先要锁定责任，建立一对一的责任制。表现在工作中，就是每项任务都不用"我们""你们"和"他们"来限定，而是用"我""你"和"他"等明确的字。因为加上"们"字，责任就会稀释掉。很多领导者有一种错觉，认为重要的事情要交给多人去做，负责事情的人越多就越不会出现问题，但会让每个人都认为"大家的事就等于别人的事，别人的事就相当于不关自己的事"，结果造成效率低下。因此，必须建立一对一的责任制，把责任落实到每个人的头上，保证责任百分之百地传递给员工。

2. 惩罚只是一种手段

领导交代员工做事时，有时会出现无法让领导满意的结果，这时惩罚也于事无补。员工对领导的承诺，大多数情况下只是一种美好的愿望，一旦事情没有成功，领导即使扣除员工的工资，资源成本、时间成本、机会成本也已经付出，这个员工给企业带来的损失甚至远远不止这些。所以对管理者来说，惩罚员工不是最终目的，只是约束的一种手段。真正的目的是促使员工做到满意的结果，不给企业带来损失。

3. 及时激励的概念

及时激励就是组织对员工的行为或阶段性成果做出实时肯定或否定回应，完成行为塑造。当员工做完一件事情后，管理者应该做的重要事情是对员工所达成的结果进行评价，所给的评价不同，整个组织的执行力及结果都会完全不同。好孩子是夸出来的，好员工也是夸出来的，领导的评价将决定整个组织的效益和绩效。及时激励就是一个很有效的评价系统，如果员工在工作中总是遭遇挫折，最后的结果就是离开；如果员工在工作中能够达到目的，管理者总是不断进行正面激励，会带来良性循环。

很多管理者之所以看不到结果，是因为陷入一个管理陷阱，那就是过多地承担责任，就是因为管理者事无巨细，总是亲自过问，导致所有承担责任的主体发生了转移。因此，作为管理者，一定要懂得放手，让员工自己去承担责任，加上惩罚、激励机制，才能看到正向结果。

七、严格执行

执行标准要严格，不能打折扣。在标准的作用下，让一切行为都有了规范，而想要将这种规范落实，就需要员工严格遵守、严格执行。

曾经有人说：三流的点子加一流的执行力永远比一流的点子加三流的执行力更好。同样，管理中央厨房也是这个道理，关键就是把执行落到实处。执行力，就个人而言，就是把想干的事情干成的能力；对于中央厨房而言，执行力就是把战略计划一步步落实到位。

1. 重视执行力，一切按标准办事

不少企业破产或倒闭后，总喜欢将问题归咎于决策失误。殊不知，很多时候，决策、战略或管理并没有错，错在于知而不行。经过集思广益做出的决策或战略，如果没有付诸实践，那么在执行过程中，任何犹豫或摇摆，都会产生严重的不良后果，甚至会导致全局的失败。

很多管理者习惯性地关注员工的执行力，认为员工个体执行力低，造成企业的执行力低，并没有思考自己的执行力问题。殊不知，很多时候是因为自己没有严肃地执行，没有严格地抓执行，才会逐渐导致企业整体执行力低下。因而，管理者应该早日意识到这个问题，抓住企业执行力，并想方设法提高，才能让标准更好地落实。

2. 维护标准的严肃性

相信每个中央厨房企业所制订的标准都是相当严谨的，也正是因为标准的严谨，所以更需要员工在执行时要严格。

如果标准明文规定问题怎么处理，那么就应毫不犹豫地按照标准办事，绝不姑息纵容种种违反标准的事情。这样才能维护标准的严肃性，才能维护领导的威信，才能保证企业的正常发展。

3. 注重执行力的培养

中央厨房企业领导者是战略执行的重要主体，领导者在重视自身执行力的同时，还必须重视培养员工的执行力。如何培养员工的执行力，是企业总体执行力提升的关键。如有的企业这样规定：每位表现优异的员工，都要带领一名新员工或表现不佳的员工，对他们进行一对一的培训指导。如此更能使整个团队具有强大的执行力，保证制度的落实和总体战略的实现。

标准化的中央厨房企业可以复制好的结果，如果没有好的结果，是因为没有严格地按照标准执行，如果每一个环节都打了折扣，其结果可想而知。因此，标准一定要严格执行，才能起到标准的真正作用。

八、注重细节

从细节抓起，保证执行到位。执行力就是战斗力，要想获得战斗力就必须具有优秀的执行力，而优秀的执行力来自点点滴滴的细节。做好每个细节，积少成多，大事就能做成；相反，细节做不到位，个人就无法进步，企业就不可能有发展。企业管理标准要想彻底得到执行，就必须从细微之处抓起，狠抓各个细节，以保证每条标准都能执行到位，发挥其作用。

执行力是企业长久生存和成功的必要条件。执行力是将战略落到实处的能力，执行是目标与结果之间最重要的一环，提高执行力就必须从细节做起，注重细节，从小事一点一滴认真做好。具体表现在以下2个方面：

1. 任何大事都由细节组成

正所谓，厄运就隐藏在小事情上。管理者一定要把握住管理中的细节，将标准贯彻到细微处，追求细节，从根本上去掉隐患，才能产生高效执行力，使企业取得优异成绩。

2. 小细节反映大事件，小细节成就大事件

中央厨房企业管理者之所以没有将标准从细微处着眼，并不是因为管理者没有制订相关标准，而是制订之后，没有严格地要求员工执行。总是将一些严厉的标准和惩罚规定在大处，这种严重忽视小节的标准注定该企业无法往更远处发展。麦当劳和肯德基在小细节方面做得非常优秀，也正是基于对小细节标准的有力执行。

管理者既然制订了小节上的标准规范，就要对其进行严格要求。同时，要加大对违反者的严厉处罚，只有严格要求，小节的标准才能被高效执行。

很多管理者没有意识到标准的重要性，在制订标准时，应付了事，根本没有用心制订标准。也正因如此，所制订的标准也没有起到很大作用。标准下达后，员工也是用一种应付了事的态度去执行。这就导致企业在发展中出现很多问题。其实，只要管理者用心观察，就会从这些问题中找到原因，包括那些细节之处的小事，都是由于没有细心制订标准造成。作为管理者一定要用心制订标准，不能糊弄了事，更不能随自己的意愿制订。

现实中，很多管理者对细节标准还不是那么了解，而且管理者认为大战略正确之后，就可以不必在意这些小节。因此，这类企业在成长为中型企业之后就开始衰败。为了企业的发展，管理者应该注意这一点，越是在成长时期，越需要认真细致。

第五节　中央厨房标准的内容

质量是企业的生命，是企业的形象和声誉，高质量管理是企业的无形超值资产。细节性的"无差错"管理，使企业不断完善。中央厨房质量管理，实质是对中央厨房全方位的有效控制，即对中央厨房生产原料、生产工作流程、产品质量和各类规章

制度的控制。就是对生产质量标准、产品成本要求和制作规范在生产流程中的落实情况加以检查督导，随时消除一切生产性误差，从而保证产品一贯的质量标准和优质形象，保证达到预期的生产成本标准，消除一切生产性浪费，保证员工都按照标准来工作，形成最佳的生产秩序和流程。控制的措施包括制订控制标准，并用一定的方法控制生产过程。

任何工作，没有标准就没有规矩，也就难成方圆。没有统一的生产流程控制标准，就很难对加工、切配及烹调等生产流程中可能出现的问题实行调控。没有标准，就会使中央厨房员工无章可循，各行其是，因厨师的经验和技术的差异，以及中央厨房分工合作的生产方式等因素，菜肴质量会失去稳定性；没有标准，将大大限制餐饮企业管理人员对成本和质量的了解程度，也就无法进行有效控制和管理。

中央厨房标准的形式有标准菜谱、标量菜谱和生产标准等。

（1）标准菜谱　标准菜谱是以菜谱的形式，列出用料配方，制订操作程序，明确工艺流程和分装规格，指明菜肴的质量标准，标明该菜肴的成本、成本率和售价。标准菜谱一般为内部使用。

（2）标量菜谱　标量菜谱（即生产指导书）就是在菜谱的菜名下面，分别列出每个菜肴的主料、配料和调料及口味特点。标量菜谱供客户使用，让客户感受中央厨房企业对菜品质量的负责态度，也起到客户监督作用，同时引起生产员工对烹制菜肴质量的高度重视。

（3）生产标准　生产标准指生产流程中的产品制作标准，包括原料标准、加工标准、配菜标准和烹调标准。原料标准在生产环节中，主要是对原料标准的复核，是对采购部门工作的监督和补救；加工标准主要是规定用料、成型规格、质量标准；配菜标准主要是对具体菜肴配制规定用料品种和数量；烹调标准主要是对菜品规定配料比例、调味比例、制作规程、分装规格和形式等。

中央厨房生产质量控制就是在制订的标准基础上，实行标准菜谱、标量菜谱、生产标准控制，以及生产质量考核制度，并纳入员工工作考评、奖惩制度体系。

一、标准菜谱

1）标准菜谱内容主要有菜谱类别、烹饪加工份数、菜品名称、净料成本、成本率、售价、生产规程、关键工艺、分装形式、成品要求、成品彩色照片等，以及主料、辅料、调料名称和数量。

2）所有新增菜肴和新品菜肴都必须安排试做，并组织品尝、评价，经过改革，填写正式标准菜谱，经财务部核算成本、售价，餐饮部经理、财务总监和餐饮总监（或副总经理）签字批准后投产。

3）标准菜谱是企业资产，是企业机密，由总办档案管理员统一管理，中央厨房员工按手续领用。

4）标准菜谱需要制作3份以上，以需定量。

5）中央厨房以标准菜谱指导菜品生产，保证菜品质量，实现标准化管理。

6）标准菜谱工作流程表设计。表5-3所示的是国际标准的工作流程表，很多企业都在运用，明确规定重复的工作内容。

表5-3 标准菜谱工作流程表

符号	正式名称	说明
开始/结束	终止点 端点	一个圆角框用于每个流程计划的开始和结束。开始部分的文字作为标题，结尾的文字作为可能进行的下一步处理的过渡
→	流程线	使用线连接每个部分。为了使方向清晰，允许使用箭头。线只能从下边框指向上边框，或从左至右，不能歪斜
操作内容	运行	带有文字的长方形框是单个处理步骤。重要：文字只能包含处理步骤。当过程非常相似时，允许多个步骤结合在一起，如使用盐和胡椒（各2克）调味
操作说明	说明	带有文字的直角虚线框。操作需要进行解释时使用
工具	工具	带有文字的正方形框。描述操作过程中所需要的工具或盛放器皿
问题？是 否	判断	在菱形中，可以使用流程分支，如在产品变化时。重要：问题必须包含有关决定的提问（是/否）。在相应的引导线旁边需要有文字
○	分支	在圆形中表示操作过程中的子流程，如，扬州蛋炒饭。煮饭的过程作为子流程处理
原料记录	输入	在平行四边形中记录流程中需要的原料信息

二、生产标准

1. 综合标准

1）建立质量管理标准、标准菜谱等标准化管理制度。

2）菜谱应专人设计、专店专用，每道菜品都要进行认真分析，确保每道菜品都符合客户需求。

3）研发新菜应由生产主管会同工艺转化技术人员确定新菜工艺，并对价格、投料标准、口味、颜色等提出质量标准。

4）所有菜肴都要按照标准菜谱模式建立档案，生产主管主持撰写，交总办统一归档整理，中央厨房使用时借阅。

5）任何新品菜肴都要建立在对市场的深入调研基础或客户需求定制基础上。主动投放市场应按规定程序报批后方可推出；客户定制新品菜肴应获得客户的认可后报总办审批备案，然后交由生产部门组织工艺转化并投产。

6）中央厨房每道工序均要求按岗位责任量化出工作标准，由生产主管或其他考评人员检查考核，结合各工位当日工作状况填写《中央厨房生产质量评价表（日）》，对工作质量进行评审。

7）所有员工上岗生产前，必须经过人力资源部门组织的考核，由生产总监、生产主管、班组长、人事主管共同考核。

8）中央厨房生产要严格按岗位分工，职责明确，责任到人，严禁擅自越岗操作。

9）设置专职产品质检员（企业起步阶段可由生产主管兼任），负责产品质量检验把关工作。

10）中央厨房人员严格执行《中华人民共和国食品安全法》，若出现食物中毒现象，则按食品溯源制度追责，并由责任人承担因此造成的损失。

11）中央厨房应定期收集客户意见，再定期组织技术攻关，解决或调整客户的需求。

2. 原料领用、保管标准

1）严把原料进货质量关，采购部主管或生产主管每天在进货一览表上签署原料质量检验意见。

2）每周例会上，采购负责人、生产主管要就原料问题向分管领导述职，对出现的问题及时处理解决。

3）中央厨房原料储备量要合理，防止变质。

4）中央厨房生产间冷藏冰箱里的原料管理责任制要落实到人，专人（兼职）负责。积余原料要分类存放，全部原料要注明领用时间。

5）冰箱每周至少要彻底清洗1次。

6）保持环境、用具和个人卫生。

3. 原料粗加工标准

1）粗加工要制订岗位质量管理制度，明确分工，明确工作标准，生产主管要进行检查，落实好管理责任。

2）按客户订单提出当日中央厨房所需的原料食品，注意品种、数量应符合要求。

3）检查、鉴别原料是否符合生产质量标准，有权拒领不合标准的原料。

4）按涨发程序进行干货原料涨发，洗净泥沙，去掉杂物和内脏，检查各道工序的涨发率。

5）做好综合利用工作，减少损耗，加工好的原料要及时使用。

6）蔬菜类原料要去净杂菜、枯叶、泥沙等杂物，按照不同要求去皮、筋、籽，并清洗干净。

7）水产类、畜禽类原料要冲洗干净，按照取料标准和需要分别领用，按要求解冻冲洗，投入使用。

8）按规程操作，保证原料的营养，减少加工后的暂存时间，及时送往中央厨房各处。

9）保证工作环境清洁卫生。

4. 切配标准

1）检查原料质量，不允许使用变质和粗加工不符合标准的原料。

2）根据标准菜谱的规格标准切割，将原料加工成型，生产主管组织、指导、监督员工按操作规范操作。

3）根据标准菜谱的规格，对原料进行预调味处理，使原料投量、品种标准化。

4）根据标准菜谱的规格合理搭配，物尽其用，提高原料综合利用价值，并且保证原料数量、品种标准化。

5）把半成品摆放整齐，摆放在规定位置上，传递进入下一区间。

6）核查凭单，杜绝重复、遗漏、错配等失误。

7）保持环境、用具和个人卫生。

5. 熟化制作标准

1）熟化区间生产主管要核对切配数量、品种、品质是否符合订单生产需求。

2）按标准菜谱的规格，明确烹调方法，使产品制作标准化。所有产品的熟化过程一定要严格按工艺要求和操作规程操作，如必须使用高汤的菜品不得用自来水代替等。

3）从熟化过程严控操作流程、制作数量、成菜时间、成菜温度，使菜肴熟化符合规范。

4）员工不得发挥主观能动性，不得随意进行手工操作。

5）生产主管或品控部门要坚持抽查菜肴质量，确保每批次菜品色、香、味俱佳，对不合格产品一律退回中央厨房，并做好退菜记录，追查落实责任。

6）保持环境、用具和个人卫生。

三、中央厨房员工考核标准

1. 考核标准

（1）技能标准

1）掌握和熟悉所在生产岗位的技术要求，对该岗位标准的执行作出判断和指导。

2）能够熟练规范运用相关技术，完成本职岗位工作，使结果符合所负责岗位的产品质量要求和速度效率要求。

3）操作习惯、操作过程符合岗位特征。

（2）理论标准

1）能够掌握基础专业理论、基础营养、食品卫生、消防安全管理、成本核算等方面的知识，并能进行口头提问和设计书面试题。

2）能独立完成本岗位工作计划和工作总结。

（3）业务能力标准

1）工作的扎实度，是否能将所学应用到实际工作当中去。

2）遵守企业的规章制度和劳动纪律。

3）在团队中的协作能力。

4）对本职工作的热情和完成工作任务的效率。

5）日常的行为规范和作风。

2. 考核办法

（1）口头面试　通过对岗位工作职责、岗位工作任务要求、生产工艺、安全知识等进行口头交流提问，考察员工对岗位职责的了解程度。

（2）理论试题　通过设置问卷，将面试内容形成试卷问答形式考核员工。

（3）实操演练　根据岗位任务的技术要求进行测试，重点考察员工工作态度、工作效率和工作质量。

对员工的考核评价手段其实是多样的，任何一种考核手段都是对员工在相应岗位的应知应会内容进行考察，通过考察，发现员工的薄弱环节，及时弥补。考核员工的评价结果见表5-4。

表 5-4　中央厨房员工考核表

评分标准 考核内容			标准分值				得分	备注
			7.6～10	5.1～7.5	2.6～5.0	1.0～2.5		
技能 标准		技能知识						
	技能操作	操作习惯						
		操作效率						
		成本意识						
理论 标准		面试得分						
		技术理论						
		计划/报告						
业务 能力 标准		工作态度						
		遵章守纪						
		协作创新力						
		工作效率						
评语								
努力 方向					被考核人			
培训 方向					晋/降级审核			

考核需要有一定的依据，考核内容的结果评价应建立在客观公正的基础上，准确发现员工的长处和短处，及时给以辅导，确保员工成长符合企业对人才的需求。具体评分见表 5-5。

表 5-5　考核评分标准表

人才培养	考核依据	参照各部门人才输出情况登记记录（必须上报总办）
	评分办法	每培养 1 名领导，奖励 5 分；每输出 1 名员工，奖励 2 分
成本率指标	考核依据	参照财务部门提供的实际成本率
	评分办法	控制在范围内奖励 10 分，每升高 1 个点扣 10 分（按月计算）
出品稳定	考核依据	出品抽查达标分数线
	评分办法	每超出 1 分，奖励 2 分；反之，扣 1 分（按月度抽查为准）
5S 执行	考核依据	参照 5S 管理检查相关规定及奖罚条例中的相关内容及厨务进行的每季度 5S 检查成绩记录
	评分办法	不合格的每个镜头扣 1 分
安全、卫生、违纪	考核依据	参照部门和总办拟发的通报、处罚及安全，卫生事故的发生次数
	评分办法	每个扣 5 分，全年无安全事故和较大违纪发生的，奖励 10 分

（续）

新菜品设计	考核依据	按月度（季度），或者按照某一个固定周期（结合终端客户需求）推出新产品，符合生产条件的投入生产
	评分办法	每个奖励5分，未达到标准扣5分
各项考试	考核依据	参考中央厨房制订的《中央厨房考核制度及奖罚条例》中各种考试达标分数线，以及中央厨房进行的各种考试成绩
	评分办法	每超出1分，奖励1分；反之，扣1分
其他考核内容		日常工作在总办例会或部门例会上给予表扬的，每次奖励5分

（1）人才培养　中央厨房管理者都有一个共同的心理，自己培养的员工一般都不愿意把其调往其他部门，需要不断做协调工作才行，给中央厨房管理者宏观调控造成了压力和被动。解决这一被动问题的最有效办法，就是让员工积极自愿，通过奖励的方式培养人才。中央厨房人才的需求，大部分需要内部培养。

（2）成本率指标　中央厨房成本率在整个餐饮行业都维持在规定的水平内，太高没有利润，太低企业是暴利，无法长远发展。中央厨房成本率升高很容易，但控制在规定范围内是比较难的事，因此在管理成本时，通常使用"控制"两个字，说明成本率降低的空间有限。控制的目的不是让成本率下降，而是成本率不上升就等于成功。这样，如果成本率降低，奖励分值自然就要高；反之，扣分也多。

数据收集比较简单，只需月底由财务部提供当月毛利率即可。

（3）出品稳定　每天中央厨房都要组织进行出品抽查，由品控部负责。抽查分随机抽查和定向抽查。可设置产品检查及格线，如95分为及格分数线，检查是比较全面和公平公正的，因此成绩也具有权威性，适合评定考核中央厨房日常出品管理工作。

数据统计简单，由品控部每个月公布检查分数即可。

（4）5S执行　5S，即整理、整顿、清扫、清洁和素养。5S管理是厨务管理的有效手段，应持之以恒，中央厨房须重视这项工作，每季度会组织检查1次。主要以拍照取证的方式进行，因此成绩更具有权威性。

（5）安全、卫生、违纪　安全、卫生和违纪考核标准通过行政下发的通报进行评分，比较有说服力。需要进行通报的基本上都是较大的事件，将此纳入考核内容也是必要的。

（6）新菜品设计　中央厨房设有专门的技术研发部，但仍然可以鼓励全员参与新菜品设计活动，调动员工进行技术创新的积极性，营造员工共同学习、共同提高的氛围。前提是新菜品必须经中央厨房管理者确认并加以修改、客户接受才有效。

（7）各项考试　为了表示对中央厨房开展各项培训考试工作的重视，将此项工作纳入考核体系，管理者或员工就会重视考试成绩，不会缺考。可设置达标分数线，如员工85分、管理者90分为合格线。

（8）其他考核内容　只要在总办或部门例会上受到表扬的员工，每次奖励5分。中央厨房企业不定期组织的各部门沟通会议，会上对员工具体工作事项提出表扬的，将给予5分的奖励，以会议纪要的记录为准。

从表5-5可以看出，中央厨房生产主管的管理督导可以从多个要素进行综合考核评定。这些要素基本涵盖了中央厨房日常管理的各个方面，比较系统全面。从激励方式上，采取奖多罚少的原则，目的是激励先进，鞭策落后；以强带弱，最终共同进步。操作可行不复杂，在厨政日常工作中做好相应的记录即可。年底通过汇总即可评定部门主管的日常管理水准及员工的业绩。

生产主管是中央厨房生产的具体负责人，也是中央厨房业务拓展的具体执行人，对本部门员工有管理职能，需要对生产部门进行必要的管理与检查。生产主管检查项目、内容及标准见表5-6。

表5-6　生产主管检查表

项目	检查内容	检查标准
日常工作	每周例会	主持例会、事先规划会议内容、安排工作，传达上级会议精神，加入培训内容
产品控制	落实工作	检查各岗位工作安排的落实，对完成情况做好记录
产品控制	信息交流	从班组长处了解员工工作情况，自销售经理处了解客户意见，将研发部推出的新菜品传达给营销部
产品控制	验货	每天检查申领材料质量、数量、品种
产品控制	生产前准备	①巡查工作落实情况，监督各岗位按工作程序操作 ②生产前对备料、切配、熟化、预冷等进行检查，达不到要求的重新加工，记录检查结果
产品控制	产品质量	①督促班组长组织生产，保证质量 ②每个产品批次随机抽查一定数量，记录产品质量指标并分析 ③严格处理产品次品质量事件
保障控制	供应计划	根据订单提出采购计划，根据每日订单提出申领计划
保障控制	配送协调	①产品及时入库，交由配送部门，与配送部门沟通 ②每日交接退货的接收与处理安排
保障控制	调料控制	①长期使用的调料用量计算准确，防止积压或短缺 ②重点调料按量开出领料单，保证熟化区调料间内有5天的备用量，二级调料库由专人管理

（续）

项目	检查内容	检查标准
考核	记录内容	①如实记录下属出勤、业务、工作、管理等方面
		②与班组长多沟通，掌握各部门情况
		③每天检查，在考核表上做好记录
		④正确运用激励和处罚方法，提高员工工作积极性
	做好交接	①两班（有多个班次安排的生产）交接工作时，将已完成的工作、特别工作和特别注意事项写在交接表内，由双方签字
		②交接时要认真负责，字迹清晰、端正、无遗漏
		③生产主管每天检查工作交接情况，填写质检表并签字

四、生产主管对各个岗位的检查标准

1. 班前会标准

正式生产前需要检查准备情况，由生产主管牵头或统一安排，各工种班前会检查内容见表5-7。

表5-7 各工种班前会检查表

项目	检查内容	检查标准	罚分	备注
工作程序	考勤	准时点名、划考勤表，标明休班、请假、旷工	5	
	人员	主管、班组长主持，班组全体人员参加，没有无故缺席人员	5	
	队列	站立规范、队列整齐、工装整洁、纪律严明、精神饱满	5	
	要求	①平常内容提要写在班前会质量检查表内	5	
		②对前一日生产做出总结和处理意见，具体、客观、有正反案例	5	
		③安排当日工作明确、细致、到位，做出具体要求	5	
		④传达上级文件、部门例会精神及时、准确	5	
		⑤培训按时、有准备	5	

2. 培训标准

员工培训是企业生产主管的工作内容之一，定期培训可以使员工的知识、技能及时更新，工作态度及时调整。员工培训标准见表5-8。

表5-8 员工培训标准

项目	检查内容	检查标准	罚分	备注
工作程序	时间	每周一下班前30分钟为业务培训时间	5	

(续)

项目	检查内容	检查标准	罚分	备注
工作程序	培训者	餐饮总监（或分管中央厨房生产的副总经理或总经理助理）、生产主管、班组长	5	
	受训者	在岗员工和新入职员工	5	
	培训计划	每月制订培训计划，交质检部	5	
	培训内容	①事先将每周内容填写在培训质量检查表内	5	
		②分管领导负责组织培训讲义编写，以统一培训内容，包括岗位职责、工作态度、常见问题、创新研究及职业素养	5	
		③针对不同岗位、不同层次对象的培训，设定具体培训内容，以班组长在岗培训为主，包括安全生产、质量意识、员工班次、设备保养等	5	
	培训实施	①每周1次的统一业务培训由餐饮总监（或副总经理）负责实施	5	
		②根据不同岗位的技术要求进行培训，由各自班组长在工作岗位上分别实施。生产主管每次检查，分管、质检部抽查。填写质检表	5	
考核		填写质检表	5/次	

3. 验货标准

验货包括两个层面，中央厨房原料采购需要验收，生产车间组织生产需要领用原材料，原材料到达粗加工间同样需要验收，对原料质量、品种、数量进行检查核对。原材料验收标准见表5-9。

表5-9 原材料验收标准

项目	检查内容	检查标准	罚分	备注
验货程序	时间	按规定时间验货	5	
	采购单或领料单	品种、规格、数量、质量要求填写清楚，无漏货	10	
	要求	①采购部、生产部由专人参加每批验货，如遇休班，提前指定他人代替	5	
		②根据采购单、领料单的品种、数量进行验货	5	
		③记录品种不对、数量不符、短斤缺两、质量达不到使用标准、需换货和退货的原料	10	
		④及时通知供货商或配货中心调货、换货、退货	5	
		⑤每批或每天填写验货质量检查表	5	
		⑥有问题，当天填写	5	

（续）

项目	检查内容	检查标准	罚分	备注
考核		采购部、生产主管每周检查3次，质检部抽查2次，填写质检表	5/次	

4. 粗加工标准

粗加工是中央厨房产品生产前原料去粗取精的过程，遵循加工标准，可以获得优质产品。原料粗加工标准见表5-10。

表5-10 原料粗加工标准

项目	检查内容	检查标准	罚分	备注
工作程序	环境	①粗加工间墙面、台面、水池干净、整洁、无杂物，垃圾桶整理及时，工作时间保持环境卫生	5	
		②各种盘具、盛器、台秤保持干净、卫生	5	
	采购单	根据客户订单，换算蔬菜采购单，汇总报给值班员，无差错	5	
	验收	对各种蔬菜的数量、质量、品种、规格等进行验收，品种不对和数量不合格的退货，填写验货检查表	5	
	领用	根据当天生产计划，领用蔬菜、动物性原料、干货、调料和包装材料	5	
	加工要求	①对各种蔬菜按不同要求进行择、洗、粗加工，规定时间前加工完毕	5	
		②择菜要根据产品使用需要，去掉老叶、挑净杂质，避免浪费	5	
		③洗菜要根据水池大小适量投放，应轻轻翻动，边洗边检查，做到洗净、无泥沙、无昆虫、无杂物、无农药残留	5/次	
		④加工后的菜过秤分好，装入干净容器	5	
		⑤按蔬菜购进的先后顺序，先进先用，保证蔬菜的新鲜度和利用率	5	
		⑥粗加工间要随时保持清洁、整齐	5	
		⑦根据中央厨房采购单数量，及时与中央厨房进行交接，填写原料交接表	5	
考核		总厨每天检查2次，分管、质检每天1次，填写质检表	5/次	

5. 生产及成品标准

菜肴是中央厨房的主要产品，根据温度属性分为热菜和冷菜（凉菜）。一般而言，中央厨房产品以凉菜形式呈现的不多见，主要是热链配送的热菜成品或半成品居多。生产及成品检查标准见表5-11。

表 5-11 生产及成品检查标准

项目	检查内容	检查标准	罚分	备注
工作程序	生产前准备	①上班后清理卫生，检查设备、用具，备好标签等	5	
		②领用备齐各种原材料，粗加工领用原料，保证备料、调料质量符合要求、数量充足	5	
		③冰冻原料按解冻周期预先化冰，保证使用时间、质量	5	
		④做好切割加工后的清洁卫生	5	
	生产中工作	①按标准单完成原料切割、预调味加工，加工精细、杜绝浪费	10	
		②按标准单组配，做到组配迅速、准确无误	5	
		③成品菜肴的熟化加工技法选择得当，成品符合菜品质感要求、风味要求	5	
		④半成品菜肴的预加工得当	5	
		⑤熟化加工设备专人操作，每批次菜肴出锅后及时清洗锅具、用具	5	
		⑥生产主管抽查菜品，填写质量检查表	2/个	
	生产后检查	①及时清理各工作岗位，符合卫生要求	5/台	
		②成品、半成品菜肴根据配送路径进入分装区，根据客户需求进行分装或预冷	5	
		③分装后的成品或半成品迅速进入指定保存区间，清点数量并交接配送中心	5	
		④关闭水、电、燃气，无浪费现象	5	
考核		生产主管每天到中央厨房各区间检查1次，每批次抽查产品数量1次，质检部抽查，填写质检表	5/次	

6. 面点标准

面点是中央厨房生产内容之一，面点生产和检查标准可以见表 5-12。

表 5-12 面点生产和检查标准

项目	检查内容	检查标准	罚分	备注
工作程序	生产前准备	①上班后清理卫生，检查厨具、用具，备好餐具	2	品种、数量报质检部1份
		②领用原料、调料，粗加工领取原料，备齐调（小）料	2	
		③验收货物把好质量关	5	
		④清理冰柜、食品柜中的原料、半成品	5	
		⑤制馅的荤素原料无泥沙、无杂物，达到质量标准	5	
		⑥按照操作规程、工艺标准预制各式面点（包括工艺面点）	10	

（续）

项目	检查内容	检查标准	罚分	备注
工作程序	生产中工作	①根据客户订单，保质保量完成各类面点的生产	5	品种、数量报质检部1份
		②协调好熟化车间加热设备，保证产品生产及时	5	
		③及时将产品转移至预冷分装车间	5	
		④班组长检查所有面点的质量，填写点心品质检查表	5	
		⑤随时保持生产区域卫生，洗净所用盛器、用具及灶具	5	
	生产后检查	①剩余馅心放入冰箱、专用柜中，妥善保存	5	
		②打扫厨房卫生，物品摆放整齐，达到卫生标准	5	
		③关闭水、电、燃气，无浪费现象	5	
考核		生产主管每天检查1次，质检部抽查，填写质检表	5/次	

7. 洗碗间标准

洗碗本不是中央厨房的产品范畴，但是部分客户为了方便，将本单位的膳食承包给中央厨房经营，所以，餐具回收是中央厨房经营产品的衍生物。洗碗间检查标准见表5-13。

表5-13 洗碗间检查标准

项目	检查内容	检查标准	罚分	备注
工作程序	餐具	①各种餐具、盛器内外干净、光亮、无水	5	
		②餐盘等用具清洁干净，放置整齐	5	
	洗涤前	①及时组织卫生清洁工作，保证洗碗间卫生合格	5	
		②领用、补充餐具、洗涤剂、消毒剂等	5	
		③随时检查各类餐具的质量，已损坏的、不符合规定标准的及时调换	5	
	洗涤中	①及时洗涮洗刷池的各类餐具、用具，轻拿轻放，随到随洗	5	
		②在规定时间内洗好餐具，分类有序地存放各类洗净的餐具	5	
		③根据各终端客户需用数量分发餐具	5	
		④兼职其他工作，如到中央厨房收取杂物盒、垃圾等	5	
		⑤随时保持洗碗间的卫生，地面无水	5	
	洗涤后	①完成所有餐具的洗刷工作后，清理卫生	5	
		②检查餐具回收、清洁情况，发现缺少、破损等查明原因，做好记录，及时汇报主管申购补充，并做出处理	5	
		③检查水、电，节约能源	5	
考核		生产主管每天抽查，质检每天检查1次，填写质检表	5/次	

8. 工作交接检查标准

如果设有多个班次生产，在每个班次结束工作前，应该与下一个班次进行工作交接，将已经生产、待生产和未生产的原料产品进行交接，有明确的交接结果。工作交接检查标准见表5-14。

表5-14 工作交接检查标准

项目	检查内容	检查标准	罚分	备注
工作程序	人员	生产主管与班组长	5	
	交接时间	在前一班次下班前	5	
	交接手续	①下一班班组长与上一班班组长交接	5	
		②交接内容包括物品、备菜情况、设备、卫生、安全等	5	
	记录内容	①班组长在交接时，将已完成、待完成的工作和特别注意事项写在交接表内，交接双方签字	5	
		②交接时要认真负责，字迹清晰、易辨认、无遗漏	5	
考核		生产主管每天检查工作交接，填写质检表并签字	5/次	

9. 设备管理标准

设备是中央厨房生产的主要工具，代替了传统的人工操作，为使设备运转正常，在一定的生产周期需要对设备进行必要的维护与保养。设备管理标准见表5-15。

表5-15 设备管理标准

项目	检查内容	检查标准	罚分	备注
工作程序	要求	①厨具摆放整齐，各种设备按规定放置	5	
		②冰箱、冰柜、微波炉、烤具、烤箱、制冰机、滚揉机、切丝机、锯骨机、肉丸机、包子机，以及其他熟化加热设备和易损设备设卡管理，专人负责	5	
		③按使用规范使用设备，责任人定期检查，做好记录	5	
		④需保养、维修的设备要及时填写维修单或保养单	5	
		⑤设备破损，鉴定原因，处罚到人，及时通知工程部报修，不耽误正常工作	5	
		⑥设备责任人休班时，生产主管安排好接替人员，做好记录	5	
		⑦对各种设备定标准和检查周期，使用得当，保持清洁卫生	5	
		⑧地漏盖、地沟板无丢失，上下水通畅	5	
		⑨照明无破损	5	
		⑩设备使用与维保落实到各班组，负责使用、保养	5	
考核		生产主管不定期检查，班组长每天检查，填写设备管理检查表	5/次	

第六章 中央厨房产品物流配送

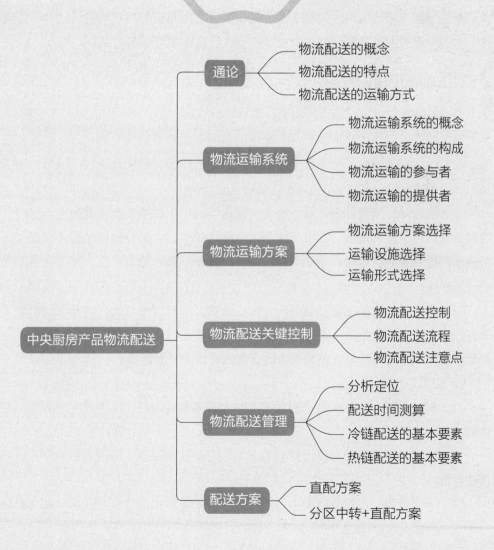

第一节 通 论

一、物流配送的概念

1）物流指货物从供货地到目的地的流动过程。根据实际需要，将包装、搬运、装卸、运输、储存等配送和信息处理等基本功能进行有机结合。

2）配送指运用设备和工具将货物从一地运送到另一地的过程。其中包括配货、分装、搬运、中转、装入、卸下等一系列操作。

配送是在不同区域内，以改变货物的空间位置为目的，对货物进行的空间位置转移。它是物流的主要功能，也是中央厨房生产活动的重点任务之一。

二、物流配送的特点

1. 配送的特点

（1）配送不会产生有形的产品　配送的目的是实现货物的空间转移，在转移过程中，既不增加产品数量，也不改变物品形态，配送作为一种劳动过程，只是增加了物品原来的使用价值，并没有产生新的物品形态。

（2）配送对自然条件的依赖性很大　配送不同于工农业生产等其他生产部门，很难摆脱对自然条件的依赖，在常见的基本运输途径中，大部分运输是露天完成的，尤其是水路运输和航空运输，由于受航线条件的限制，其运输效率很大程度取决于自然条件的好坏。

（3）配送是物流的主要功能之一　配送是物品的物理性运动，这种运动改变了物的时间和空间状态，创造了配送的时空效用。运输是改变空间状态的主要任务。配送再配以装卸、搬运等活动，就完成了改变空间状态的全部任务。

2. 物流的效用

（1）时间效用　物品从供给侧到需求侧之间存在时间差，由于改变时间差而存在价值。

（2）空间效用　物品从供给侧到需求侧之间存在空间差，因改变物的存在位置而创造价值。

（3）形质效用　在物流过程中，通过流通加工等形式，将供应者手中的有形物品改造成需求者需要的有形物品，从而提高物品的附加值。

三、物流配送的运输方式

按照中央厨房产品的配送方式、运输范围对物流配送的运输方式进行分类，特点如下：

1. 按载货载体分

（1）公路运输　使用汽车与其他运输车辆在公路上进行运输的配送方式，主要承担近距离、小批量的货物转移。由于公路运输具有很强的灵活性，随着我国高速公路网络的不断完善，大批量货物的长途运输也开始使用公路运输。

（2）铁路运输　配送时效性比公路运输快捷，主要承担远距离、大批量的货物运输配送。

（3）水路运输　使用船只进行货物运输的配送方式，长距离、大批量；内流河可用小型运输船只，外流河或海洋等可使用大型或较大型船只进行运输，完成配送。

（4）航空运输　运用飞行器进行空中航线运输的配送方式，是时效性最快的一种物流运输配送方式。

2. 按运输范围分

（1）干线运输　利用公路、铁路、航空等固定线路进行长距离、大批量的货物运输，是进行远距离物品转移的运输配送方式，是物流配送的运输主体。

（2）支线运输　在与干线相接的分支线路上进行运输配送，支线运输是一种补充性运输配送方式，当干线运输不能直接到达收发货地点时选用，运输量相对较小，运程也较短。

（3）二次运输　当物品到达中转站后，因站点与用户之间还存在着一定距离而选用这种配送方式，即二次运输，实际就是以中转站为起点，对货物的重新配送。

3. 按运输作用分

（1）集货运输　将分散的货物汇集后的运输方式，主要指中央厨房上游供货商为中央厨房企业提供货源（材料）的运输模式，如图 6-1 所示。

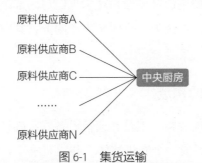

图 6-1　集货运输

（2）配送运输　将中央厨房生产好的产品按用户订单需求调拨、分配、分送到各个终端客户的过程。配送运输属于运输中的末端运输，一般使用汽车作为交通工具，规模小、距离短，如图 6-2 所示。

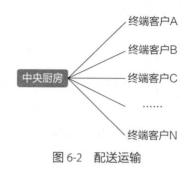

图 6-2　配送运输

4. 按运输中途是否换载分

（1）直达运输　物品从一地发往另一地时直接送达，除途中休息，中途没有物品装卸过程。

（2）中转运输　运输路程较远，运输过程中，所有物品先到达中转站，再由中转站重新装车运往目的地的运输配送方式。此形式一般是较大的中央厨房，经过区域代理分销产品，才会选用中转运输形式。

第二节　物流运输系统

一、物流运输系统的概念

物流运输系统是由多种运输工具和方式、多家运输部门和资源整合而成的综合体系，具有系统性和复杂性的特点。运输系统作为物流系统中的基本系统，包括生产领域和流通领域。本节主要介绍中央厨房生产领域的物流运输。

中央厨房生产领域的物流运输一般是在中央厨房内部进行的，它作为中央厨房生产过程中的一个组成部分，直接为中央厨房生产服务，其内容包括原材料、成品和半成品的运输。

二、物流运输系统的构成

物流运输系统包括运输线路、工具和通信设备等基础设施与设备，它们在货物运输过程中发挥各自作用，形成一个有机整体，共同完成任务。

（1）线路　连接中央厨房和终端客户之间最快捷的路线。通常分为自然形成的路线和人工建设的路线。

（2）工具　中央厨房配送的运输工具和设备，主要指货车和（小）叉车，若是区域性运输，可能会涉及铁路上的火车和航空飞机。

（3）设备　指用于调度运输的通信设备，用于与客户之间的联系，对处理突发情况、确保运输安全和保证运输效率等方面有特殊功能。

三、物流运输的参与者

物流运输的参与者指产品交易的双方。中央厨房产品交易的参与者包括几个方面：

（1）托运人　一般指中央厨房。

（2）收货人　一般指终端客户。

（3）承运人　可能是中央厨房自身配送，也可能是第三方承运。

四、物流运输的提供者

（1）经营人　一般指中央厨房。

（2）承运人　既可以是中央厨房自身配送，也可能是第三方承运。

（3）中间商　一般指中央厨房的供应商与终端客户之间提供经营服务的机构或单位，如商超。

第三节　物流运输方案

物流运输指根据产品和配送需要，选择一种合适的运输方式，将产品运送至目标客户的具体过程。常见的运输方式包括公路运输、铁路运输、航空运输、水路运输等。

一、物流运输方案选择

物流运输方案指产品从中央厨房运输至终端客户对路线、车辆进行选择与规划的过程。常见的物流运输方案包括自营式运输和第三方运输。

（1）自营式运输　是指将中央厨房产品通过单一的运输方式如公路运输，将产品送达终端客户手中。

（2）第三方运输　是指将中央厨房产品的配送任务承包给第三方公司，由第三方进行运输配送的过程。第三方运输配送由专门的服务商提供配送服务，包括产品配送与物品回收等,一般比较高效快捷。

无论哪种运输配送方式,都需要在中央厨房与终端客户之间构建高效快捷的物流配送体系。

二、运输设施选择

(1)公路 指公路运输的线路,是供各种车辆和行人通行并具备一定技术标准和设施的道路。可以按照行政级别划分,如国道、省道、县道和乡道等;也可以按照技术等级划分,如高速公路、一级公路、二级公路、三级公路和四级公路等。

公路运输的特点:

1)点到点运输,全程连线运输,送货上门。

2)机动灵活,适应性强。路网密度大,分布广,无处不到。

3)运输速度快,运输过程中不转换车辆,直接将产品送达目的地。

4)安全程度低,环境污染大。公路运输的交通事故发生的数量,以及造成的损失总量居高不下,汽车尾气和噪声也严重威胁人类健康。

(2)车辆 运输车辆主要是汽车。从事物流运输的汽车主要是普通货车、厢式货车,以及专用车辆。用于中央厨房产品配送的车辆主要是专用厢式货车,具有保温性能强、载货量大等特征。根据车辆开门方式可以分为侧开门式(双侧或单侧)、尾开门式(又称后开门式)、侧尾开门式和顶开门式4种。

根据中央厨房的产品特征,车辆保温包括车厢厢体具有制冷或制热功能,因为中央厨房产品运输需要在高温或低温状态进行,所以产品运输包括冷链运输和热链运输等形式。

中央厨房产品配送流程:配货—装载—配送—交付。

在配货前需要确认运输车辆的形式,确保运输过程的厢体温度控制,不影响产品质量。

三、运输形式选择

(1)热链工艺 热链工艺指膳食制熟后,采取保温措施,将膳食中心温度在大于等于60℃条件下分装成盒,或直接将膳食盛放于密闭保温设备中进行存储、运输和供餐,使其中心温度始终大于等于60℃的生产加工工艺。在物流中常将热链工艺称为热链配送,或简称为热链。

在热链工艺中,始终强调菜肴的温度,一般来说,衡量菜肴品质的一个关键指标就是菜肴的中心温度。国内大型快餐企业,包括社会餐饮企业的就餐者,对菜肴的温度要求非常高;国外对于菜肴的品质鉴定,是用探测针去探测中心温度,要求不低于

75℃。这个温度与现代分子料理中的低温烹煮、低温加热概念，实际上有点相悖。大多数情况下，常规工艺生产的菜肴，其中心温度都要大于75℃。所以热链工艺要求中心温度不低于60℃，是接近75℃的温度要求的。在这个温度条件下进行存储、运输和销售的过程，习惯上称为热链工艺。

热链工艺运输的产品一般是送达客户后，直接进入销售、食用环节的菜肴。这种客户大多是将企业员工餐承包给中央厨房企业，由中央厨房提供服务。

（2）冷链工艺　冷链工艺指膳食组配或制熟后，在2小时内将中心温度降至10℃以下，并且在膳食中心温度低于10℃条件下进行分装、存储、运输，食用前将中心温度加热至70℃的生产加工工艺。在物流中常将冷链工艺称为冷链配送，或简称为冷链。

冷链工艺有几个关键。一是菜肴在生产加工后，要快速将菜肴降到比较低的温度，快速是指2个小时以内；二是比较低的温度，一般指10℃以下，通常是小于等于10℃；三是当产品到达终端客户手上的时候，要通过复热，将温度提高到70℃以上。所以冷链和热链在具体操作环节上有差异。

冷链工艺运输全程在低温下进行。产品范围包括成熟的菜肴、组配好的半成品和鲜切净菜。菜肴送达终端客户后，直接复热后销售食用；半成品和鲜切净菜在终端客户的厨房里经过烹调成熟后才能销售。

（3）常温运输　常温运输是一种特殊的运输方式，是膳食在常温状态下进行储运的过程。例如，冬季的常温和夏季的常温可能温度数据一样，但是体感不一样，冬季和夏季的常温状态，一般指当时的室内温度，所以常温要根据当时的季节来确定。常温运输是有季节限制的，比如，夏季当室内环境温度在20~25℃的状态下，室外温度可能会在30℃以上甚至更高，如果此时采用常温运输，容易引起食品的腐败变质，所以常温配送一般是在冬季或初春晚秋时节，此时的常温刚好与净菜车间的温度设置相近，净菜车间的温度一般也是在15~18℃。通常情况下，无论是净菜车间也好，还是生产车间或初加工车间，都会将温度降到一个比较舒适的温度。所以，从运输的角度来说，常温运输不是常用的方式，但从常温运输的产品来看，通常所有的产品都可以使用这种方式进行运输配送。

第四节　物流配送关键控制

物流配送过程，管理目的要明确，就是对物流配送过程进行管理，要达到两个目的，一是配送成本的控制，二是产品品质的控制，通过对物流的管理，节约运输成本，保证输送产品的质量。

物流管理的方法，要根据不同的配送路径进行选择。中央厨房的物流配送主要是两个方面，一是从农贸市场到中央厨房，二是中央厨房到终端客户。前者是针对农贸市场的物流配送，指原材料的进出，进来之后的材料集中到中央厨房，进入生产端，去往生产车间；后者是针对中央厨房的产品配送，指配送成品，配送到销售终端或者客户手上，客户可能是商超、餐饮企业或社区门店。在配送管理过程中，主要针对中央厨房的"出货"过程进行管理。所以通常所说的配送是忽略针对农贸市场原材料"进"的过程，主要是针对中央厨房产品"出"的过程进行管理。

一、物流配送控制

对于物流配送的控制，主要有两个要素，一是时效控制，二是品质控制。前面提到，中央厨房产品配送的两个关键一是成本，二是质量，其实时效控制就是成本即时间成本；品质控制就是产品的质量控制。

1. 时效控制

从实践活动角度，以中央厨房作为起点，围绕中央厨房这个中心点去进行配送，要计算门店到中央厨房之间的车行距离，就是门店到中央厨房的距离；车行速度，即配送过程中车辆行驶的速度，跟配送出发时间的迟早有关系；车行时间，是在路上正常行驶所需要的时间；预案处置，在配送途中可能会出现一些突发状况，如在配送的路上，出现等红灯的现象或车子被剐蹭了等，这些特殊情况，都需要有预案处置，如果没有针对突发情况的处置预案，那么产品就不能及时送达终端客户。如配送正常行驶，车辆半个小时可以从中央厨房到达门店，这是一个常规状态的行驶时间，万一当天有其他原因导致配送车多堵了一会，又多等了几个红灯，怎么办呢？此时启动预案处置，应尽量考虑时间的提前量问题。所以在中央厨房产品配送时间的提前量上面，必须要搞清楚大概提前多少时间，避开高峰时段。至少前3个因素是非常关键的，这将直接关系到配送效率问题。在中央厨房产品送出过程中，如果忽视这些要素，有可能在配送过程中出现问题，所以要控制时效。

2. 品质控制

品质控制取决于配送路线上的行走时间，更重要的是配送方式。前文讲了3个配送模式，一是冷链供应，二是热链供应，三是常温供应，这3种模式都对中央厨房产品有一个要求，即配送之前产品必须是完好新鲜的。如果是冷链供应，无论是原材料还是半成品，都有一定的质量要求。什么样的冷链供应产品以原料形式出现，一般来说都是动物性的原料，如分装好的宫保鸡丁，可以走冷链路径。一种是半成品，就是部分材料已经加工成熟了，还有部分需要到终端客户那边现场烹制，这种产品对温度的要求非常高。

凡是走冷链,一般情况下,如果是冷藏,都在 0~4℃；还有一种是冷冻的冷链,冷冻冷链要求必须低于 -18℃,这种冷链多半是食品工业化的烹饪产品,纯粹意义上的烹饪产品与食品工业化的烹饪产品是存在客观差异的。在运输的过程当中只要涉及冷链,这两个温度数据非常关键,所以在选择冷链供应的时候,温度的控制非常重要。

热链供应一般情况下配送的都是成品菜肴,这种形式配送的产品到达客户端后短时间内就要食用。配送到达终端客户后,要么直接销售食用,要么进行简单复温加热食用,如微波炉加热。这里最核心的也是温度问题,前面提到温度要求控制在 60℃ 以上。同样的,对于热链供应车辆的保温箱,也有具体要求。

至于常温,一般情况下通常是针对植物性原料加工成的净菜,在季节适当的情况下,可以用常温运输,但是实际运用中不常见。配送时设定的温度就是常温状态,如前面提到的冬季及春秋季的温度,要在 20℃ 左右或 15~20℃ 常温范围之间。这样的常温供应,通常情况下需要注意产品销售的货架时间。一般来说烹饪产品没有货架期,但是有一个适当的存放时间,最好是当天进货当天食用。行业中从事具体的烹饪生产时,一般植物性原料是当天进货,当天用完,如果业务不稳定,那么宁可少进一点货。如果原料当天用不掉,能保存的保存,不能保存的就必须扔掉。因为原料不新鲜会影响产品的质量,中央厨房的产品保存和进货数量对品质而言也是一样的道理。

二、物流配送流程

1. 备货

备货指中央厨房每天按照计划产出的产品数量。中央厨房的生产一般都是根据订单生产,这是很重要的原则,是区别于食品工厂的重要依据。否则在备货时没有目的性,备货数量就容易出问题,所以备货的依据是客户的订单。

2. 储存

储存有两种状态,一是长存,主要指在中央厨房生产完成以后的库房保存；二是暂存,指产品送达客户后到销售前暂时存放。长存是相对于暂存而言的,与食品工业化产品的长存不是一个意思,指按照一定时间内的配送要求,形成对配送资源保证的储备,一般情况下这种储备量相对比较大。对于冷链供应而言,这种储备,实际上就是多产品种类的货源准备,产品生产好后需要一个库房存放。暂存就是暂时存放。如产品送到终端客户手上,在终端客户那可能有一个短暂的保存。再如今天给客户送了 100 份宫保鸡丁,客户门店中午用了 50 份,还有 50 份准备晚上销售,那么从中午到晚上这段时间，就属于暂存。所以储存分两种状态，长存指大批量的，有可能是长时间的；而暂存是小批量的、短时间的。这里主要讨论长存，但又要区别于食品工业化产品的长存。

3. 分拣和配货

分拣和配货跟其他的物流形式是不同的要素。从中央厨房产品配送的角度来理解，分拣和配货的工作是非常重要的支撑过程，配送的过程要通过分拣和配货来支撑。分拣和配货水平的高低直接影响配送效率。如一个熟练的分拣工，他能快速地把需要配送的产品配置整齐；若是生手配货，时间可能会拉得比较长，配齐货后出发的时间可能会受到影响。所以说分拣和配货是整个配送系统中重要的支撑环节，必须快速响应，才能达到比较好的状态。

4. 配装

按照车辆的负荷，把不同客户的不同产品，往一台车子里装配，这个过程称为配装。需要注意的是车辆的有效载荷，就是车子里能够装多少货物。配装时应注意车子要走向哪些门店，这些门店的订单具体内容是多少。

5. 运输

配装好以后就是上路运输，从中央厨房出发，运输的过程其实就是路线的选择，要选择最佳最优的路线，在一段比较快速的时间之内完成配送的过程路径，然后把产品送达终端客户。所以配送的最后一个环节就是送达终端客户或终端门店。

三、物流配送注意点

物流配送的注意点主要有两个方面，一是主订单配送，二是补货单配送。

主订单就是一家终端客户每天第 1 次下的订单。主订单一般情况下都是提前下单的。一个稳定的企业一般 1 天 1 次订单，很少出现 2 次订单。如宫保鸡丁，客户每天都订 100 份，数量是否恰到好处跟中央厨房没有关系，中央厨房只要每天配送 100 份就行，这种类型的订单比较简单，可以理解为固定订单，操作起来比较方便。有一种情况是某一客户每天的订单量是波动的，这种波动状态就是每天的订单只能提前一天下达，目前餐饮厨房里基本都是提前一天下单这种采购模式，大多数的餐饮企业目前通行的做法是，在前一天下午 1 点或 2 点之前，提交第二天的采购原料的数量（这里主要指蔬菜类原料，动物性原料不需要每天采购）。无论是 1 点还是 2 点，首先提前订购实际上是预留时间给采购部门统计，跟供货商联系。其次是要根据订单数量，考虑装车的时间，因为要考虑配送时效和分拣时效，装车很耗时，所以在配送之前，装车的时间也要计算进去，计算装车时间就涉及订货量。

补货单就是补充订货的单子。主订单是前一天下午下达的，但第二天在中午经营结束的时候，清点发现某一种菜肴缺口比较大，又是比较畅销的菜品，这种情况下，客户可能会临时下单，这种临时订单称为补货单。补货单同样需要考虑装车时间和车行时间问题。

需要说明的是，有一种情况，就是周期性的固定单，这种情况一般不主张临时补货，因为它是相对固定的订单数量，产能和产量都是根据订单生产的，临时补货可能会导致原有的生产计划被打乱。无论是餐饮厨房，还是中央厨房，主订单和补货单都是通行做法，实际上也是一回事，都是在烹饪生产中经常遇到的。

第五节 物流配送管理

一、分析定位

1. 分析订单

分析订单即分析客户的订单需求情况，简单说，就是产品的品种、数量，通过了解终端客户的需求，根据客户的订单进行分拣、配货、配装。如果不是根据客户订单生产的产品，而是中央厨房产品送往商超销售的配送，商超所需的品种和数量，要有严密的计划。大型商超食品柜台里的食品有的是现场加工，有的是中央厨房配送，尤其是凉菜多半由中央厨房配送。这种形式配送的凉菜，有一个销售量问题，品种、数量的测算必须要准确。从中央厨房产品的储备和暂存角度来说，中央厨房的产量可以比需求量稍微大一点，要考虑到损耗问题，同时中央厨房具有产品暂存功能，临时存放在冰箱里，有相对稳定的短的鲜质期就可以，如果存放时间太长，品质会受到影响。所以说中央厨房的产品品种和数量方面，在配送前要有严密的计划，这个计划是提升配送效率的重要因素。

2. 分析配送时间

配送中车行距离和车行时间很重要，强调距离和时间，配送必须要在规定时间之前到达门店。产品到达门店后还有上下货的时间，清点数量、品种都需要时间，不是送达就可以立即投入生产。对于物流配送车辆而言，可能一次配送几家门店，当配送车辆到达门店后，先下货，后上货（食品周转箱、餐具类回收），从物流成本角度来说，这个过程由1辆车完成，所以这里就涉及时间问题，在路上行走的时间，到达门店以后的上下货的时间，配送调度时必须要考虑进去。

3. 分析路线

一般来说，配送路线是相对固定的。在选择路线的时候，需要挑直线距离短、路上红绿灯少的路线。所选的路线必须方便通行，如果为了节省路程走市中心，会比较拥堵或红绿灯比较多，而且有些路段红绿灯时间还比较长，这种路线的选择不是很好，因此路线选择对配送效率来说至关重要。选择一条既便于通行又距离短的路线，是配送方案设计过程中分析定位的主要指标。

4. 订单响应

订单响应指接到订单后的反应速度，订单有主订单、补货单之分。主订单不存在响应问题，因为主订单是根据第 1 天的客情（客源）情况或者客情订单情况，已经生产好产品；补货单才存在响应问题，要求反应必须快速。无论是补货单，还是主订单，在配送过程中必须在保障安全的前提下，尽可能节约时间。所以响应的快慢跟配送效率有直接关系。如电话接线员接到客户补货单，要求在下午 5 点之前送 20 份宫保鸡丁到客户酒店，接线员接完电话、做好记录后，没有及时安排给生产和调度部门，尤其是未通知调度部门，等想起来再下发客户补货单时，已经超过了客户预定的时间点，这就属于典型的响应不及时，由于响应不及时，可能会导致终端客户没有产品可售。这种情况的后果轻一点会影响终端客户的销售，严重的可能会影响到中央厨房的客情。所以在分析、制订配送方案的时候，分析定位非常重要，要使中央厨房的配送效率得到提升，产品质量得到保障，成本得到节约，分析定位必须走在前面。

二、配送时间测算

关于配送时间需求的描述，需要计算数据，通过这些数据来测算配送车辆在路上行走的时间，这是测算的主要依据。配送时间如何测算？先做几个假设。

假设 1：车行时间。以中央厨房为中心，点到点最大车程为 A 分钟。如从中央厨房到达第一家门店车程需要 30 分钟，这 30 分钟就是点对点的最大车程，这个时间将是后面配送过程中，必须要记住的。

假设 2：交货时间。假设车辆到达门店后的交货时间为 B 分钟，这个 B 分钟，在实际配送的时候是具体的时间数据。如门店卸货需要 5 分钟，周转箱回收需要 5 分钟，门店交货时间实际是 10 分钟，因为不仅包括交接产品的时间，还包括回收周转箱等物品的时间。

假设 3：门店数量。现在需要配送的门店有 5 个，以扬州大润发为例，其中的 5 个店，分别是邗江店 a、广陵店 b、维扬店 c、开发东路店 d 和蒋王店 e。现在要配送产品到这 5 个门店，从中央厨房到 a 店的时间是 30 分钟，交货时间是 10 分钟，从 a 店到 b 店、c 店、d 店、e 店逐一配送。这时可以分别计算，从 a 店到 b 店所需时间；从 b 店到 c 店所需时间；从 c 店到 d 店所需时间；从 d 店到 e 店所需时间。因为产品已经全部送达终端客户，配送车辆返程路上堵一点或开慢一点无所谓，这里就涉及开环配送或闭环配送的问题。

这里需要计算从中央厨房到5个店的时间，车行速度、车行距离需要考虑进去，这样可以测算出单程配送时间，单程配送时间就是点对点最大车程时间，即从中央厨房到a、b、c、d、e 5个点，每个点对点的最大车程时间加交货时间。配送的最佳路线是事先选择通行便利、红绿灯少，还要行程距离最短，按照这个路线选择，计算时间，得出配送车辆从中央厨房出发前往第一家店到最后一家店的总时间。配送时间的测算，是一个概述，不一定很准确，因为车子在实际行进的过程中，速度不是设定的理论匀速，而会时快时慢，遇到突发情况可能会不能按时送达门店，就有可能在时间上出现误差。所以这个时间指最慢时间，无论是等红绿灯，或者因为路上拥挤，乃至于车子起步时，速度没上来，耽误平均时速等因素，都要考虑进去，这是考虑配送时间的测算。

对于一次配送的主订单而言，一般要求送达时间是在门店开餐前1小时，或双方事先约定的最迟到货时间。因为可能同时配送多家店，这个开餐前的1小时指最后到达的一家店，而不是第一家店，如果是第一家店提前1个小时，到最后一家店的订货送到的时候，最后一家门店可能已经营业很长时间了，所以开餐前1小时送达指送达最后一家店。有一种情况，就是双方约定的配货到达时间，客户要求在开餐前送达就可以，这种情况下哪怕只是提前了5分钟，也算是开餐前送达，这种情况需要提前商定。由于中央厨房企业配送车辆的数量限制，可能在较短的时间内无法保证送达多家门店，而又要求最后一家店到达时间是开餐前1小时，这种情况下可能要从运输车辆的数量上去考虑，如增开一班或几班运输车辆，把多家门店分成两条或多条路线，车辆从不同的路线行走，减少车行的时间，从而保证在开餐前1小时送达。

对于二次配送，针对补货订单而言。经营过程中菜品品种不齐，可以通过补单的形式来补货，同样有时效性需求。因为都是在午餐结束后或晚餐开餐前才可能会有补单，而补货时间又比较急，所以要求门店长在测算第二天业务量时，不能出现较大误差。在一个周期里，每天的销售量相对稳定，不会出现大起大落的现象，偶尔小批量的波动是有的，这种小批量波动，会出现补货需要，作为补货订单，不是所有门店都需要，即使有补货订单，量也比较小，所以在晚餐开餐前的1小时送达门店是符合终端门店经营需求的。当然也有特殊情况，如临时补单，立即就要，而且这种补货订单的客户还是大客户、老客户，更要认真对待，在条件允许的情况下，尽可能把产品早点送达客户门店。总之，从产品配送管理的角度来理解的话，要把握好配送的时效性。

中央厨房数智化运营管理

三、冷链配送的基本要素

1. 产品库存

中央厨房产品的库存量设置多少合理？一般认为应不低于80%。提前生产加工好80%的产品，配货前再完成20%的生产就可以满足订单产品需求。固定式订单的生产量应全部提前安排，100%完成。

2. 车辆

冷链配送的车辆需满足3个条件：

1）要用专门的冷链配送车辆，即具有保温功能的车辆。购买车辆时，厢体本身要具有隔热效果，就是要考虑车辆厢体的材料，需要专门的材料做内部的隔热。

2）要考虑车辆厢体的体积。车厢内部腔体结构大小，要适合周转箱的尺寸，周转箱的外尺寸与车厢体内的尺寸要有内在比例关系。

3）车辆的契合尺寸。契合尺寸就是运输车辆大小。车辆的大小要根据配送的门店数量来确定，若运输量比较大，就应该选择尺寸大一些的车辆；若目前是起步阶段，业务量比较小，车辆可以选择小一点的，关键取决于中央厨房的业务量大小。随着中央厨房业务的不断拓展，从供销的渠道来说，业务量会越来越大，车辆大小需要综合考虑。

3. 物流器具

物流器具主要是周转箱，周转箱的大小、尺寸跟车厢内部尺寸要匹配。简单点说，就是不能有太多空间浪费，要尽可能按照尺寸配比来选配周转箱。

4. 门店储存

在门店储存过程中，需要冷藏设备，主要是冰箱。产品配送到门店后有暂存的需要，暂存过程需要冷藏设备，可以是门店自备，也可以是中央厨房为门店准备，作为销售设备，这些设备属于一次性投资。

四、热链配送的基本要素

热链配送跟冷链配送的要素基本差不多，只不过在配送的过程中有几个不同。

1. 产品库存

热链配送的产品要保温，保温的时间越短，产品的温度保持效果越好，所以要尽可能缩短库存和暂存时间，因此热链配送的产品库存量必须是100%，就是现生产、现发货，热链配送的核心是即产即送，当然即产即送是相对的，要根据订单配送的时间来确定。

2. 车辆

跟冷链一样，车辆具有保温性是基本特征，要保证车厢内温度能维持在较高的状态，其他要求与冷链配送相同。有时候车厢本身不具有保温功能，但是周转箱有保温功能，此时车厢的气密性应保持良好。

3. 物流器具

与冷链运输相同，主要是周转箱尺寸与厢体尺寸的匹配，涉及车辆厢体的有效利用，车辆的体积也是计算有效载荷的主要考量指标。

4. 门店储存

门店储存跟冷链配送的储存不一样，热链配送的门店储存需要保暖设备。设备需要带有蒸汽功能，或具有热水水浴功能，如酒店里自助餐的煮沸炉，也叫波菲炉，在下面点燃酒精，或者放上开水，接通电源加热起到保温作用。

门店销售有一种服务需求，如菜肴温度不够，需要用微波炉加热，门店可以准备几台微波炉，客人如果感觉菜肴温度不够，可以用微波炉加热达到食用的温度状态，所以热链配送的门店储存有两个要求，一是保温暂存功能，二是现场加热功能。

第六节 配送方案

在将中央厨房的产品往终端客户送达的过程中，需要采取合理的思路和方法进行配送设计，称为配送方案。配送方案主要分为两类。

一、直配方案

直配方案即产品由中央厨房直接配送，送达门店。这种方案适用于门店较少、规模比较小的中央厨房企业。中央厨房企业的门店比较少，需求量不大，可以采取直配的供货方案。

二、分区中转 + 直配方案

大型的中央厨房需要采取分区中转的配送方案，如康师傅、统一等大型企业的食品配送，就属于分区中转。总店相当于中央厨房，把产品配送到分区的中转站，然后再由分区中转站一层一级的向下面的门店配送。分区中转站相对于门店来讲，就变成了一个中央厨房，它配送的形式不一样，配置不一样，所表达的内容也不同。目前行业里面比较流行的是分区中转站加直配的方案，如我们从中央厨房将产品送到分区中转站，那么这个分区中转的含义是什么？我们先假设：现在有一家大型的连锁快餐企业，它有100家店分布在江浙沪地区，若在浙江、江苏、上海各建一个中央厨房，理论上是可以的，但成本比较高，所以在江浙沪交界的地方选一个区域建中央厨房，是最佳选择。

从中央厨房配送到中转站，如先配送到浙江，再配送到江苏，在江苏、浙江、上海各建一个中转站，甚至多个中转站。中央厨房产品到达中转站后，再经过二次配送，就送达终端厨房或者门店，这是目前比较常见的配送方案。所以要注意不同类型、不同规模的中央厨房配送方案是不一样的。最后，物流配送的过程需要注意几个关键点。

1）构建系统的配送流程。中央厨房的产品配送，必须要建立一个完整的系统，如订单接收—配货—运输路径—产品回收等。

2）制订科学的配送方案。所谓制订科学的配送方案，就是强调配送的时间问题、门店数问题、车辆问题、路线问题等，这是制订科学配送流程的核心。检测中央厨房运行管理的很重要的指标之一就是配送管理。

3）形成高效的管理系统。管理系统是对整个配送过程的管理，要有精通物流调度的人指挥整个配送系统的运行，或一批人来指挥运行，才能够体现物流配送的高效率。

第七章
中央厨房的卫生管理

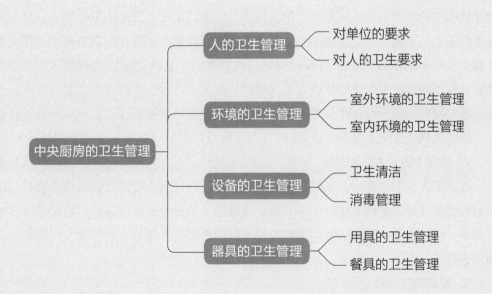

中央厨房数智化运营管理

第一节　人的卫生管理

作为中央厨房企业来说，卫生管理非常重要。生产管理中的卫生管理，主要围绕人的卫生、环境卫生、设备卫生和器具卫生展开。其中对人、物的卫生管理是从生产到产品卫生质量的核心要素。对人和物的管理，要根据企业的具体情况来灵活实施。

一、对单位的要求

1. 定期培训

一般来说，单位应提供定期培训，围绕生产过程中出现的卫生行为习惯或对法律法规的掌握等进行培训。现有资料显示，作为成熟的中央厨房生产企业，对员工进行的卫生管理，主要是提供卫生培训，要制订培训计划，如培训食品安全的重要性、影响食物安全的因素、食品从业人员的上岗要求、食品从业人员个人卫生要求、对生产场所的卫生要求和车间卫生指标检测等，这些内容需要在培训计划里体现。计划实施过程中，在不同阶段对不同内容进行针对性的培训。老员工的培训间隔周期可以稍微长一点；新员工入职前就要进行上岗培训，在正式进入岗位后才能熟悉最基本的卫生要求。这些培训，可以让员工在实际工作中有清晰的理解和认识，在生产加工过程中，能够严格地按照这些要求去执行。

2. 有基本的卫生设施设备

针对个人的卫生培训，其结果是要求员工在生产过程中按照培训要求去执行，执行时需要企业提供基础设施，如更衣室、风淋房及消毒设施等。这些设施设备需要单位提供，作为企业，要有足够的保障条件来保证这些要求能够落到实处，同时要有定期检查措施。

3. 检查执行效果

从单位层面来讲，有了详细的培训计划，也提供了必要的设施设备，接下来便是对执行效果的检查，是不是执行到位，需要通过一些合理的手段来检查卫生要求是不是得到了充分的落实。如果落实到位，后期生产对于人的卫生方面的要求应该没有太大问题；假如落实不到位，企业就要复盘，是什么原因导致卫生要求没有落实到位，是因为没有培训？还是因为设施设备不够充分？通过反思来完善，从单位层面为员工提供足够的条件，保障卫生要求的实施。

二、对人的卫生要求

从中央厨房企业生产加工的角度理解，个人卫生包括多方面，如生产过程中，员工要定期参加单位的培训，围绕生产卫生展开学习；员工在工作过程中要做好手部的清洁和消毒，做好个人卫生、感染、健康等方面的控制。

可以把卫生要求具化到卫生习惯的养成方面，从个人角度理解，所有中央厨房生产企业的卫生要求是相同的。

1. 员工头部

很多中央厨房企业要求员工佩戴普通工作帽，其实不完全符合要求。如果是一般的实验室里戴普通工作帽，问题不大，真正到了中央厨房里是不行的。长发的女员工，用普通的工作帽没有办法把头发全部包裹住，导致部分头发裸露在外面。从食品生产角度和卫生管理要求来看，这种现象是不允许的，需要佩戴发网先把头发拢起来罩在发网里面，再戴上普通工作帽，才能最大限度地防止在生产加工过程中，头发掉到食物里面。

2. 员工身体部位

很多餐饮企业要求员工穿工服、围裙，戴工帽，在中央厨房企业里，生产现场不一定要系围裙，但必须穿长工服。不同的企业，生产过程中的工服要求不一样，但有一点很重要，就是员工必须穿工作服，不能穿自己的服装进生产间。裤子必须是长裤，不得穿短裤，如七分裤、短裤等，通常要求脚踝需要被包裹在裤脚里。鞋子一般穿防滑鞋，不允许穿凉鞋、拖鞋、高跟鞋等，因为烹饪生产场所经常有油、水等物污染地面，造成湿滑，若鞋子不具备防滑功能，容易引起工伤事故。

3. 员工手部

一般来说，从事烹饪生产加工的员工不能留长指甲，不能涂抹指甲油等。从事烹饪生产时，长指甲容易藏污纳垢，引起食物的细菌污染；指甲油可能含有化学性物质，也是造成食物污染的因素之一，所以需要注意。很多人有戴手表、戒指的习惯，有时还会在腕部戴一些装饰物，严格意义上来说，这些饰品在烹饪生产加工过程中都是不允许佩戴的。从卫生角度来理解，当员工进入生产车间的时候，所有手部的装饰物，都要全部除掉。

4. 员工健康证

员工健康证是核心管理内容，在中央厨房产品生产经营过程中，除了单位的食品经营许可证和营业许可证，对于个人来说最重要的就是健康证。

健康证一般实行属地管理原则，员工需要到企业所在地的疾控中心或医院做体检，获得健康证明，体检合格的可以申领健康证。需要注意，一定要严格按照国家食品安全法去要求，员工至少每年体检1次，有的企业要求1年2次。中央厨房企业员工如有传染病，不小心接触了食品，从烹饪产品的生产链条传染给食物，这是一件可怕的事。

健康证同时还规定患有临时性疾病的人员，不宜从事烹饪食品生产，如临时性的发热、咳嗽、腹泻以及身体部位发炎等，这些也是有碍食品卫生的病症，一定要先脱离岗位治疗，等身体恢复后，再回到工作岗位。这也是员工个人卫生管理过程中需要注意的，实际上，中央厨房加工企业，对人的卫生管理要求是非常严格的。

除此以外，卫生管理还要求单位为个人建立健康档案，健康档案的建立是企业管理非常重要的一环，它记载员工的身体状况及健康变化。健康档案其实就是定期体检制度，通过体检可以发现问题，目前国人的健康管理意识还不是很强，尤其是个人健康管理意识很薄弱。西方国家这方面相对要强一点，目前国内在个人卫生与健康管理方面也在转变，事业、机关单位的员工都有定期体检制度。大多数合资企业、国有企业、大型私营企业都对员工健康管理有要求，每年进行体检，通过体检提前发现可能存在的健康问题。

除了对员工个人的基本要求外，还有总体要求，如有的员工在生活中有抽烟习惯，那就要注意，不能把香烟偷偷带到生产场所，在生产车间里偷偷抽烟；在工作过程中难免要去洗手间，去洗手间根据卫生要求应该换装，不能把工作服穿到洗手间去，因为洗手间中的细菌或微生物可能会附着在衣服上面，所以离开生产车间必须更换衣服，回来时再消毒、更换工服，才是规范程序。

第二节　环境的卫生管理

环境的卫生管理分为室外环境和室内环境的卫生管理。从管理内容来说，室外环境和室内环境的卫生管理是不同的。

一、室外环境的卫生管理

中央厨房的室外环境主要指中央厨房外部的整体环境，即建筑物外面的部分，应该从以下几个方面进行室外的环境卫生管理。

1. 视觉角度

一般情况下，厂区看上去要干净、整洁，干净包括映入眼帘的，如绿化的布置、道路的整洁、花草的修剪整齐度等外部视觉上的。在看厂区整洁与否的时候，会对这个厂的产品质量、生产管理过程有一个初步判断。从外部看到整洁的环境后能感觉到，企业的内部管理应该不错。

2. 程序角度

1）使用合规的化学药品进行消毒。强调使用合规的化学药品，是因为我们接触的是食品的生产原料和生产食品的机器，如果在厂房外面使用剧毒的化学物品，会有残留，通过空气传播会影响厂内生产车间的人和设备，带来比较严重的后果。所以合规的化学消毒药品是保证食品卫生的重要前提。当然，合规的化学药品在使用的时候还要注意剂量的控制。

2）根据法律法规的要求进行中央厨房的设计、规划、建设、维修与保养。厂房的布局要符合法律法规的要求。例如，厂房规划时，根据生产过程中会产生比较大的气味的特点，一定要建在城市或居民居住区的下风口，不能建在上风口，否则整个城市都会弥漫着厂区生产过程中传递出来的味道。

围绕程序角度中的消毒和法规问题，来解决外部环境。解决措施主要是以下3个方面。一是运用适当的方法控制虫害，即使用合规的化学药品。二是对于废弃物的无害化处理，企业的厨余垃圾不能简单拉走了事，要进行无害化处理。三是对有毒有害物质的储存。中央厨房的研发部门又叫品控部门，会涉及品质检验。品质检验过程中会用到一些化学药品，这些化学药品有的可能有毒有害，有的易制毒。品控部门的检验试剂，一定要严格加以保管和储存。具体的储存方法，一般都是双人管理，甚至有的有大门、小门钥匙，双人登记制度等。

二、室内环境的卫生管理

室内可以分为更衣室、初加工间、熟化间、预冷间、分装间、消毒间和仓储配送区。这些区域环境卫生的管理要求基本相同，都包括地面、墙壁、顶棚、门窗等。管理过程中，针对不同的区域、不同的部位有不同要求。

（1）地面　地面应使用规范的材料建造，不宜有毒、有味，应防渗透、耐腐蚀，地面结构要利于排污和清洗；地面平坦防滑、无积水。

（2）墙壁　墙壁应使用无毒无害的防渗透材料建造，在操作高度范围内的墙面应光滑、不易积累污垢且易清洁；若使用涂料，应无毒、无味、防霉、不易脱落、易清洁；墙壁与地面易清洁，能有效避免污垢积存。

（3）顶棚　顶棚应使用无毒、无味、与生产需求相适应、易于观察清洁状况的材料建造；若直接在屋顶内层喷涂涂料作为顶棚，应使用无毒、无味、防霉、不易脱落、易清洁的涂料；顶棚应易清洁、消毒，在结构上不利于冷凝水垂直滴下，有利于防止虫害和霉菌滋生；蒸汽、水、电等配件管路应避免设置于暴露食品的上方；如确需设置，应有能防止灰尘散落及水滴掉落的装置或措施。

（4）门窗 门窗应闭合严密；门的表面应平滑、防吸附、不渗透，并易清洁、消毒；应使用不透水、坚固、不变形的材料制成；清洁作业区和准清洁作业区与其他区域之间的门应能及时关闭；窗户玻璃应使用不易碎材料，若使用普通玻璃，应采取必要的措施防止玻璃破碎后对原料、包装材料及食品造成污染；窗户如设置窗台，其结构应能避免灰尘积存且易于清洁；可开启的窗户应装有易于清洁的防虫害窗纱。

围绕中央厨房室内、室外的卫生管理，有以下几个具体的注意点。

1）要求所有场所均没有卫生死角。也就是说，无论哪个区域，都应该干净整洁，不允许存在卫生死角，不针对具体的室内或室外。一旦有卫生死角就容易产生问题，如细菌繁殖、老鼠筑窝等，会影响中央厨房的环境卫生。环境不能有卫生死角，包括地面、设备腔体无积水；物品摆放有序，生产区间里无杂物等。

2）要求设备摆放考虑最佳功效。环境卫生与设备摆放有什么关系？严格意义上是没有关系的，但是应注意，设备的摆放会涉及打扫卫生是否方便，如一台设备靠墙放置，清理靠墙一面的卫生时比较麻烦，甚至没有办法清理干净，就容易形成卫生死角，所以设备摆放与卫生管理虽然没有直接关系，但有间接联系。

3）环境的卫生管理应当建立清洁消毒制度。采用合规的化学药品定期彻底清洗、消毒，这个消毒应该设定周期，周期可长可短，主要根据周边的环境因素，以及室内生产产生污染的程度制订清洗消毒的周期。已经经过清洗、消毒的工具、用具，应当定位存放，避免二次污染。

第三节 设备的卫生管理

设备是烹饪生产过程中重要的辅助性工具，对于设备的卫生管理，需要制订良好的卫生清洁制度，来保障设备在烹饪生产过程中的卫生整洁。可以分成两个方面，一是卫生清洁，二是消毒管理。

一、卫生清洁

根据卫生要求，设备每次使用后，必须做好清洁工作，如清除残渣、清水冲洗、清洁剂洗涤，再用清水把清洁剂冲洗干净。但应该注意，中央厨房的不同区间，设备种类也不同，如初加工间，可能是水池、操作台和切割设备。同样，初加工间原材料的清洗设备，有洗叶菜类的、洗块茎类的，这些都是常用设备，卫生要求也不相同。

(1）设备表面　中央厨房的设备主要是工作台柜、清洗设备、切割设备、锅具、排油烟设备、消毒设备（工具用具的消毒设施，如消毒柜）、储运设备等。

1）工作台柜。主要是台面、设备表面清理、侧面清理，侧面就是工作台柜侧板的清理，有的工作台中间有隔层，就涉及隔层的清洁，主要是做好设备表面的清洁工作。

2）清洗设备。包括洗涤原料的设备、洗涤用具的设备，在加工生产过程中表面会出现残留物，要用水冲洗干净。

3）切割设备。主要是机械刀具设备，用完以后应立即清洗，滤干水分。但行业里并不会定期清洗切割设备，不符合卫生要求。要防止设备的腔体里有残留，如经常用的粉碎（绞肉）机，若每天使用时间较长，且粉碎的是肉类原料，应每天冲洗。

4）锅具。要求锅具里外没有水垢残留、污秽杂物，锅具作为加热设备，生产有汤汁的制品时难免会出现汤汁外溢现象，需要对锅具进行里外清洗。锅具外表面的清洗相对要容易一点，直接刷洗后用清水冲洗干净即可。

5）排油烟设备。主要是表面清洗清洁。烹饪生产过程中产生大量的油烟，经油烟管道排出，使用久了排油烟系统的集油罩会很油腻，需要清除表面的油污杂物。一般用重碱液或略具腐蚀性的清洁剂，去除表面的油污，再用百洁布擦洗干净即可。

6）消毒设备。主要是表面清洁，包括设备表面面板、把手、密封门圈等，主要去除灰尘或油渍。

7）储运设备。包括两类，一是仓储设备，二是运输设备。仓储设备主要指用于中央厨房产品存储的设备，包括暂存设备和长存设备，如工作台架、冰箱、冰柜等，其中冷藏库和冷冻库一般面积比较大，原料库与成品库要分开。对于小型仓储设备主要是表面的清洁，如擦拭灰尘、去除油渍等。以冰箱为例，打开冰箱门，门边有个密封条，时间长了会形成黑色斑点，实际是残留的细菌。冰箱表面用抹布擦一擦，再用消毒液清洗一下就可以，但对于冰箱门上的密封条，要格外注意，保证不被污染。对于大型的冷库（冷藏与冷冻）而言，没有外部的清洁，主要是内部清洁。运输设备是车辆或推车，主要是定期清洗车辆外表。

(2）设备内部　设备内部主要指带有腔体的设备，使用完以后需要对腔体内侧进行清洁卫生处理。清理的主要方法类似，但是不同的设备腔体清洁方法略有不同。

1）工作台柜的内腔。主要是工作台中间的层板需要定期清理积灰、水渍，以及一些可能的残留物。

2）切割设备的腔体。主要防止有残留，如粉碎（绞肉）机，如果加工粉碎不同的原料，为防止不同原料之间串味，在加工另一种原料前，要彻底清洁，清洗后的设备要烘干或擦干，防止刀片生锈。小型粉碎机必须使用后立即清洗，清洗完以后保持干燥状态。

3）锅具内表面。可以适当地借助外力，如用百洁布或橡胶材质的刷子等进行擦洗，保证锅具内表面的清洗效果。锅具内表面可能有防粘的涂层，在清洗过程中，要注意达到卫生要求的同时，不能损害锅具内表面的涂层，所以一般不用钢丝球清洁内表面，一旦涂层损伤，防粘锅的功能就会丧失。严格来说，中央厨房烹饪生产车间禁止使用钢丝球，避免钢丝球碎掉在产品里。

4）排油烟系统的腔体。油烟设备腔体的清洗要求比较高。中央厨房里，由于产品产量比较大，排油烟系统使用频率较高，集气（油）罩里面可能会积累大量的油污，附着在集气管道内壁，要定期对管道进行清理，如果管道清理不及时，可能会造成排油烟系统发生火灾事故。排油烟系统的内腔清洗比较专业，应借助专业工具，或请专业公司进行专业清理。对生产企业来说，定期清洗排油烟管道是消除安全隐患最有效的手段之一。

5）储运设备、仓储设备。主要是冰箱、冰柜，以及冻库、冷藏库的化霜、除冰等。冰箱具有制冷功能，经过长时间使用以后，内壁腔体容易形成很厚的霜层，霜层厚了，虽然可以释放冷气，但冷凝管上面有霜，会影响设备的寿命，所以要定期除霜。方法很简单，断电，待冰块全部融化，清理污水，冲洗干净，接通电源制冷即可；中央厨房冷库里摆放的物品，需要把成品、半成品放在保鲜盒里，或打包成需要的包装形式，既整洁美观，又便于寻找物料。盒子盛装比较方便，在盒子外侧贴上标识、数量等，找起来会比较容易。盒子要进行定期清理。

6）运输设备。指车辆及配套的食品周转箱，要定期清理、消毒车厢厢体内侧，每次配送回来后先清扫干净，然后定期对车厢厢体内侧和食品周转箱进行同样的清洗和消毒。

7）搬运设备。主要指叉车和平板车等大型搬运设备。冷冻仓库里，员工在搬运货物的时候，需要用叉车或者平板车帮助运输货物到配送车位置。

二、消毒管理

设备的卫生管理还包括消毒管理。针对不同的设备，卫生消毒措施也不相同。

（1）紫外线消毒 在生产车间安装紫外线灯，生产结束后，将生产车间清洁卫生工作做完，员工离开车间前，将紫外线消毒灯打开，第二天上班时关闭。这是最常见的室内区域消毒模式。

（2）化学消毒 使用合规的消毒剂，对设备的表面进行擦洗，达到消毒目的的方法。如次氯酸钠消毒，在消毒时，按照100~200毫克/千克溶液进行稀释，调配浓度，然后擦拭设备表面，时间大于或等于3分钟。

（3）热力消毒　消毒过程运用热蒸汽或高温进行消毒的方法。如果用热力消毒，要求蒸汽设备表面温度要高于70℃，按照食品科学的规范要求要高于71℃；还有一些设备的热力消毒，如蒸箱、烤箱的内部消毒，需要控制时间和温度。

第四节　器具的卫生管理

器具卫生管理包含用具、餐具两方面的内容，对于中央厨房来说，这两个方面在烹饪生产和厨房管理过程中同样重要。

一、用具的卫生管理

用具比较广泛，大概包括：砧板，虽然中央厨房使用机械设备生产，但砧板也是不可缺少的用具之一，如在初加工间，个别机器不能切割的食材，需要人工加工，就必须要有砧板。刀具和砧板一样，也是针对少数不能用机器完成切割的食材加工。此外，物料框、各种料盒（马斗）、各类抹布、餐车拖车、清洁用具等，这些用具在生产间随处可见。总体来说，对这些用具进行卫生加工的时候，主要应做到表面清洁、洁净无污、无油腻、无残渣、无锈斑、无积水，清洗消毒后整齐摆放。现在行业里面流行4D管理（方法），又称4个到位，是一种现场管理体系。

（1）整理到位　留下有用的，扔掉没用的，把空间腾出来。

（2）责任到位　指物品的定位摆放顺序要严谨，负责摆放物品的责任人责任要到位。目的是使用时便于寻找拿取，如果要使用用具，需要知道在什么地方，由于之前收纳摆放是定位、整齐的，所以后续取用时会比较方便。

（3）执行到位　指要清除脏乱差的现象。就是在生产过程中，可能随时会出现环境或工位的脏乱差，无论是机械加工还是人工加工，出现脏乱差都是在所难免的，重要的是要及时清理。一般要求员工在生产加工过程中，要不停地关注自己的工位卫生，及时清理自己的工位，用具、熟化设备、地面等卫生要随时清洁。在生产过程中，锅里的油汁、汤汁会溅到锅台上面，要立即擦洗干净，不要等完全干燥后再去擦洗，会增加清理的难度。清除脏乱差现象的过程，也是员工保持操作工位卫生整洁的过程，无论在什么岗位，都要养成良好的卫生习惯。

（4）培训到位　培训到位就是培养员工养成良好的卫生习惯或者行为习惯，行为习惯的养成是通过不停地培训、引导实现的。企业在招聘员工的时候，要进行培训，培训内容包括卫生培训，要求员工遵循企业管理的基本要求，然后去开展工作。

凡是4D管理的厨房或者企业习惯在墙上贴上标语口号，大约是工具、用具"你不回家，我不回家"，工具没有回到指定位置上，指工具没有"回家"，作为员工来说就不会下班回家。企业日常生活中，小到个人生活物品，如擦汗用的毛巾、喝茶的茶杯等；大到企业生产需要的专业用具，如铲子、勺子、剪刀，以及卫生用具等，都有各自的摆放位置，在下班之前要看自己工位上的用具有没有回来。没有回来就要去找，找到后将其放回指定的位置，用具全了才可以下班回家。这是4D管理模式，这个模式的优势很明显，所有用具一目了然，发现它存在与否，在使用时可以很方便地拿取。但是4D管理是需要有责任心的，没有一定的责任心，4D管理是很难做好的。

除了4D管理以外，目前行业里面有很多类似的管理模式，如五常管理、6T管理等。五常管理，又称5S管理，分别是整理（Seiri）、整顿（Seiton）、清扫（Seiso）、清洁（Seiketsu）、素养（Shitsuke），把这五个方面的管理归纳为五常管理或五常法则。这里的整理和整顿，都指清洁；素养，是从按章操作、依规行事的角度理解的，是对人的行为规范的要求。

二、餐具的卫生管理

严格意义上来说，中央厨房的生产部门本身没有餐具的卫生管理。但中央厨房在经营模式中，有一类是针对终端客户的团膳承包经营，就有了餐具的回收清洗环节。

中央厨房生产过程中的卫生管理内容有两个，一是不可回收类的，二是可回收类的。不可回收类的就是废弃物，通常指餐厨垃圾，过去行业里叫干湿分离，干湿分开后，再用不同的方式处理，现在强调垃圾分类，按照不同的垃圾进行不同的回收处理，不可回收类的垃圾处理方法比较简单。

可回收类的主要指餐具，把需要回收的餐具清洗、消毒和存储。餐具回收后分类分拣，工业化生产过程中，餐具回收后一般很少使用人工清洗，所以要对餐具进行分类，把同一个类型的餐具放到一起，然后不同类型的餐具采用不同的清洗方法，机器清洗或人工清洗，清洗完以后消毒杀菌，再进行存储。清洗餐具的设备也需要清洁，如洗碗机。

关于餐具回收、清洗，目的是避免交叉污染，避免影响就餐者的用餐心情。无论是环境，还是餐具，若不整洁，会很大程度上影响到消费者的就餐心情。餐具表面附有残渣，或者菜肴汤汁溢出边缘，都会让人感觉不干净，为避免交叉污染，必须要对餐具进行清洗消毒，主要是为了保证餐具符合卫生要求。

餐具表面附着物主要是油渍、汤汁、剩饭菜等，所以餐具表面主要是油脂、淀粉和蛋白质等物质，清洗就是要把附着、残留在餐具表面的油脂、淀粉和蛋白质等去除。这些物质的存在，客观上为细菌繁殖提供了一个良好的环境，清洗实际上阻断了细菌繁殖、生长的基本物质条件，在没有油脂、淀粉、蛋白质等物质存在的条件下，细菌的生长会受到抑制，因而没有办法生存。

　　餐具的分拣是按照不同类别分别放置，是为了便于机器的清洗，有些异形小用具需要人工清洗。分拣以后先浸泡，目的是去除表面残渣，有些残渣在机器里清洗不太方便，先浸泡，把残渣除掉，浸泡实际也是初洗的过程，简单用水冲一下，把餐具表面的附着物冲洗掉，包括油渍，再用清水浸泡，然后排放在洗碗机的输送带上，输送带运转将餐具送入清洗仓，经过自动程序控制，停留几分钟后完成清洗过程离开清洗仓，然后消毒、烘干、抽样化验，对符合卫生标准的餐具进行封装。

　　机洗餐具实际上清洗得不是很干净，机器清洗主要靠水压和其他物理、化学手段，与人工清洗时用海绵百洁布或抹布等搓洗、清洁的效果还是有差异的，很难达到人工清洗的效果，所以有可能存在卫生不达标的情况。尤其是小型的清洗生产线，更容易出现清洗不干净的情况。

　　抽检合格后装箱、入库，再进入下一个配送流程。

　　所有中央厨房的回收餐具清洗和消毒的基本方法和流程都是一样的，在餐具清洗过程中也会遇到一些困难，至少有3个方面。

　　（1）量大不易清洗　无论是学校食堂、社会餐饮店，还是中央厨房，需要回收清洗的餐具量会非常大。一餐下来，所使用的筷子、勺子、汤碗，还有各种酒水、饮料的杯子等餐具，会有很多，量大。

　　（2）形状多样不易清洗　餐具形状丰富，正是由于丰富多样、形态各异的餐具，给清洗带来了不便。如果都是平面碟子还好，但汤碗是弧形的，杯子有高脚的、柱状的，材质有陶瓷的、玻璃的等，很难清洗。

　　（3）易破损、易变形不易清洗　易破损指餐具的材质多是陶瓷的，瓷的质量有好有坏，稍微一大意，就可能摔坏；易变形的餐具则是另一种材质，称为密胺，就是通常所说的塑料餐具，其实严格意义上密胺不属于塑料，这种餐具的质量比传统的陶瓷餐具要稍差，很多高校、机关、企事业单位的食堂用的份菜托盘就是这种材质。密胺在高温消毒状态下，时间长了，内部结构会发生变化，导致外部形状的改变。

　　因为餐具有密胺、陶瓷材质，易变形、易破损，餐具清洗过程中怎么克服这些问题，也是中央厨房在生产管理过程中需要通过适当的方法或手段解决的。

　　若中央厨房管理只注重产品质量生产，忽视中央厨房卫生与安全管理，是片面的管理。卫生安全是中央厨房生产需要遵守的主要准则。从环境、设备、原料、生产乃至个人都要保持良好的卫生状况，保证餐饮产品不受污染。

　　中央厨房卫生管理是从采购开始，经过生产过程到销售为止的全面管理。中央厨房管理者应该从整个流程加强卫生管理。目前比较流行的方法是实施 HACCP 系统控制，通常在实施过程中要遵循餐饮业营运的食品安全规则，对其中的关键点进行控制与管理，为客户提供安全可靠的食品。

中央厨房员工每天都要跟能源、机械打交道，不具备防范意识和不遵守安全操作规范的话，容易造成事故或伤害，事故一旦发生很容易导致餐饮企业财产损失和人员伤害。为此，中央厨房管理者在生产经营中，要时刻加强和规范安全意识，掌握日常急救基本常识，保证中央厨房员工安全，避免企业蒙受损失。

第八章
中央厨房的应用与发展

- 中央厨房的应用与发展
  - 中央厨房的应用
    - 中央厨房的应用范围
    - 中央厨房的管理模式
    - 中央厨房的商业模式
    - 中央厨房产品销售模式
  - 中央厨房的发展
    - 中央厨房的发展环境
    - 新餐饮形势下中央厨房的发展趋势
    - 新技术在中央厨房运用中的发展趋势
    - 中央厨房公司化的运营策略
    - 传统烹饪食品工业化的路径

中央厨房数智化运营管理

第一节 中央厨房的应用

中央厨房建成以后，在投入生产的过程中，主要从以下方面进行生产管理。

一、中央厨房的应用范围

随着餐饮市场的需求日益旺盛和食品工艺技术日臻完善，中央厨房在产品的品质保障、安全控制、降低成本和工业自动化等方面的优势日趋明显，中央厨房被广泛运用到餐饮行业的各个领域。

1. 学校

学校包括幼儿园、中小学、大学，幼儿园和中小学在某种程度上讲，具有相同的要求。这两类学校食堂有产品品质要求相同、产品功能要求相同的特征。

（1）幼儿园、中小学　幼儿园小朋友和中小学学生正是长身体的时候，需要提供大量的能量，蛋白质、脂肪、碳水化合物这些能维持正常身体生长需要的营养素都必须要在菜肴供应中有充分的体现，以满足身体发育的需要。从这个角度来理解，幼儿园、中小学学生的家长更看重菜品的营养价值及菜肴搭配是否合理。至于菜价略微高一点，家长不会太在意。

（2）大学　大学食堂讲究的是菜肴的性价比、品种的丰富性和风味的多样性。为什么大学食堂要强调菜肴的性价比呢？因为绝大多数大学生的生活来源是父母，不管家庭经济状况如何，父母都希望孩子能够合理消费。大学生每个月的生活费都是有额度的，家长希望或要求孩子们能合理规划、合理支配。在大学生的生活中，过多的生活费投入在饮食上面，就意味着其他方面的开销要缩减。所以同学们希望能花最少的钱吃到最好的菜品，这是大学生普遍的诉求。

对于大学来说，同学们来自五湖四海，所以菜品品种的丰富性和多样性，显得非常重要。

综上，幼儿园、中小学和大学的食堂，对产品的要求是不一样的。如何合理科学地组配学生餐，通过调整学生餐的膳食结构来促进孩子的生长发育和身心健康，是学生餐在产品设计和组织生产过程中需要重点关注的。

2. 单位食堂

单位食堂的类型很多，大致有企事业单位食堂、部队食堂、航空铁路供餐、医院食堂等。

（1）企事业单位食堂　企事业单位食堂的经营类型包括三种，一是自营，企事业单位自己经营；二是承包，将食堂的经营权转让给员工或其他人，由受让方进行食堂的餐食生产与供应；三是托管，即企事业单位没有合适的人员来管理食堂的生产与销售，请第三方管理、运营食堂。

企事业单位食堂从就餐形式上分为两大类。一是固定的就餐模式，即固定餐标（客单价），如按标准菜谱每人两荤两素，由员工根据食堂提供的菜谱自选。固定就餐模式中有一种盒饭模式，是在员工到达食堂前已经按照某个标准将菜肴和主食分装好，员工来了以后直接排队领盒饭，自己再配一碗汤或一份水果。对于固定的就餐模式，就餐人数、餐标都是相对固定的。所以从中央厨房生产的角度来说，不会有太大的变化，每天的生产量也是相对稳定的。

二是自由消费模式，即在员工的就餐卡里按照标准充值，员工直接到食堂窗口消费，想吃什么点什么，根据不同菜品的价格进行结算。自由消费模式又分为两种，一是内销，即食堂提供多种菜品，供员工自由选择；另一种是员工通过食堂外卖平台点单而不在食堂用餐，这种形式同样能用单位就餐卡消费。

（2）部队食堂　随着军队后勤改革的深入，供餐也在向现代化方向转变。如果在驻地，部队供餐的时间点、就餐形式是相对固定的；部队在野战拉练的时候，后勤要配备野战炊事车，为野战拉练的士兵制作并提供餐食。若野战地的条件不允许炊事车跟进，这时传统的压缩干粮和预制菜就派上了用途，但传统的压缩干粮难以满足现代化条件下饮食的需求，所以很多快餐企业为包括这样的场景在内的饮食活动专门研发了自热式饭菜。包装打开后，在食材中添加适当水，然后将加热包加上一定量的水后就会自动加热，一般几分钟或十几分钟后就可以用餐了，这种餐食很方便。自热式饭菜类型有主食型、饭菜合一型、单一菜肴型等。野战拉练时还有一种无炊事车和自热式饭菜的情况，由后勤士兵为战斗人员制作饭菜，这会占用大量的人力资源。还有一种特殊情况，拉练过程中，当地电力中断，炊事车的用电受到影响，此时还可以用燃油发电机发电供给炊事车完成餐食制作。部队供餐和正常的企事业单位常规供餐不太一样，尤其是作战（野战拉练）状态下的供餐，部队供餐采用中央厨房是比较常见的选择，同时还能减少非战斗人员的数量。

（3）航空铁路供餐　航空铁路的餐饮都是事先配置好，在飞机起飞、高铁开动之前的规定时间里送达的。这个送达过程是动态的,但在旅客用餐的过程中又是静态的,航空餐、铁路餐的供餐过程是动态、静态互换的,具有特殊要求,即餐食的汤汁不宜多,并且配置到飞机、高铁上后还有保温的要求。

(4)医院食堂 狭义的医院指看病的地方。医院的病人需要根据身体情况或身体条件进行饮食规划,如病人咀嚼功能或消化吸收功能退化,或有各种慢性病等。病人的餐饮健康需求是中央厨房在产品开发的过程中需要注意的方面。广义的医院还包括社会养老康复机构,随着我国老龄化社会的到来,养老问题越来越成为社会发展过程的重要社会话题。对于中央厨房而言,显示的是适龄的人力资源不足,给中央厨房(或整个社会)发展带来了人力资源的紧张。

医院餐和社会养老康复机构餐既有区别也有关联,无论是用于病患群体,还是养老人群,都强调饮食的健康和营养。如何正确规划健康餐、营养餐,是医院或社会养老康复机构供餐过程中的共性问题,是中央厨房产品研发必须要思考的问题。

3. 展会餐饮

展会餐饮是特殊的餐饮活动,不能在一个相对时间、相对地点内完成进餐过程,包括各类赛事会展、体育盛会、商品展会等。如我国承办的奥运会、亚运会等赛事,运动员、教练员、志愿者的进餐属于赛事供餐;2010年上海世博会,参观世博会的观众用餐属于会展供餐。人员的广泛性和众多性决定了餐饮提供必须依托于中央厨房这样的快餐团体,由快餐连锁企业提供餐食,中央厨房作为快餐连锁的总后方。

4. 大型商超

大型商超一般都配有售卖中央厨房产品的区域,售卖的中央厨房产品主要有两大类,一类是生鲜净菜,无须太多的后续加工。对于家庭或大型商超来说,使用或销售生鲜净菜就省去了前期的采购、加工、清洗、切配的过程,可以直接进入烹调环节。另一大类是菜肴的成品,多为加工好的熟食、凉菜,这类熟食的走向和生鲜净菜的走向是相同的,不同的是生鲜净菜到达终端厨房或家庭后需要再加工,熟食则不再需要,这是差异性。

5. 美食广场

美食广场在某些商业综合体中是独立设置的区域,是多家餐饮业态扎堆经营的场所,和大型商超的经营形式差不多。目前,美食广场大多采用的是整个餐饮区由一家餐饮管理公司管理的模式,餐饮管理公司将整个楼面承租下来后划分成块,对外招租。二级承包商承租门面后,经营不同类型的餐食,二级承租人向一级承租人缴纳租金。一般都是管理公司在某一个场所,集中收费,如大娘水饺、老妈米线等,这些企业的销售额一级、二级承租人都能看到，按照营业额缴纳租金是一种形式；按照承租面积缴费也是常见的形式。

也有美食广场是直接将场地租给某一个品牌运营商，向该运营商直接收取租金，不通过中间承租人去转包。这两种类型的承租方式都存在，各有利弊。

二、中央厨房的管理模式

中央厨房在应用过程中，会涉及经营模式，经营模式又称管理模式。团餐的供餐模式主要有3种类型，一是自营模式，又叫自己供给模式、自供模式；二是托管模式，委托专门的管理团队进行管理；三是第三方经营模式，又称外包模式，是将员工餐承包给别人来经营。自营模式指整个完善的产品供应由自建的厨房生产加工，然后再销售给本单位员工。托管模式是所有生产加工产品的人员或主要人员由本单位自聘，而生产管理、销售管理、售后服务则是委托其他单位管理。外包模式是把整个员工餐外包给第三方单位，由第三方单位派人来组织生产、销售，这是团膳供餐模式。供餐活动有一个很显著的特征，当餐饮食品的品质保障、利润空间，或者产品的营养结构、产品品种更趋于多元化的时候，就需要有一个专门机构来实现它，这个机构就是集中加工生产场所，因此中央厨房就应运而生。

中央厨房建成以后，对应团餐供应或某种供餐模式去生产产品，所以对中央厨房的经营模式进行划分的时候，同样也包含三种类型，第一种是自建自营型；第二种是联建联营型；第三种是自建他营型，即第三方经营型。这三种类型是基于中央厨房的产品、销售的渠道或者产品去向，是针对企业的客户也就是餐饮用户而言的。

1. 自建自营型中央厨房

自建自营型中央厨房是最常见的运营模式，由连锁餐饮企业的母公司承建中央厨房。在承建之前需要做大量的前期准备工作，餐饮企业母公司有很多子公司，将子公司的产品统一集中到由母公司建设的中央厨房生产加工，再由母公司的中央厨房仓储系统统一配送，这叫自建自营。因此自建自营主要针对连锁型企业，如扬州扬子江文旅集团下面设有二级单位，如冶春餐饮公司（早茶连锁餐饮）、冶春食品公司、扬州会议中心、明月湖酒店、金陵大饭店（会议中心托管）、中兴天成酒店（会议中心托管）、仪征黎明大酒店（明月湖酒店托管）、西园饭店、花园国际大酒店、翠园城市酒店、淮扬菜博物馆（卢氏盐商）、紫藤园商务酒店、扬州宾馆（重建中），这些二级单位既有共性产品，也有个性化产品。扬州餐饮产品的雷同率比较高，为了更加节约生产成本，扬子江文旅集团专门成立了冶春食品公司，即我们所说的中央厨房。冶春食品公司不仅供应本集团的子公司，产品同时还走向社会的终端企业，如高铁餐、商超及普通家庭。

扬子江文旅集团冶春食品公司的生产经营模式属于自己建设中央厨房，自己生产管理，自己运营的形式，这种中央厨房的运营管理称自建自营。这种运营模式存在一些潜在风险，一是如果没有足够的资金支撑，会给后期的经营带来压力，尤其是连锁企业，规模越大，中央厨房建设规模也就越大，投入资金、周转资金需求也就越多，若资金链断裂，带来的后果不堪设想。二是连锁餐饮企业为了预留发展空间，以满足旗下子公司的业务需求量，导致中央厨房建设规模偏大，虽然连锁企业旗下有好几家门店，但由于中央厨房建设规模与所供应的餐饮企业的规模不匹配，达不到中央厨房产能产量的销售需求，会产生大量的生产力冗余，这种情况会带来生产资料短时间内的浪费，造成生产成本的增加。以上两种情况有可能会导致中央厨房经营不善。一般情况下，自建自营的中央厨房不会出现亏损的现象，因为在中央厨房的建设初期都经过严格的市场调研，只要企业内部的调研工作做得严谨，企业是能够准确分析到中央厨房企业的盈利点的。

2. 联建联营型中央厨房

联建联营就是由几个品牌或若干中小品牌企业联合起来，共同投资规划设计与建造、共同经营中央厨房的经营形式。多个品牌联合，可以使资金利用最大化。若某一家企业独立建中央厨房，生存压力、建设压力都很大，但若几家中小型企业联合起来，实现资金共担、利润共担、风险共担，风险系数变小了，成功系数可能就会高一点，这样对于多数企业尤其是刚起步的企业来说，是一个良好的选择。另外，通过联建联营中央厨房，可以降低建设和运营的投入、降低风险。

联建联营型中央厨房的问题是，在建设过程中各家的投资比例会有高低，即股权的多少，股权涉及未来的风险分担和利润分配，还会涉及话语权问题，所以在中央厨房联营投资前必须以合同的形式明确约定，经过充分协商达成一致意见后再开始投资建造。关于联建联营型中央厨房的管理，科学的方法是委托专业的公司来管理，投资方都不介入管理，只是通过财务报表来监督中央厨房的运营管理情况，但是这个专业管理公司或团队必须是可靠的，有实际的中央厨房运营管理经验，有成功的案例。

联建联营型中央厨房的管理比较忌讳最大的投资人派出一个总经理，其他几家合股企业派出副总经理，由于总经理的话语权要大于副总经理，所以在实际经营过程中可能存在互相防范、相互猜忌的现象，有可能将合资的中央厨房的经营方向或经营效果带偏。

中央厨房联建联营有利有弊，就看参与联建联营的餐饮企业怎么去分析、认清联建联营过程中可能出现的问题，在以信任为基础的前提下，采取合理的方法解决可能出现的问题，使中央厨房的生产运营在健康的轨道上运行，这是联建联营型中央厨房的核心问题所在。

3. 自建他营型中央厨房

自建他营型即第三方经营，指将中央厨房建成以后，所有业务交由第三方责任主体经营，对建设者来说就是将全部业务承包出去，以外包形式承包给别人。

在第三方经营过程中，从终端客户角度来说，就是将自己销售的产品交给中央厨房生产加工。中央厨房按照市场价格采购各个终端客户所需要的生产资料，然后通过生产加工形成产品，再以事先约定的价格销售配送。

中央厨房的投资人属于投资方，中央厨房管理者属于经营方，对于中央厨房的投资人和客户来说，管理者是第三方；从投资者的角度，第三方指中央厨房的管理者，中央厨房的产品主要为终端客户服务，对于餐饮终端客户来讲，是没有任何风险的。

对于中央厨房投资人可能会存在一个风险，主要是投资人投资的中央厨房，在为终端客户生产产品的过程中，由于客户需求量的大小，给中央厨房生产量的大小带来了不稳定性。同时，在第三方经营的过程中，投资人要开拓终端客户，需要有稳定的客源来支撑中央厨房的运营生产，中央厨房产品有了市场，才有存在的价值，才有盈利的空间。如果没有存在价值或者没有盈利空间，企业最终可能会走向衰败甚至倒闭。所以如何拓展市场，如何寻找企业的终端客户，是第三方经营模式中需要重点解决的问题。

三、中央厨房的商业模式

中央厨房产品销售过程中，习惯上按照产品的类型属性划分，将产品划分成不同的类型，然后根据不同的类型模式进行销售。

在介绍销售模式前，先了解几个概念：

B 端市场：一般指企业客户。

C 端市场：一般指个体消费者及个人的消费行为。

产品销售常见模式：

（1）传统模式 线下销售，一般以实体店为销售场景，如商场、超市等，各种路边摊点也属于线下模式，习惯上称为传统模式。

（2）电商模式　一种以互联网为媒介的线上消费场景，通常在线完成消费，常见的电商模式包括几种类型，如 B2B、B2C、C2C、O2O。大数据显示，线上消费的比例越来越高，跨越不同的年龄阶层，其中主力军多为年轻人。

1）B2B：是最常见的互联网销售模式，指企业对企业或者公司对公司，所以前文所述的 B 端客户指企业客户，泛指经营的各类公司业务，统称为企业客户。

2）B2C：B 是企业或公司，C 是个体消费者。这里的 B2C 指由企业将产品卖给个体消费者，这种销售模式或消费方式称为 B2C。

3）C2C：指的是个体对个体，在电商模式中，C2C 现象比较多。但是针对中央厨房来讲，C2C 情况比较少见，大多数属于 B2B 或者 B2C。

4）O2O：指在 B2B 和 B2C 基础之上的一种新的线上交易模式，从电商的角度来讲，将它称为离线商务模式，它主要是针对在线进行预付，线下享受服务的一种过程。通过网络预购买商品，然后在线下享受服务，享受服务的过程可能是在实体店。如线上选择电影院、时间、距离、性价比等，这些都是在进行线上购买电影票时需要考虑的因素，购票后到对应的电影院取票观影，这个线上购票、线下观看的流程，就称为 O2O。显然是建立在 B2B 和 B2C 的基础之上完成线下、线上的流程，无论是 B2B 或 B2C，核心就是在线支付线下送达或者在线支付线下享受服务，这是电商销售过程中常见的一些形式。

中央厨房的产品在销售中，既有传统模式也有电商模式。

四、中央厨房产品销售模式

（一）商超类

商超类既可以是一般的个体消费也可以是餐饮企业的终端门店。常见的商超类销售模式包括直营模式、代销模式、经销模式、经纪销售、联营销售。

1. 直营模式

直营模式是指生产企业直接把产品销售给目标市场（终端客户、个体消费者）的销售模式，如 20 世纪 90 年代中期的电视直销。

直营模式的两种形式：一是生产企业直接将产品销售给目标市场，这个过程没有中间环节，即没有中间商，也就没有商品差价，所以产品价格会比较低，直营可以采取设置专卖店或者特殊经营的连锁专卖店来销售产品。二是将产品放入商超柜台销售，只需进场费即可。

直营模式的优点是同样的产品价格低于市场同类产品代销的价格。缺点是分散企业的精力，企业既要组织生产，也要组织销售。直营模式在某个时间段是一种很好的介绍产品的方法和销售产品的手段，但是随着网络经济时代的到来，这种模式还需辩证地去看待。

2. 代销模式

代销模式指企业将自己的产品委托给中间商（一级代理商、二级代理商等）代理销售的一种方式。这种模式对于代理商来说，不需要投入资金，不需要承担销售风险，商品由生产商提供，风险由委托代销商的代销人（中央厨房）承担。

3. 经销模式

商业企业或者销售企业向工业企业（生产企业）买断产品，如中央厨房生产出来的产品被销售商买断，然后销售商再开拓市场进行销售。如果将中央厨房作为生产商，生产的烹饪产品不往市场推广，直接以协议价格给中间经销商，中间经销商拿到产品后，怎么销售、以什么价格销售、能否打开市场等是中间经销商的事情。这种模式称为经销模式。其优点在于，对于中央厨房来讲，不需要承担市场风险、价格风险，不用担心产品卖不出去；缺点在于，对于经销商来说一般是将产品卖出后，将销售款返回中央厨房，作为回笼资金。过程中如果经销商没有做好市场推广，导致产品卖不出去，那么中央厨房的资金就回笼不了，这是中央厨房在这种销售模式下存在的潜在风险。所以如何规避风险，要经过双方协商，达成一致，以消除风险隐患。

4. 经纪销售

指供货商和销售商之间利用经纪人（个体）或者经纪行（单位）沟通信息达成交易的一种方式，这种销售模式称为经纪销售。

经纪销售的过程中，经纪方一般不参与管理商品，不承担营销风险，只是为供销双方搭建一个平台，作为中间商，将中央厨房和终端客户联系起来，从中拿取佣金。

5. 联营销售

指两个或者两个以上不同的经营单位按照互利互惠的原则，通过协议构建一个联营机构来联合销售某一个产品，按照比例进行分成或者按比例来承担风险的销售模式。

以上五种模式是框架式的，现代企业在产品实际销售的过程中远不止这五种，但这五种模式是具有代表性的。

（二）终端客户类

终端客户类指区别于商超类的另外一种类型，是餐饮门店类，就是中央厨房的产品直接进入餐饮门店，这样的销售模式有三种类型：中央厨房＋餐饮门店、中央厨房+C端客户、中央厨房+APP。

1. 中央厨房+餐饮门店

中央厨房物流配送常见的模式有直配方案（由中央厨房到连锁餐饮门店的形式）和直配+分区中转方案（中央厨房到大区中转站，再由中转站到餐饮门店）。其实中央厨房+餐饮门店指的是直配+分区中转的方案。

中央厨房的产品怎么到达餐饮门店，需要根据不同的配送形式来确定，这是中央厨房终端客户类常见的一种形态。连锁餐饮企业如肯德基、麦当劳，各地门店很多，不可能每一家都建一个中央厨房，所以产品从大区中转，到达终端门店，终端只有烹饪设备，如保温设备、加热设备，没有切配场所和切配设备，所有产品都由中央厨房配送，这就是连锁企业的中央厨房优势。一些中餐品牌的连锁快餐、连锁火锅也属于连锁范畴，当这些连锁企业发展到一定规模的时候，产品生产的高效率、标准化、安全性就成为连锁企业管理的核心，在这个过程中，门店的运营管理有共性内容，要将它提炼出来集中进行优化、提升，重塑业务流程，重新界定部门的职能，建立新的工业链。这是连锁餐饮企业在生产经营的过程中，随着发展逐步完善的经营模式。

2. 中央厨房+C端客户

C端客户指个体客户，实际上指中央厨房直接将产品配送至个体消费者家庭。中央厨房作为企业，客户选择可以为B2C的模式。B2C模式要求中央厨房企业提高原料的综合运用率和设备的开动率。对于中央厨房企业客户来讲，如果设备产能不足以支持产品生产，设备开动率不够，不开动设备，则设备处于闲置状态，生产成本是上升的，一家企业的生产成本上升，意味着销售价格上升，销售价格最终是由C端客户承担的，客户在承担产品价格过程中，最直观的是产品价位如何。如果性价比高，便认为产品是好的；性价比不高，会有C端客户选择性放弃一些产品。在中央厨房的终端客户中，个体客户的需求也很重要，可以通过生产符合家庭需求的盒装净菜、配菜、预制菜肴等，甚至主食等的研究与开发，来拓展C端市场的客户需求；也可以在社区建立生鲜便利店或通过物流配送，直接将B端客户的产品配送到C端市场。这个过程可以采取线上和线下的模式。如春游或郊游中常见的户外烧烤，需要买材料，线上下单，再由物流配送的形式实际上也是B2C，也是中央厨房直接面对终端个体客户的形式。

3. 中央厨房+APP（应用程序）

APP目前被广泛运用于各类线上场景。对于中央厨房来讲，在建立APP之后，需要客户下载安装，再实现快捷交易。

建立中央厨房 APP 主要是打通中央厨房产业链的构建，包括农业基地、市场询价、餐饮连锁、设备产商、规划设计、招标投诉等。

（1）农业基地　农业基地的任务主要是种植和养殖，为中央厨房提供烹饪生产源头的材料，通过这个源头，中央厨房可以获得优质材料，如何采购需要通过市场询价。

（2）市场询价　市场询价是非常重要的环节，一个中央厨房企业的厨师长、餐饮部经理或者分管中央厨房生产的副总经理甚至总经理，对原料市场的价格要有充分的了解与把握，这就要安排专人进行市场询价。询价要确定询价周期、询价范围，在询价过程中，需要了解、掌握市场的原材料价格行情，在采购的过程中才不至于买到高价格的材料。

（3）餐饮连锁　餐饮连锁企业生产的过程，实际上是指餐饮连锁企业的产品规划与设计。

（4）设备产商　中央厨房产品生产过程需要通过设备完成，设备由设备供应商提供，在产业链中设备供应商提供的设备是由设备制造商生产的，所以产业链流程中会涉及生产和销售设备的设备商。

（5）规划设计　中央厨房的规划设计，严格意义上不在中央厨房生产过程里，但是从中央厨房产业链建设与打造角度来理解，产业链条上需要分工，因此规划与设计是必不可少的。

（6）招标投诉　在中央厨房产业链中，有招标投诉反馈的机制，这个机制可以通过招投标或者社会服务，提诉求或反馈意见，然后中央厨房根据客户诉求或投诉意见改进。

这些信息应都能在 APP 中体现，即打开 APP 就可以知道材料从哪里来，通过什么价格采购的，通过哪家企业生产的，由哪家企业提供的设备生产出来的等。另外，还可以通过注册会员，实现更多的功能。

建立中央厨房 APP 的本质目的是要整合当地的餐饮企业、食品机械公司、厨房公司的品牌商或者厨房设备的品牌商、生产商、经销商，把所有这些资源全部集中起来，为商家和消费者提供一站式餐饮解决方案。所以中央厨房或现代餐饮企业为客户提供解决方案，就是整合资源。

对于中央厨房的产品销售来说，销售类型或渠道很多。随着社会发展的程度越来越高，互联网在人们日常生活中的地位越来越重要，也越来越深入人心，所以电商时代的产品销售一定是线上和线下结合的模式,这种模式最为普遍,对餐饮企业来说,通过APP、互联网,使互联网+中央厨房成为未来餐饮行业发展的重要的风向标。

第二节 中央厨房的发展

中央厨房的发展主要围绕中央厨房的生产经营过程,包括以下内容:一是中央厨房的发展环境,二是在新餐饮形势下中央厨房的发展趋势,三是新技术在中央厨房运用中的发展趋势,四是中央厨房公司化的运营策略,五是传统烹饪食品工业化的路径。

一、中央厨房的发展环境

中央厨房的发展环境主要指外部环境,也就是中央厨房运营的生存空间。外部发展环境会对中央厨房发展起到较大的推动作用,主要表现在国内宏观经济形势的好坏,会直接影响餐饮企业的外部需求环境和个人的消费能力。国家颁布的政策环境对餐饮业发展也同样重要,因为不同时期会出台不同的政策,会影响餐饮行业的发展,从而影响中央厨房的经营。甚至某些政策的出台可能会影响一些餐饮企业的生存,中央厨房的发展环境主要看两个层面:一是经济环境,二是政策环境。

在经济环境里,要了解几个经济学的概念,因为它们会直接影响中央厨房未来的投资决策,包括中央厨房的经营状况。一是GDP,二是CPI,三是PPI,这三个经济学名词大家都很熟,四是居民生活水平,实际上反映的是居民居家过日子的幸福指数。政策环境围绕宏观政策、中央厨房政策、餐饮业政策和其他相关政策展开。

(一)经济环境

1. GDP

GDP是一个国家所有常住单位在一定时期内生产活动的最终成果,是国民经济核算的核心指标,也是衡量一个国家经济状况和发展水平的重要指标。自改革开放以来,我国经济持续在高位运行,经济发展最好的时候,每年的GDP增速达到13%+,意味着该年的经济增长幅度比上一年增加了13%以上。

2020—2022年社会经济活动处于不稳定状态,整个社会的消费比较低,工农业生产都受到了较为严重的影响，2020年、2021年、2022年GDP同比增速分别为2.2%、8.4%、3.0%，波动幅度比较大。进入2023年以后经济发展态势趋于稳定，经济形势向好，全年GDP增幅达到5.2%，表明我国经济发展处于良好的运行状态。目前经济运行情况用国家统计局的专业语言来讲，就是一直在比较合理的区间运行，也就意味着我国经济持续向好。

2023年服务业消费贡献率接近40%，国家统计局官网显示：2023年全国国民经济生产总值约126万亿元，其中一产约9万亿元，同比增长4.1%；二产约48万亿元，同比增长4.7%；三产最高，增长5.8%，约68万亿元。从全球角度来看，2023年我国为世界经济增长的贡献率持续走高。虽然近年来我国经济发展态势良好，但还有一些老少边穷地区的农业人口，他们的收入增长和城市居民尤其是一、二线城市居民的收入增长不成正比，有部分农业人口刚刚摆脱贫困，所以把我国定义为发展中国家，是比较科学的。

2. CPI

CPI是消费价格指数，又称居民消费价格指数。这个指数是反映居民家庭一般购买的消费品和服务项目的价格水平的变动情况。简单一点说就是，大家手上有钱，拿钱去买商品或去消费，在接受服务的过程中，价格的变动情况。如2022年拿100元可以买一件T恤衫，2023年再拿100元去买T恤衫的时候，T恤衫已涨价到105元一件，这时就出现了价格变动情况。

这个价格变化情况就用CPI数据来表示，国家统计局，以月为单位统计一次一个月里全国的平均消费水平情况。2023年10月，全国居民消费价格同比下降0.2%。其中，城市下降0.1%，农村下降0.5%；食品价格下降4.0%，非食品价格上涨0.7%；消费品价格下降1.1%，服务价格上涨1.2%。1~10月，全国居民平均消费价格比上年同期上涨0.4%。

10月，全国居民消费价格环比下降0.1%。其中，城市下降0.1%，农村下降0.1%；食品价格下降0.8%，非食品价格持平；消费品价格下降0.1%，服务价格下降0.1%。

说了这么多CPI知识，那CPI的本质是什么？其实就是货币的购买能力，当CPI上涨的时候，可以间接理解为实际工资减少，如一个人的月工资是3000元，在当年工作的这个月份3000元可以买一部某品牌手机，一年后，月工资依然是3000元，此时再拿3000元去买同一款手机时，可能会出现3种情况：一是3000元没用完；二是3000元不够；三是与去年价格持平。更多地表现为第一种情况，这就是市场商品价格的变动，一方面是因为CPI的变动，另一方面是新品手机出现，导致老款价格降价。

CPI 上涨涉及通货膨胀的概念，根据国际经济学的定义，在 CPI 大于 3% 时属于通货膨胀，按照这个数据，目前我国的经济变化情况是不属于通货膨胀范畴的，但在国际上有个上限，就是有一个危险区间，只要 CPI 在 5% 以下，国际社会通常都认为是安全的。那么当 CPI 大于 5% 的时候属于严重通货膨胀，就是消费价格的承受能力受到严重影响，生活水平是下降的。

3. PPI

PPI 称为生产价格指数或工业生产者出厂价格指数，它是衡量工业企业产品出厂价格变动趋势和变动程度的指数，通常反映某一时期在生产领域价格变动的情况。其实通过概念会发现，这里主要指中央厨房生产过程中价格变动情况。如中央厨房采购原料的价格、购买机器的价格和销售产品的价格可能存在波动，中央厨房的产品价格发生了变动，一般情况下都会转嫁给消费者，而企业不承担价格波动带来的经济损失。前面提到物价上涨，所有增值的部分最后会全部转嫁给消费者，所以生产价格指数变动带来的结果一定是 CPI 的变动。生产价格指数上升，消费价格指数也上升，生产价格指一件商品的成本，用出厂价表示，当出厂价由 100 元上升到 120 元时，消费者要承担价格上涨的部分，对于产品销售商来说也要赚钱，所以销售价格一定高于出厂价格很多，这个时候对于消费者来说，消费价格指数一定是上升的；同样，当生产价格指数下降时，消费价格指数同样也下降。所以说 CPI 和 PPI 这两个指数通常都联系在一起，只要讲 CPI 就一定会讲到 PPI。

4. 居民生活水平

就全国经济形势而言，居民的生活水平总体向好，但是由于区域的不同，各地居民的生活水平有一定的差异。国家进行西部大开发、东北老工业基地振兴等，是国家发展战略。东西部地区结对帮扶，西部地区已经脱贫，全国所有县域的经济摘去了"贫困"的帽子，城乡居民也摘掉了贫困的帽子，这是一个了不起的伟大成就。从政治角度来讲，体现了中国共产党的伟大；从社会发展的角度看，要使农村贫困人口全部脱贫确实是一件不容易的事。从社会发展角度发现，家用汽车增多了，说明居民的生活水平提高了；二十世纪六七十年代甚至八十年代，人们尤其是农村居民居住条件比较简陋，现在农村城镇化发展，农村居民也住上了楼房，有了稳定的收入；城镇居民发展得更好，每一户城镇居民家庭至少有一套房，有的家庭甚至有多套，说明经济增长速度快，居民生活水平提高，居民的收入增长，可支配收入增加，口袋里钱多了，可以自由支配了，这里导出一个概念——恩格尔系数。

恩格尔系数指食品支出总额占个人消费的比重，也就是一个人消费的所有支出里，食品消费支出与总消费额的比重。从一般的经济学规律来看，收入越低，食品支出占比就越高。原因很简单，任何时候人都要吃饭，只要吃饭就会有支出，所以一个家庭不管收入多少，饭总是要吃的，收入很低要吃饭，收入很高同样要吃饭，但是收入高了，用于食品支出这方面的占比就下降了。如有两个家庭，每月用于一日三餐的消费都是 2000 元；其中一个家庭的月收入为 4000 元，食品消费占 1/2；另一个家庭月收入为 1 万元，食品消费只占 1/5，所以收入越低，食品支出占比越高，反之亦然。按照国际惯例，在测算恩格尔系数时，当恩格尔系数大于 60% 的时候，也就是食品支出额度超过总支出 60% 的地区称为贫困地区；在 50%～60% 的刚刚解决温饱问题；恩格尔系数在 40%～50% 是小康社会，建成小康社会，也就是食品的支出或餐饮消费支出要控制在这个范围之内；当恩格尔系数在 30%～40% 的时候，理解为富裕社会，当然也许整个社会达不到但有的家庭可能已经达到了，这是富裕家庭；当小于 30% 的时候，认为是最富裕的。

中央厨房的产品属于食品支出，特点之一就是低投入、高产出，因为中央厨房的生产效率要远高于人工生产，所以中央厨房的产品价格变低，就具有明显的成本优势或价格优势，这是中央厨房发展的一个经济环境。也就是说，整个经济形势向好的时候，我们通过集约化的生产模式形成成本优势，使中央厨房产品具有价格竞争优势，从而使中央厨房企业能够生存。

（二）政策环境

1. 宏观政策

从 2013 年开始，中央政府强调新的经济政策，也就是通常所说的"宽财政，稳货币"。从 2017 年到现在，总的基调是强调稳中求进，继续以稳定的经济发展战略，通过国家层面宏观调控，采用"积极财政，稳定货币"的财政政策，推动国民经济发展。目前国家层面为了稳定经济增长，加快经济转型，促进经济发展，在投融资体制方面仍然在改革，尤其是经济结构转型，政府提出了供给侧结构性改革，实际上就是对市场供需矛盾进行调和，进行产业经济结构的转型，是国家转型发展要面对的一个重大课题。

目前国家层面的经济政策是"宽财政，稳货币"，"宽财政"泛指政府经济活动，意味着投资行为在国家经济层面上，投入的经济总量呈现上升趋势，鼓励各种企业推动经济发展。现在说得比较多的是"大众创新，万众创业"，就是要推动经济发展。

跟"宽财政"相对应的"稳货币"，或者叫"紧货币"，指稳健的货币政策，是稳增长非常重要的举措。2013 年以后，政府推出了一个经济学界称为组合拳的政策——"宽财政，紧货币"，意味着经济投入的放开和稳定货币，实际上一方面是放开经济活动，另一方面紧缩银根。

从改革层面上来看，党中央提出了供给侧结构性改革，实际上就是调节市场的供需矛盾问题，通过对产业结构的调整，使经济发展稳中向好、稳中向前。就是通过结构性改革，使经济运行更趋于合理，尤其是在工业经济或中国制造方面，投入更多经费，而不能简单地依赖于房地产业、服务型产业。这些产业虽然对经济发展有支撑作用，但就国家经济发展来看，这样的经济模式在未来很容易形成隐患。国家进行供给侧结构性改革，实际上就是在往这方面努力，让经济发展行走在良性循环的轨道上。

至于"新突破"，新的举措之下，一定要突破一些发展瓶颈，如前文提到的东北老工业基地振兴，实际上就是在供给侧结构性改革下要重振东北地区的经济；东西部结对扶贫，实际上也是实行稳健的逐步发展政策，让东西部共同发展，来带动国家经济的均衡发展，这些举措都是国家层面供给侧结构性改革中的具体方法，通过这些方法来寻求突破，使我国经济向好的方向发展。

2. 中央厨房政策

2011年国家出台《中央厨房许可审查规范》，对中央厨房建设和规划都提出了比较明确的法律法规方面的要求。在社会层面有适合企业运行的外部环境，有良好的经济发展；在企业内部有中央厨房发展的政策和法规，规范企业发展行为。在这些条件支撑下，中央厨房的发展一定会有广阔的空间。而且随着未来传统烹饪食品工业化的发展，未来中央厨房在服务行业里一定会有更好的前景。

3. 餐饮业政策

餐饮业政策远比中央厨房政策来得久远，中华人民共和国成立以后，各个行业都在出台制订不同的行业政策，有国家层面的，也有地方层面的，用这些有利于企业发展的规章制度来规范企业的生产与销售。关于餐饮业的政策，各地都有。只要政策运用得当，餐饮行业的发展一定会更好。

4. 其他政策

除了跟餐饮业发展相关的政策外，国家出台的其他层面的政策，宏观上也能为企业带来优惠，这样的政策同样会惠及餐饮企业。所以国家或地方政策的出台，有的可能会推动餐饮行业的发展，也有可能抑制发展。如十八大以后国家出台"国八条"，对餐饮企业的私人会所、高档会所、公款消费等制约明显。"国八条"的出台，有效抑制了公款消费现象，使餐饮行业的消费回归正常。

二、新餐饮形势下中央厨房的发展趋势

任何一个企业的发展都离不开国家或地方的经济大背景，离不开国家经济政策的影响，餐饮行业中的中央厨房发展亦然。

在这样新的餐饮形势下，中央厨房发展，也要从两个层面上理解：一是相较于90年代后期及21世纪初的十多年，经济发展总的趋势是在放缓，尤其是十八大以后，供给侧结构性改革，经济发展放缓，但是总体上来说，国家大的经济环境依然是向好的态势。二是国家经济政策层面，十八大后"国八条"出台，限制公费支出对服务业尤其是餐饮业影响比较深远，餐饮行业经过调整，出现了新的局面，这个变化给餐饮行业带来了一种新的经济营收模式，就是围绕餐饮转型，推进中央厨房建设，主要是围绕中央厨房加餐饮企业或终端客户，构建新的餐饮供餐体系。

案例1：上海味千中央厨房。上海味千是中央厨房运用得比较早的企业之一，在国内较早进入这个领域，因而具有典型性和代表性。在发展过程中，上海味千为中央厨房设立了一个标杆，这个标杆对推动当前中央厨房的发展具有导向性作用。

案例2：围绕社区养老推动社区养老中央厨房的建设。这里主要围绕政府、行业协会、餐饮公司，以及老年人来展开。社区养老型中央厨房的主要模式是中央厨房加流动餐车配送。扬州的早餐市场会看到很多早餐类别，如富春、冶春社区流动早餐摊点，就是方便社区养老的餐饮销售模式。强调社区养老，是因为老龄化社会养老是一种典型的营销案例，资料显示这种模式起源于北京房山区，2016年房山区政府将餐饮企业集中起来，联手中央厨房进行供餐，开始建设社区养老驿站。其实不仅仅是北京房山区，北京石景山区、全国其他地区也在做相同的工作。针对老年人的餐食，按照生产工艺流程，进行中央厨房产品设计，原材料—菜单计划—采购—生产等所有环节，都围绕老年人的饮食，针对老年人的膳食结构去干预，依托于ISO 22000食品安全管理体系去生产。

案例3："互联网+"网络订餐平台。这里介绍几家企业。一是饿了么，饿了么于2008年在上海成立，是典型的"互联网+"的一种形式。二是"好吃·懒做"隶属于上海食刻电子商务有限公司，是我国第一家以绿色便捷美食为主体的专业电商平台，这个公司宣传的重点是可以"足不出户吃大餐"，就是待在家里面也能吃到大餐，手段就是"互联网+"的营销模式。三是盒马鲜生，盒马鲜生是一种新的零售业态，它的基本特征是满足了新零售进化的三大路径，如零售+企业式消费和零售+产业生态链等。四是上海一片天餐饮管理有限公司，该公司作为中央厨房企业，亮点主要有3

方面：第一，该公司是上市公司，有强大的资金支持，因为该公司有一个好的融资平台；第二，经营规模大，该公司为超过50个企业提供餐饮服务，由于服务对象数量庞大，所以营销起来比较方便，一旦做出口碑后，人们也愿意选择它；第三，核心工艺优势是全过程自动化加工，也就是说，企业尽可能减少人的参与，用全程自动化的方式进行生产，这就节约了人力资源和运营成本，从而使它的产品具有市场竞争力。

餐饮企业的中央厨房具有很多共性特征，还有很多地方性的中央厨房企业，如广州的中央大厨房项目、深圳市中央大厨房物流配送有限公司、济南超意兴餐饮有限公司、山东家家悦中央厨房等。这些餐饮业中央厨房，都依赖于"互联网+"的营销形式。

三、新技术在中央厨房运用中的发展趋势

新技术指食品行业目前常用的技术，在食品工业发展过程中逐步建立起来的技术体系。因为烹饪科学研究起步较晚，中央厨房作为烹饪产品生产的一种形式，需要运用食品加工的先进技术。

（1）可溯源系统　餐饮行业建立食品可溯源系统最早可以追溯到2006年，合肥和上海建立了餐饮食品召回制度，其实就是建立食品的回溯制度，严格从食品行业的发展来理解，这个系统被运用是很早以前的事情，被广泛运用于烹饪行业和中央厨房是最近的事情，所以把它称为新技术。

（2）快速检测技术　运用快速检测方法，只需要几个小时即可出检测结果。快速检测技术对于中央厨房烹饪原材料的采购，在安全性的保障上更方便。

（3）高温灭菌技术　主要运用于食品原料的贮藏，通过高温蒸汽杀灭细菌，使细菌灭活。

（4）高压蒸汽灭菌　用高温加高压灭菌，不仅可杀死一般的细菌、真菌等微生物，对芽孢、孢子也有杀灭效果，是最可靠、应用最普遍的物理灭菌法。主要用于能耐高温的物品，如培养基、金属器械、玻璃、搪瓷、敷料、橡胶及一些药物的灭菌。高压蒸气灭菌类型和样式较多，如下排气式压力蒸气灭菌设备，压力升至103.4千帕（1.05千克/厘米^2），温度达121.3℃，维持15~30分钟，可达到灭菌目的；脉动真空压力蒸气灭菌设备，蒸气压力为205.8千帕（2.1千克/厘米^2），温度达132℃以上，维持10分钟，即可杀死包括具有顽强抵抗力的芽孢、孢子在内的一切微生物。

（5）真空快速预冷　将新鲜水果和蔬菜放在封闭的容器中，迅速抽出空气和水蒸气。随着压力的不断降低，水果和蔬菜由于水的持续快速蒸发而冷却。真空冷却的果

蔬失水率一般在3%左右，不会造成果蔬蔫软、失鲜。由于果蔬组织内外的压力差，组织内的有害气体和热量也随之被抽出，可以推迟果蔬跃变型呼吸高峰的到来。在真空冷却情况下，组织内部到外表面同时进行，均匀冷却，因而保鲜时间长。

（6）气调保鲜技术　是一个新的保鲜方法，与真空快速预冷有异曲同工之妙，简单地说，都是为了延长产品的货架期而采用的一些方法，包括超高压灭菌技术、在线无菌包装技术、净化技术等，都是为了延长货架期的新技术，属于新技术的范畴。

这些食品贮藏方法带来了食品保鲜的新技术革命。但需要注意，中央厨房产品与食品工业产品有本质区别，适当借用食品工业的新技术，对于提升中央厨房产品的科学生产有帮助，但不能照搬照抄。

四、中央厨房公司化的运营策略

目前社会是共享经济的时代，中央厨房要进行公司化运营，就是要把资源优势集中起来，解决一些共性问题，做一些共性努力，这就是共享经济的源头。

网络共享经济，与中央厨房的共享经济不是同一个概念。网络共享经济有两种常见的解释。

一是共享经济指以获得一定报酬为目的，基于陌生人且存在物品使用权暂时转移的一种新的经济模式。其本质是整合线下的闲散物品、劳动力、教育和医疗资源等。

二是共享经济基于人们公平享有社会资源，以各自不同的方式付出和接受，共同获得经济利益的过程。

很显然，中央厨房的共享经济是后者。就是投资人可以以不同的形式投资，比如投入资金、投入土地、投入技术等，投资人以不同形式完成投资，最后共享建设成果。这就是餐饮行业或中央厨房的共享经济。

中央厨房进行公司化运作的优势是多个餐饮企业共用一个中央厨房，为自己的企业生产提供便捷的服务，让产品有适度的利润，所以共享经济下的中央厨房是原始中央厨房的2.0版。以前中央厨房是各建各的，现在在共享经济状态下，大家联合起来建设中央厨房，让中央厨房的效能最大化。

当然，严格意义上说，它不仅仅是厨房生产，还包括中央厨房的信息、物流都可以共享。信息指客户营销信息，物流指产品配送流程，再加上生产过程，整个形式都可以共享。基于目前的大数据环境，要发挥网络的功能，在中央厨房公司化运作过程中，共享经济下的中央厨房，具有非常明显的优势。

共享经济下的中央厨房还有新解释，可以把它理解为是多个中央厨房企业聚集在一个产业园内，基于物流信息、技术与产品、人力资源等共享、优化、整合实现资源效益最大化，这种中央厨房称作中央厨房产业园。

中央厨房产业园与共享中央厨房不是完全等同的概念，一个是多企业联建共享中央厨房，一个是在产业园内将多个中央厨房联合起来共享信息、物流、生产，所以中央厨房的共享经济存在两种形态。

共享经济下的中央厨房的优势就在于：一是可以解决生产场所不足的问题，如自建中央厨房可能会受到土地限制，共建中央厨房可以解决土地问题；二是自建中央厨房可能受到资金不足的限制，共建中央厨房可以解决资金投入不足的问题，有的企业是上市公司，上市公司最大的优势在于它的融资平台，一旦形成共享中央厨房，就可以解决资金投入不足的问题；三是可以解决人力资源的配置问题，人力资源成本是企业成本的重头，机器是一次性投入，重复使用，但是人员每个月都要产生劳动报酬，从企业角度说，用工越少，生产成本越低，产品价格也越低，市场销路可能就越好，这就是共享经济带来的优势；四是可以解决物流配送的问题，如果企业自有中央厨房，自营物流配送，要从车辆、运送路线去做规划，假设产业园内有多家企业，同时往一家送货，就可以整合资源。

倡导中央厨房公司化运营的主要目的，是为了实现中小型餐饮企业规模壮大的策略。餐饮行业在整个国民经济活动中所占的比例很高，要把这些企业培育成知名品牌，必须要用现代企业管理的方法和思路，来运营发展企业。这是公司化运作的基本前提，在这个过程中，公司化运作是企业做强做大的重要基础，也是企业发展的必然过程，可以说企业想要做大，必须进行公司化运作，对于中央厨房也是一样，想要把中央厨房企业做大，就必须按照公司化运营策略去规划、发展。

公司化运营的核心，是按照现代企业制度进行管理。

1）公司化运营的核心在于培养员工形成一种理念，即"企业是我家"。这方面的成功案例当属海底捞，海底捞投资人是聪明的企业家，他把制度和人性进行了高度融合，如海底捞的服务员享有免单的权利，一般企业很难做到。当一个服务员都有免单的权利，他一定会站在公司的角度考虑问题，这样一来人人都为公司考虑，这家公司怎么可能发展不好呢？所以说这种经营理念是比较科学的。

2）构建合理的员工薪酬管理制度。员工薪酬体系的建立，一方面要体现阶差，根据员工的工作表现和工作结果来制订薪酬；另一方面员工薪酬实行保密制度，互相不知道别人工资，每个月还要给优秀员工额外的奖励。所以薪酬管理制度的建立要科学,要让员工感受到在企业里,其付出和收入是成正比的。此时员工才愿意为企业付出。

3)打通员工的晋升通道。员工在任何一家企业工作,都希望自己的劳动成果能够获得公司的认同,对于员工来说,直接表现就是有合理的上升渠道,如从员工开始,到班组长,到部门长,到更高的管理层。如果晋升通道对于员工是开放的,那么员工一定会朝最好的方向去努力,使自己能够在一定的时间里通过努力获得晋升。这也是让员工在企业发展中获得成就感和提高工作幸福感的很重要的指标。

4)明确员工的职责。如前所说,企业给员工免单的权利,企业有合理的薪酬和奖金制度,也有合理的晋升通道等,但是员工为企业要怎么做?需要有制度约束,需要明确员工做到什么程度,即约定员工的权利、责任和义务。通过这些机制,将企业建成运营规范、科学发展的现代企业。无论是连锁扩张还是独立经营,都能够使其在复杂的经济环境中立于不败之地。

五、传统烹饪食品工业化的路径

传统烹饪食品工业化的路径其实就是利用现代食品科学技术生产传统经典烹饪食品,利用大食物观指导传统烹饪产品的绿色发展,利用大健康观指导传统烹饪产品的可持续发展,通常包括以下 6 个主要步骤:

1. 原材料选择和加工

选择优质的原材料是保证食品品质的重要因素。在工业化过程中,需要对原材料进行标准化处理和加工,以确保一致性和安全性。这可能涉及清洗、去皮、切割、研磨、浸泡等工艺。

2. 配方和工艺开发

传统烹饪食品的工业化需要对传统的烹饪方法和食谱进行调整和改良,以适应大规模生产的需要。这可能包括调整配料比例、改变加工顺序、引入机械化设备等,以提高生产效率和产品一致性。

3. 设备和技术引进

工业化需要引进适合大规模生产的设备和技术。如自动化生产线、高效加工设备、包装机械等,可以提高生产效率、减少人工成本并确保产品质量和卫生安全。

4. 质量控制和标准化

在工业化过程中,质量控制是至关重要的。建立严格的质量控制体系,包括原材料检验、生产过程监控、产品检测和验证,以确保产品符合卫生安全标准和质量要求。

5. 产品包装和储存

传统烹饪食品的工业化需要考虑产品的包装和储存。选择适当的包装材料和方法，以延长食品的保质期、保持口感和质量，并方便运输和销售。

6. 市场推广和销售

一旦完成工业化生产，传统烹饪食品需要进行市场推广和销售。这包括确定目标市场和消费群体、制定营销策略、建立销售渠道和品牌形象等。

需要注意的是，传统烹饪食品的工业化过程需要平衡传统的烹饪技艺和工业化生产的要求。尊重食品文化传统、保留独特的口味和特色，同时提高生产效率和产品一致性，是工业化路径中的重要考虑因素。此外，食品安全和卫生标准的遵守也是不可忽视的。

第九章
中央厨房的风险管理

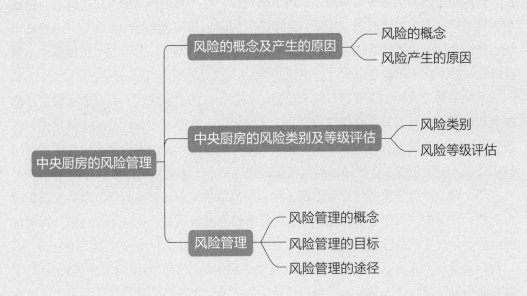

第一节　风险的概念及产生的原因

一、风险的概念

1. 风险起源

国内外都有关于风险起源的传说。古时候渔民出海打鱼过程中，最担心的就是有大风，会给渔民打鱼带来无法预测的结果，渔民发现风的存在有危险，久而久之就有了"风险"一词。

当风险在中央厨房或生产行业时，可以思考和探索，风险会对中央厨房行业发展带来什么后果。

2. 风险定义

风险指生产目的和劳动成果之间的不确定性，生产目的对于中央厨房而言，指通过投资生产，产生的产品投放市场，从中获取利润。劳动成果指中央厨房产品投放市场，产生利润。由于风险的存在，中央厨房产品投放市场后，是不是一定能够产生经济效益，就存在了不确定因素。

从结果角度分析，主要包括两个层面：一是收益的不确定性，就是中央厨房产品投放市场以后，是不是一定能赚取利润，无法确定；二是成本或代价的不确定性，在投资中央厨房的决策行为实施过程中，是不是有成本投入就一定会有产出，或者说用较小的投入一定能获取比较高的利润回报，这也是一个不确定的因素。

以上两个层面导致了可能会出现3种不同的结果：第一种结果是风险带来损失的可能性，就是中央厨房在投资过程中，可能会带来经济损失，投资不能在预计周期内回收资本，或者产品投放市场后不能赚取足够的利润，这是风险带来损失的情况。第二种结果是风险带来收益的可能性，就是中央厨房的投资按照预期实现了利润增长，收益是中央厨房投资人最希望看到的结果。第三种结果是风险既不带来损失也不带来收益，出现持平的经营状态，这种状态应该是投资决策或经营手段上存在一些不合理的因素，或者说定位不科学，导致中央厨房投资运行决策过程中未能按照预期获得利润。

这些因素被称为风险源，中央厨房在投资运行过程中，就是因为风险源的存在，所以存在风险。

二、风险产生的原因

中央厨房风险产生的原因,主要从 3 个方面来分析:一是投资决策;二是生产运营;三是产品售后。中央厨房和其他企业在经营过程中存在的风险因素差不多。严格意义上的风险,主要是第一种风险,即产生损失的一种悲剧性后果。在探讨风险管控或风险管理时,都是围绕怎么减少或避免损失展开,至于风险带来投资效益,是预期的结果,所以探讨风险管控时,不对带来利益的风险管控进行讨论,主要讨论带来损失的风险管控。

风险损失的不确定性主要表现在 3 个方面:一是这种风险是不是一定会发生;二是风险大概在什么时候发生;三是风险发生后会产生什么结果。这些都是无法预知的,所以风险产生的原因主要围绕中央厨房生产经营过程中可能会导致风险产生的因素展开。

回到中央厨房层面来讲,同样存在这些问题,中央厨房在决策运营过程中可能会因为各种因素,导致中央厨房生产运营的时候出现问题,最终结果可能损失了经济利益,甚至企业经营难以为继,哪些因素可能会导致风险产生呢?

(1)投资决策方面 可能是投资决策时市场分析不到位。在做中央厨房规划的时候一定要先做市场调研,进行市场分析。如针对江苏餐饮市场,食品行业发展现状如何,市场饱和度怎么样,是不是可以建中央厨房,如果可以建,建设预期是什么,这是市场分析。然后围绕这些分析,做充分的市场调研,再请专家论证,形成专业的调研报告。这里的专家无论是在经济学领域还是餐饮行业,都能够粗略估计餐饮行业在未来几年的发展趋势。报告认证完以后,资金投入情况、融资情况能不能支持中央厨房的建设,建设周期是不是合理,要快速决断。在投资决策过程中,任何一个环节都有可能存在风险,如事先计划好的资金、政府投入、企业家投入和第三方融资,但在实施过程中第三方融资平台突然没有资金释放出来,企业没有办法拿到融资资金,接下来如何去建设,是否会导致建设周期延后,都存在不可预知的结果。

(2)生产运营方面 生产运营主要指厂房规划建设好之后,交付生产运营部门进行生产,在这个过程中的一些因素,如产品结构不科学、产品创新不及时、原材料供应不到位等,会影响产品的市场占有率。生产过程中工艺设计合不合理,如厂房里的设备定位、区域设置等,决定着生产效率,生产效率高可以事半功倍,如果设备摆放不合理,区域设置也不合理,就有可能在生产过程中员工要不停地走动,做同一个工作要在不同的区域完成,生产效率就低了,造成事倍功半,这是生产工艺不合理带来的结果。生产管理不认真,这里涉及人的因素,任何一个企业,人是主要因素,人的积极性一旦调动起来,所有问题都可以迎刃而解,思想上重视以后,生产过程、产品品质等都有了保障。如果管理不够认真，导致生产一线工人的态度出问题，工作效率出问题，生产的产品可能也会出现质量问题，带来新的潜在风险。

（3）产品售后方面　产品售后，如物流配送效率低，按照物流配送过程来看，要求在开餐前1小时将产品送达门店，如果开餐前几分钟才到货，对于厨房来说接下来的工作就有可能繁忙和杂乱，可能无法有序进行事先计划好的各项工作。还有，如果产品品质没有保障，一是产品生产过程本身存在品质问题，二是超出了产品储存期，导致品质出现问题，或在运输过程中由于运输条件差，导致产品品质出现问题等，这些品质问题会影响终端门店的销售。产品的性价比未达预期，超出顾客本来设想，会给企业带来一些信任度方面的风险，这里就有一个危机公关问题，如果不及时处理，问题会越来越大。另外，还可能出现服务质量不够完美，服务质量包括产品品质和性价比，还有员工服务态度，服务质量不好可能会影响客户对公司产品的评价，所以产品售后的风险源存在，要找出解决风险源的措施，来降低不利因素带来的影响。

第二节　中央厨房的风险类别及等级评估

一、风险类别

风险对于中央厨房而言，是一种客观存在。对于中央厨房风险所表示的含义而言，风险的内涵并没有发生变化，依然指投资决策、生产运营、产品售后方面，可能由于企业运营中的不确定因素导致损失。这里强调的风险有概率问题，就是风险作为客观存在，通过合理的管控可以降低风险带来的危害程度，甚至能够完全规避。

我们应该思考，风险为什么会产生，在发现问题时，要有问题回溯制度。如是市场分析不充分导致的风险，还是投资融资不到位形成的风险，或是产品结构不科学导致的风险等，要能溯源。风险的产生既可能是由于某单一因素导致，也可能是多个因素综合形成，所以讨论风险产生的原因，不能忽略每一个可能产生危险的因素。

针对中央厨房而言，它的风险类别主要是以下7个方面。

1. 政策风险

政策风险指国家层面上，在不同的时期可能会出台不同的政策，这些政策更多从宏观层面制订，可能会给餐饮行业或中央厨房的规划和生产带来有利或不利的后果。如2016年5月1日起，全国范围推行"营改增"，对于企业来说，核心含义就是减少企业重复交税，如企业某个月的营业额是100万元，在征税时按100万元收税，问题是在100万元营业额里，其中有人员的工资，在发放时已经扣了个人所得税，100万元还有购买食材的材料费,这个材料费是企业花出去的,是从100万元里支出去的,消费税已经缴过了,是由采购的供货商交税的,这是重复收税。所以"营改增",在营业收入里扣除成本费用,按照盈利部分收税,对于企业来说税赋减轻了。"营改增"是对企业有利好的政策。

政策一般都是好的,但有些政策可能给企业经营带来压力。如国家食品药品监督管理局于2011年出台了《中央厨房许可审查规范》,是最早的国家层面关于允许和如何建设中央厨房的文件,文件里对中央厨房的建设提出了比较高的要求,其中禁止配送高风险食品,这对大型餐饮企业是没有问题的,企业的配送车辆符合规范,原材料的采购、生产工艺流程、场所,以及配送过程都符合规范。但是对于一些中小型的尤其是小微企业,要做到规范,其实要增加成本的,这些小型企业可能会为了节约或降低成本,冒风险做一些违规的事情从而使消费者的合法权益受到伤害。所以《中央厨房许可审查规范》规定,餐饮企业禁止配送高风险食品,所有企业都必须按制度办事,从长远来看有利于企业的发展,但短期内增加了成本。

2. 市场风险

市场风险对于中央厨房来说,就是未来中央厨房发展的走向,能否占有市场。按专家预测,2026年中央厨房市场规模将达到269亿元。

据2018年的消息,阿里巴巴创始人将在未来3年内投资1万家小型中央厨房终端门店(疑因疫情等原因暂未实现),同年推出首家"筷马热食(马家厨房)"门店。"筷马热食"100米^{2}一个门店,门店规模小,不可能按照1∶1去配套厨房面积,利用中央厨房的卫星厨房生产模式,来满足100米^{2}的终端门店的产品销售。那么设想一下,未来的1万家100米^{2}的小餐饮企业,需要多大的中央厨房规模,才能够保证1万家门店的正常运营,所以要想拥有100米^{2}的1万家中央厨房终端门店,就得有配套的中央厨房去提供服务,这个市场是客观存在的,这时投资人去投资中央厨房就没有风险问题。但在一些经济欠发达地区,或餐饮经济相对滞后的地区,这些地方在考虑投资或规划中央厨房时,就应慎重些。这是由当地的餐饮市场环境决定的,提示可能存在风险,毕竟经济相对落后或餐饮发展滞后的地区与一、二、三线城市比较,其市场是有限的,这个投资风险要考虑,所以餐饮市场也是有风险的。

3. 竞争风险

中央厨房起步比较晚,目前大多数中央厨房还属于小规模的单打独斗型的经营形式,从经营的角度理解,这些中央厨房的市场集中度比较低,在经营过程中,存在竞争关系,竞争手段多数是通过价格来发起竞争。餐饮企业的竞争更多的是打价格战,很少有围绕产品结构或产品性价比去做市场,所以在拓展客源、产品设计方面做得就相对较少。由于竞争手段限于价格方面,就导致竞争风险的加剧。从国际的角度看,国际餐饮巨头进军国内市场,如肯德基、麦当劳的门店,在我国比比皆是,不管大小城市,基本都有肯德基和麦当劳在做市场;企业排行榜里百胜餐饮集团连续十几年一直排在餐饮销售第一位,而国内餐饮企业一般是从第三名排起,第二名也是国外的企业,所以国际餐饮巨头进军国内市场,给国内的中小企业尤其是中央厨房的投资经营带来了客观上的竞争风险。

4. 投资风险

投资风险主要围绕周期和规模而言。投资决策如果正确,投资风险是可以规避的,正确决策就是前期工作做得扎实到位,而且控制建设规模,然后根据市场经营的情况,慢慢做二期、三期建设,这样投资风险可能规避。

5. 生产风险

生产风险一般理解为生产过程中存在的风险,生产过程中的风险主要是产品的品质方面,如卫生质量,卫生质量包括人的卫生、生产场地的卫生、产品的卫生和配送设备的卫生。生产风险也能够规避。前面提到的政策风险、市场风险、竞争风险,可能没办法规避,但是投资风险和生产风险可以想办法规避。

6. 信任危机风险

信任危机风险对于企业而言,就是当发现不利于企业发展的信息时,应该及时去组织强大的舆论宣传,为自己的企业降低或挽回损失。企业出现问题后不去处理,不采纳意见,任由事情向坏的方向发展,这是可怕的,就会产生信任危机,有可能会导致企业最终走向衰败。信任危机大多是产品品质或售后服务方面引起的,所以这种状态下,企业只要正确引导,对消费者或客户进行正面引导,基本上能够消除这些问题。所以信任危机风险也可以规避。

7. 其他风险

其他风险,指事先没有想到的潜在风险,如技术因素、企业产品结构或生产设备,在技术层面不能支持产品生产,员工技术达不到要求,就有可能带来潜在风险,这些风险的存在,客观上可能会影响中央厨房在未来市场经营过程中的生存状态。

针对上述 7 种类别的风险源,其实可以归纳为两大类,一类称为有形风险,如员工带传染病上岗;厂房建设过程存在明显的材料质量问题,导致生产进度或建筑质量有问题而不能按期运营等。另一类称为无形风险,指看不见的风险,主要是道德层面上的内容,或者心理层面上的问题。如生产规定不允许抽烟,但是员工忽略了企业规定,把烟带进熟化车间,在抽烟过程中把烟灰掉到菜里,这种可能性是存在的,这种可能性一般会存在于社会厨房,不会出现在中央厨房,即使出现也是管理问题。所以又把这些无形风险称为人为因素,人为因素从生产角度来说是可以规避的,而一些有形的风险,如厂房建设过程存在瑕疵,建筑材料质量不过关导致的房屋结构有问题,房屋突然倒塌了，这和工人没有关系，生产过程中的员工道德因素和心理层次的因素是可以控制的，是可以规避的。

二、风险等级评估

中央厨房的风险一般依据风险源进行归类，将它们划分等级以后进行管控。

中央厨房风险等级的评估，指对可能存在的风险进行等价划分。按照对投资项目的影响程度和风险发生的可能性的大小，根据严重程度将风险划分为3类：一般风险、较大风险和严重风险。

1. 一般风险

一般风险指发生的可能性不大，或即使发生造成的损失也相对比较小，不会影响项目的可行性，不影响项目的整体推进，只不过在这个过程中，要适当规避一些已经发现的风险，然后通过合理的科学管控，使风险消除或降低损失。如中央厨房生产过程出现品质问题，产品的物流运输过程中出现交通意外等，这是一般风险，可以合理规避。

2. 较大风险

较大风险相较于一般风险来说，就是有可能会带来比较严重或比较大的损失，但依然是项目推进过程中能够承受的，这个损失还不足以使项目停下来去重新检视前期的决策、投资或规划等。如中央厨房产品设计时，产品工艺与市场需求部分吻合，导致产品生产不能满足市场需求；或产能设计过大，市场需求量小，导致产能过剩等，都属于较大风险的范畴。

3. 严重风险

严重风险一般有两种情况：第一种情况是发生的可能性很大，造成的损失也大。在造成严重损失的结果下，可能会导致项目被叫停，不能再往前推进，再往前推进会预示着损失更加惨重；第二种情况是发生风险造成的损失比较严重，但是发生的概率很低。第一种风险发生的可能性很大，而且产生损失也很大；第二种风险造成损失会很大，但是发生的概率很低。那么可以通过有效的防范措施使项目在正常的范围内继续实施，通过有效管控，化不利为有利，让项目继续往前推进。如厂房的建筑设计，楼层楼板的有效载荷设计不足，导致设备安装、人员、材料进入后存在垮塌的可能，这种情况发生概率较低，但是如果真的发生可能会出现人员伤亡，属于严重风险。

风险的客观存在可以通过合理管控，进行化解。管理过程中要经常性去检查、总结，降低各种可能的风险。

第三节　风险管理

一、风险管理的概念

风险管理指识别确定和度量风险，并制订选择和实施风险处理方案的过程。识别是要知道潜在风险在哪个点，确定和衡量它发生的可能性，通过研判制订一些应急方案和处理措施，防范风险产生，或者在不可逆的情况下，采取措施去降低风险带来的损失。

二、风险管理的目标

企业通过风险管理希望实现两个目标。

一是在风险发生之前，通过管理思路或方法避免风险发生。二是如果无法避免，在风险发生时使损失最小化；若不能使损失最小化，要尽可能减少损失。其实风险发生前和发生后指两个不同的阶段，一般很少说风险发生过程中，怎么去管控。要么是风险已经发生，要么是风险即将发生，可能企业已经预估到了，这是两种状态。所以围绕这两个状态如何去制订合理的政策、方法和措施，是风险管控的过程中需要实现的目标。

要实现这两个目标，就要进行合理化的操作，针对具体情况进行管控。

（1）从国家政策层面来看，关注国家宏观政策，定期调整公司发展战略　国家政策不是哪一个人决定的，国家出台的宏观政策，是在社会经济发展过程中，到某一个阶段的时候，需要调整国家的发展战略，就会出宏观性的指导文件，从而进行经济转型和产业结构调整。作为具体的餐饮企业和中央厨房，应与国家宏观政策对接，吃透文件精神，为企业服务，如果企业发展策略与国家政策不符，要赶紧调整公司的发展定位，重新规划，围绕国家政策制订适合中央厨房发展的战略。

（2）从企业来说，要加大产品的研发投入　餐饮企业面临一种同质化现象，就是经营的产品差不多，没有较高的区分度，为了使自己的中央厨房企业在市场竞争中脱颖而出，领先别人，产品的结构和推陈出新的效率至关重要，所以要加大产品研发投入。农民常讲，手中有粮，心中不慌。中央厨房企业有新产品，就不怕和同类型企业的竞争。

（3）建立公司食品安全预警机制　建立公司食品安全预警机制，严格食品溯源及召回制度。中央厨房在产品售后服务中需要建立溯源制度。作为中央厨房生产企业，安全食品预警机制是非常有必要的，也是在售后服务当中，消除风险源的重要手段和举措。

（4）完善内部运行管理　完善中央厨房内部的运行管理，发现问题及时修改、补充或废止公司制度。中央厨房在经营管理过程中，离不开规章制度，在制订规章制度时，将各种因素都考虑进去，但中央厨房发展过程中有些制度难免会不能适应发展节奏，这时要从制度层面入手，修改制度或做补充完善，有些制度过时了要及时停止。对于中央厨房在起步时制订的一些政策，随着企业的发展，规模越来越大，运营态势越来越好，已不适合企业的发展，此时要及时调整制约企业发展的制度，将管理上升到制度层面上，及时修改、补充或废止不符合企业发展需要的制度。

（5）加强品牌战略管理，建立信任危机公关制度　前文反复强调信任危机，解决目标就是消除，无论是通过平面媒体还是立体媒体，中央厨房企业出现危机的时候，不及时通过公关手段干预，很可能影响企业的生存和发展。所以在中央厨房经营活动中，出现问题不可怕，危机公关是非常有效的手段，也是化解难题的有效方法。信任危机的公关是企业在生产经营过程中，非常有效的事后弥补风险的措施。

三、风险管理的途径

风险管理的途径，针对风险源，分为6个方面。

（1）投资决策需谨慎　股市有句话，股市有风险，入市需谨慎。同样道理，任何投资都存在着盈利与亏本的双重可能，要看前期准备工作是否到位，有没有认真做市场研判，做出投资决策。如果前期的市场研判是充分的、准确的，信息是可靠的，那么投资决策没有太大问题；就怕调研不到位，看人家挣钱自己也去干，结果市场竞争压力大，市场过饱和，为了生存进行恶性竞争，打价格战恶性循环，所以谨慎投资是中央厨房企业盈利的王道。

（2）产品品种多样化　产品不能单一，单一产品理论上讲是没有问题的，但是单一产品在销售上可能会有较大风险，所以多样化的产品会带来不同的利润点，是企业风险管控的有效方法。

（3）产品销售多元化　产品销售的渠道不能是单一渠道，超市、社区网点、代销点等都可以销售中央厨房产品，产品销售过程中要有符合要求的基本条件，因为食品销售时需要冷藏储存，以保证产品品质。这时销售渠道要多元化，不能单一，大超市入场成本比较高，会增加产品成本，可以先选择一些中小型超市，等打开市场后再考虑进入大超市，对于企业生产经营来讲，这样运营压力比较小。

（4）生产过程规范化　生产过程规范是保障产品品质的重要措施，产品品质是否过关，与生产过程是否规范化是紧密关联的，同时涉及对人、设备的管理。

（5）风险转移降损失　这个风险转移，通过例子来说明。对员工而言，给员工购买意外保险，一旦员工出现偶然的工伤事故时，通过保险来支付，这就是风险转移，企业本身不用承担损失；物流配送过程中，为企业的运输车辆和司机购买交强险、意外险、车损险等，万一不慎出现交通事故，可以通过保险渠道来得到额外赔偿，降低企业的支出比例，这也属于风险转移。

（6）危机公关赢信任　危机公关是在企业产品出现问题时，消除不利影响的手段和措施。对中央厨房投资建设和生产过程中可能存在的风险进行有效管控，避免出现需要危机公关的状况。当经营过程中刚出现问题时，要通过危机公关，使中央厨房产品重新赢得客户的信任，这是危机公关的重点。